Kompass-Wanderführer
Tschechoslowakei

Kompass-Wanderführer

Tschechoslowakei

Ausgewählt, begangen
und beschrieben
von Otakar Mohyla

Deutscher Wanderverlag
Dr. Mair & Schnabel & Co. Stuttgart

Kompass-Wanderführer

Die große Wanderbuch-Reihe für grenzenloses Wandern

ISBN 3-8134-0055-7

© 1979. **Deutscher Wanderverlag Dr. Mair & Schnabel & Co.**
Haußmannstraße 66, D-7000 Stuttgart 1.
Alle Rechte, auch die der photomechanischen Wiedergabe
und Übersetzung, vorbehalten.
Satz und Druck: Mairs Graphische Betriebe,
D-7302 Ostfildern 4 (Kemnat).
Printed in Germany.

INHALT

Orts- und Sachverzeichnis 9
Praktische Hinweise: Reisepaß und Visum / Unterkunft bzw. Zimmerreservierung / Devisenbestimmungen / Bezahlung / Währung / Bedienungs- und Trinkgelder / Fotografieren / Verkehrsverbindungen / Verkehrsregelung / Ausrüstung des Wanderers / Grenzübergänge 15
Tschechoslowakei: Böhmen / Mähren / Slowakei / Verkehrsmöglichkeiten / Autokarten / Parkplätze / Unterkunftsmöglichkeiten / Wegemarkierungen, Wanderkarten / Zeichenerklärung / Tourenlänge / Naturschutz / Witterungsverhältnisse / Sprache 18
Übersichtskarte 32
Anschriftenverzeichnis 238
Kompass-Wanderführer 239

Rundwanderungen

Nr.		Seite
3	Průhonický park (Park von Průhonice) (12 km)*	38
6	Konopiště (Schloß) – Chvojen – Kožlí (12 km)*	45
8	Prachovské skály (Felsenstadt) (3,5 km)*	49
9	Harrachov – Dvoračky – pramen Labe (Elbequelle) – Vosecká bouda (22 km)	51
10	Špindlerův Mlýn – Horní Mísečky – Harrachova skála (9 km)	54
11	Špindlerův Mlýn – Medvědín – Labský důl (16,5 km)*	56
12	Horní Mísečky – Dvoračky – Kotel – Vrbatova bouda – Horní Mísečky (12,5 km)*	59
13	Špindlerovka – Petrovka – Martinovka (12,5 km)*	61
14	Špindlerův Mlýn – Výrovka – Luční bouda – Kozí hřbety (18 km)	63
15	Pec – Sněžka (Schneekoppe) – Lesní bouda (19,5 km)*	66
16	Pec – Pražská bouda (10 km)*	69
17	Antigl – Horská Kvilda – Zhůří – Turnéřská chata (14 km)*	71
18	Medvědí stezka (Bärenpfad) (15 km)*	73
19	Černé jezero und Čertovo jezero (Schwarzer und Teufelsee) (11,5 km)*	75
27	Kdyně – Rýzmberk – Nový Herštejn – Koráb (13,5 km)	91
29	Františkovy Lázně – Komorní Hůrka (9 km)	95
30	Františkovy Lázně – Torfmoor Soos (14 km)	97
31	Karlovy Vary, Rundwanderung (15 km)*	98
33	Hřensko – Pravčická brána (Felsenbrücke) – Engpässe von Kamenice (16 km)	102
34	Košťál – Boreč (12,5 km)*	104
35	Liberec – Ještěd – Hlubocký hřeben (14,5 km)	106
38	Smědava – Jizera (Urwald) (6 km)	112

*) Mit Abkürzungs- oder Variations-Hinweisen im Text.

40	Náchod – Dobrošov – Peklo (14 km)	116
41	Brněnská přehrada (Stausee von Brno) – Veveří (Burg) (11,5 km)	117
43	Kateřinská jeskyně (Grotte) – Macocha (Schlucht) – Punkevní jeskyně (Grotten) (8 km)*)	121
47	Bítov – Peksův mlýn (9 km)*)	130
51	Pustevny – Radhošť (8 km)*)	138
53	Štramberk – Šipka (3,5 km)	143
54	Mionší (Urwald) (8 km)*)	144
55	Rejvíz (Torfmoor) (5,5 km)	146
63	Koliba – Kamzík – Tri duby (2^1/$_2$ Std.)*)	162
66	Rajecké Teplice – Skalky (2^1/$_4$ Std.)	167
67	Štefanová – Podžiar – Dolné diery – Nové diery – Podžiar – Štefanová (2^1/$_2$ Std.)	169
68	Snilovské sedlo – Chleb – Hromová – chata pod Chlebom – Snilovské sedlo (2^1/$_2$ Std.)*)	171
69	Štefanová – sedlo Medzirozsutce – Velký Rozsutec – Medziholie – Štefanová (5^1/$_4$ Std.)	172
70	Vrátna – sedlo Príslop – Sokolie – Vrátna (3 Std.)	175
71	Slanická Osada – Magurka – Námestovo (4 Std.)	176
72	Slaná Voda – Babia hora (5 Std.)	178
73	Prosiecka dolina und Kvačianska dolina (zwei Täler) (6 Std.)	180
77	Ludrová – Salatín (7 Std.)	188
79	Magurka – Chabenec (5^1/$_2$ Std.)*)	191
81	Chopok – Ďumbier (4 Std.)*)	195
87	Oravice – Juráňova dolina und Bobrovecká dolina (Täler) – Oravice (2^1/$_2$ Std.)*)	207
88	Ehem. Berghütte Tatliakova chata – Rákon – Volovec – Ostrý Roháč – Plačlivo – Smutná dolina (6^3/$_4$ Std.)	210
89	Tri studničky – Kriváň (6 Std.)*)	212
90	Štrbské Pleso – Popradské pleso (2^1/$_2$ Std.)*)	214
91	Popradské pleso – Rysy (6^1/$_4$ Std.)	216
92	Hrebienok – Zbojnícka chata (5^1/$_2$ Std.)	218
96	Ždiar – Magurka (2 Std.)*)	228
98	Dedinky – Geravy – Zajfy – Havrania skala – Stratená – Dedinky – (5^1/$_2$ Std.)*)	232
99	Čingov – Hornád-Durchbruch – Kláštorisko – Čingov (4^1/$_4$ Std.)	234

Streckenwanderungen

1	Šárecké údolí (Šárka-Tal) (8 km)*)	34
2	Velká Chuchle – Barrandova skála (Barrande-Felsen) – Prokopské údolí (Prokop-Tal) (11 km)	36
4	Posázavská stezka (An der Sázava entlang) (10,5 km)	40
5	Beroun – Svatý Jan pod Skalou – Karlštejn (Burg) (15,5 km)	42
7	Turnov – Hrubá Skála (Felsenstadt) – Trosky (Burgruine) – Ktová (16,5 km)*)	46

*) Mit Abkürzungs- oder Variations-Hinweisen im Text.

20	Zelená Lhota – Můstek – Pancíř – Špičák (17 km)	77
21	Kubova Huť – Boubín (Urwald) – Zátoň (16 km)*)	80
22	Sušice – Annín (9 km)*)	82
23	Prachatice – Volary (22 km)	83
24	Kašperské Hory – Javorník (12,5 km)	86
25	Český Krumlov – Kleť – Zlatá Koruna (16 km)	87
26	Třeboň – Teich Svět – Spolský rybník (Teich) (8 km)*)	89
28	Babylon – Výhledy – Klenčí – (9,5 km)*)	93
32	Doubí – Svatošské skály (Felsenstadt) (10 km)	100
36	Liberec – Královka – Krásný – Lučany (18 km)	108
37	Hejnice – Štolpich – Černý potok – Bílý Potok (13,5 km)	110
39	Bukovec – Jizerka – Malá jizerská louka (Torfmoor) (10 km)	113
42	Líšeň – Říčky-Tal – Bílovice (12,5 km)	119
44	Kralice – Mohelnská step (Steppe) (20,5 km)*)	123
45	Dolní Věstonice – Děvín – Mikulov (12 km)	126
46	Lednice – Valtice (14,5 km)*)	128
48	Karolinka – Soláň – Velké Karlovice (15,5 km)*)	132
49	Baraní – Bumbalka (13 km)*)	134
50	Baraní – Bílý Kříž – Grúň – Staré Hamry (17,5 km)	136
52	Ostravice – Smrk – Čeladná (18 km)	140
56	Lázně Jeseník – Medvědí – Jeskyně Na Pomezí (Grotte) (7 km)*)	147
57	Malá Morávka – Praděd – Karlova Studánka (22,5 km)*)	149
58	Ovčárna – Vysoká hole – Břidličná hora – Skřítek (14,5 km)*)	152
59	Červenohorské sedlo – Keprník – Šerák – Ramzová (14,5 km)*)	154
60	Nové Město na Moravě – Sykovec – Medlov – Fryšava (11 km)	156
61	Zbrašovské aragonitové jeskyně (Grotten) – Hranická propast (Schlucht) (4 km)	158
62	Devín – Devínská Kobyla – Dúbravka (2½ Std.)	160
64	Smolenice – Záruby – Ostrý Kameň – Buková (3¾ Std.)	164
65	Bezovec – Tematín – Lúka nad Váhom (3½ Std.)*)	165
74	Stankovany – Šíp – Kralovany, Bahnhaltestelle (5 Std.)	183
75	Málinô – Šiprúň – Lubochňa (6½ Std.)*)	184
76	Stredná Revúca – Čierny Kameň – Ploská – Kýšky – Vyšná Revúca (5¾ Std.)*)	186
78	Donovaly – Zvolen – Nižná Revúca (3 Std.)	190
80	Chopok – Polana – Bory – Siná – Demänovské jaskyně (6 Std.)*)	193
J82	Jaskyňa Slobody – Krakova hola – sedlo (Sattel) Javorie – Lúčky (5 Std.)	198
83	Vrbické pleso – jaskyňa Slobody (1¼ Std.)	200
84	Vyšná Boca – Sattel Bocké sedlo – Rovná hola – Nižná Boca (4½ Std.)	202
85	Kosodrevina – Príslop – Pálenica – Tále (4 Std.)*)	204
86	Kosodrevina – Králička – Lajštroch – Čertovica (4 Std.)*)	206
93	Hrebienok – Skalnaté pleso (2 Std.)*)	221
94	Hrebienok – Téryho chata – Javorová dolina – Javorina (9 Std.)	222

*) Mit Abkürzungs- oder Variations-Hinweisen im Text.

95	Skalnaté pleso – Velká Svišťovka – Zelené pleso – Biela Voda, Bushaltestelle (5 Std.)	226
97	Pieninská cesta (Durchbruchstal) (2½ Std.)*)	230
100	Sásová – Panský diel – Špania dolina (3 Std.)	235

Naturlehrpfade

11	Špindlerův Mlýn – Medvědín – Labský důl (16,5 km)*)	56
12	Horní Mísečky – Dvoračky – Kotel – Vrbatova bouda – Horní Mísečky (12,5 km)*)	59
15	Pec – Sněžka (Schneekoppe) – Lesní bouda (19,5 km)*)	66
17	Antigl – Horská Kvilda – Zhůří – Turnéřská chata (14 km)*)	71
18	Medvědí stezka (Bärenpfad) (15 km)*)	73
29	Františkovy Lázně – Komorní Hůrka (9 km)	95
32	Doubí – Svatošské skály (Felsenstadt) (10 m)	100
33	Hřensko – Pravčická brána (Felsenbrücke) – Engpässe von Kamenice (16 km)	102
39	Bukovec – Jizerka – Malá jizerská louka (Torfmoor) (10 km)	113
54	Mionší (Urwald) (8 km)*)	144
55	Rejvíz (Torfmoor) (5,5 km)	146
57	Malá Morávka – Praděd – Karlova Studánka (22,5 km)*)	149
67	Štefanová – Podžiar – Dolné diery – Nové diery – Podžiar – Štefanová (2½ Std.)	169
73	Prosiecka dolina und Kvačianska dolina (zwei Täler) (6 Std.)*)	180
98	Dedinky – Geravy – Zajfy – Havrania skala – Stratená – Dedinky (5½ Std.)*)	232

*) Mit Abkürzungs- oder Variations-Hinweisen im Text.

Orts- und Sachverzeichnis

Mit Nummern-Angaben der betreffenden Wanderungen

Adlergebirge 40
Ahornberg (Javorník) 24
Altvater 57
Altvatergebirge 55–59
Annathal 22
Annín 22
Antigl 17

Babia hora 72
Babylon 28
Banská Bystrica 100
Baraní 49, 50
Bärenpfad 18
Barrandova skála 2
Beroun 5
Beskiden, Beskydy 48–54
Beskyd 49
Bezovec 65
Bílá 50
Bílá louka 14
Bílovice 42
Bílý Kříž 50
Bílý Potok 37
Bítov 47
Blansek 43
Böhmerwald 17–24
Böhmisches Mittelgebirge 34
Böhmisches Paradies 7, 8
Böhmisch-mährische Höhe 60
Böhmisch-sächsische Schweiz 33
Boreč 34
Bory 80
Botič 3
Boubín 21
Bramberg (Krásný) 36
Bratislava, Umgebung 62–64
Brnčalova chata 95
Brněnská přehrada 41
Brno, Umgebung 41, 42
Brünn, Umgebung 41, 42
Brünn, Stausee 41
Buková 64
Bukovec 40
Bumbalka 49

Chabenec 79
Chleb 68
Chodenland 27, 28
Chodsko 27, 28
Chopok 80, 81
Chuchelský háj 2
Chvojen 6
Císařská chodba 8
Cornštejn 47

Čarták 48
Čeladná 52
Černé jezero 19
Černý potok 37
Čertovica 84, 86
Čertovo jezero 19
Červenohorské sedlo 59
České středohoří 34
Českomoravská vrchovina 60
Českosaské Švýcarsko 33
Český Krumlov 25
Čierny Kameň 76
Čingov 99

Dedinky 98
Demänovské jaskyně 83, 82
Devín (bei Bratislava) 62
Děvín (Palauer Gebirge) 45
Devínska Kobyla 62
Dívčí kameny 13
Dívčí lávky 11, 13
Dívčí skok 1
Dobrošov 40
Dolánky 7
Dolní Věstonice 45
Donovaly 78
Doubí 32
Ďumbier 81
Dunajec-Durchbruch 97
Ďurková 79
Dvoračky 9, 12
Džbán 1

9

Eisenstein (Železná Ruda) 19
Elbbaude 9, 11
Elbfall 9, 11
Elbgrund 9, 11
Elbquelle 9, 11
Eleonorenhain (Lenora) 21

Františkovy Lázně 29, 30
Franzensbad 29, 30
Freundschaftshöhe 31
Fryšava 60
Fuchsberg (Liščí hora) 15

Geiergucke (Výrovka) 14, 15
Geravy 98
Gesenke 55–59
Goethe-Aussichtspunkt 31
Goldhöhe (Krkonoš) 11
Gräfenberg (Jeseník) 56
Grosse Fatra 74–76
Grosser Moossee 55
Grúň 50

Habichtsbaude 12
Hájek 30
Hanč und Vrbata 9, 11
Harrachov 9
Harrachov Felsen 10
Havrania skala 98
Hejnice 37
Herrnskretschen (Hřensko) 33
Hinterwiesenberg 14
Hinterwiesenbergbaude 14
Hirschensprung 31
Hlavatice 7
Hofbauden 9, 12
Hohe Tatra 89–96
Hornád-Durchbruch 99
Horní Mísečky 10, 12
Horská Kvilda 17
Hradišťko 4
Hranice 61
Hranická propast 61
Hrebienok 92, 93, 94
Hrubá Skála 7
Hrubý Rohozec 7
Hřensko 33
Hučiaky 77
Husinec 23

Innergefild (Horská Kvilda) 17
Isergebirge 35–39

Javorie 82
Javorina 94
Javorník 24
Jelení 18
Jelení skok 31
Jeseník 56
Jeseníky 55–59
Jestřábí boudy 12
Ještěd 35
Jezerní slať 17
Jílové u Prahy 4
Jinonice 2
Jizera 38
Jizerka 40
Jizerské hory 35–39
Juráňova dolina 87

Kamenice 33
Kandlův Mlýn 23
Karlova Studánka 57
Karlovy Vary 31
Karlsbad 31
Karlštejn 5
Karolinka 48
Kašperk 24
Kašperské Hory 24
Kateřinská jeskyně 43
Kdyně 27
Keprník 59
Kesselgruben 12
Kesselkoppe 12
Ketkovický hrad 44
Kláštorisko 99
Kleine Fatra 67–70
Klenčí 28
Kleť 25
Kocour 4
Komorní hůrka 29
Königshöhe 36
Konopiště 6
Koráb 27
Kosodrevina 85, 86
Košťál 34
Kotel 12
Kotelní jámy 12
Kotouč 53

Kozí hřbety 14
Kožlí 6
Krakova hola 82
Kralice nad Oslavou 44
Králička 86
Kralovany 74
Králova 36
Krásný 36
Kraví hora 44
Kriváň 89
Krkonoš 11
Krkonoše 9–16
Křídelní stěny 33
Křišťanovice 23
Ktová 7
Kubany 21
Kubova huť 21
Kútnikov kopec 75
Kvačianska dolina 73

Labe 9, 11
Labská bouda 9, 11
Labská studánka 9, 11
Labský důl 9, 11
Lajštroch 86
Lednice 46
Lenora 21
Lesní bouda 15
Liberec 35, 36
Libín 23
Lipno 18
Lippen (Lipno) 18
Liptovská Mara 73
Liščí hora 15
Líšeň 42
Lomnický štít 95
Lubochňa 74, 75
Lučany 36
Lúčky 82
Luční bouda 14, 15
Luční hora 14, 15
Ludrová 77
Lúka nad Váhom 65
Luka pod Medníkem 4
Lysá Polana 94

Macocha 43
Mädelsteg (Dívčí lávka) 11, 13
Mädelsteine (Dívčí kameny) 13

Magurka (Orava) 71
Magurka (Niedere Tatra) 79
Magurka (Hohe Tatra) 96
Mährischer Karst 42–43
Mährisch-schlesische Beskiden 48–54
Malá Fatra 67–70
Malá jizerská louka 40
Malá Morávka 57
Malá Studená dolina 94
Málino 75
Mannsteine (Mužské kameny) 13
Martinovka 13
Martinsbaude 13
Medlov 60
Medník 4
Medvědí 56
Medvědí stezka 18
Medvědín 11
Medziholie 69
Medzirozsutce 69
Mengusovská dolina 90, 91
Mezná 33
Mezní Louka 33
Mikulov 45
Mionší 54
Mohelnská step 44
Molpír 64
Moravskoslezské Beskydy 48–54
Moravský kras 42–43
Mouřenec 22
Mulde (Žleb) 16
Mumlavský vodopád 9
Můstek 20
Mužské kameny 13

Na Čihadle 37
Na Pomezí 56
Náchod 40
Námestovo 71
Niedere Tatra 79–88
Nízke Tatry 79–88
Nižná Boca 84
Nová Pec 18
Nové Město na Moravě 60
Nový Herštejn 27

Obere Schüsselbauden (Horní Mísečky) 10, 12

Obrovský vodopád 93
Obří bouda 15
Obří důl 15
Ochozská jeskyně 42
Orava 71
Oravice 87
Oravská Polhora 72
Orlické hory 40
Ostravice 52
Ostrý Kameň 64
Ostrý Roháč 88
Otava 22
Otygl 17
Ovčárna 58
Ovesná 18

Palauer Gebirge 45
Pancíř 20
Pančava 9, 11
Panský diel 100
Pantsche-Wiese 9, 11
Panzer 20
Pavlovské vrchy 45
Pec 15, 16
Pec pod Čerchovem 59
Pekárna 42
Peklo 40
Peksův mlýn 47
Perník 18
Petersbaude (Petrovka) 13
Petersteine (Petrovy kameny) 57, 58
Petrov u Prahy 4
Petrovka 13
Petrovy kameny 57, 58
Petzer (Pec) 15
Pieniny 97
Piešťany 65
Píkovice 4
Plačlivô 88
Pláně 17
Pláně pod Ještědem 35
Ploská 76
Polana 80
Popradské pleso 90, 91
Posthof 31
Poštovní dvůr 31
Prachatice 23
Prachovské skály 8

Praděd 57
Prag, Umgebung 1–6
Praha, okolí 1–6
Pravčická brána 33
Pražská bouda 15
Prebischtor (Pravčická brána) 33
Prenet 20
Pressburg, Umgebung 62–64
Prokopské údolí 2
Prosiecka dolina 73
Průhonický park 3
Příkopy 27
Punkevní jeskyně 43
Punkva 43
Pustevny 51
Pustý žleb 43

Radhošť 51
Radkov 48
Rajecké Teplice 66
Ramzová 59
Reichenberg 35, 36
Rejvíz 55
Revúca 76, 78
Riesenbaude 14
Riesengebirge 9–16
Riesengrund 15
Roháče 88
Rosenberg 15
Rovná hoľa 84
Rovne 72
Ružomberok 75
Růžová hora 15
Rysy 91
Rýzmberk 27
Ryžoviště 9

Říčky 42

Safírový potok 40
Sahlenbach-Bauden 12
Salajka 49
Salatín 77
Saphirbach 40
Sásová 100
Sázava 4
Schlesischer Sattel 13
Schneekoppe 15
Schöninger Berg (Kleť) 25

Schüsselbauden (Mísečky) 10, 12
Schustler-Garten 11
Schwarzer See 19
Sedmihorky 7
Siná 80
Skalky 66
Skalnaté pleso 93, 95
Skalní Mlýn 43
Skřítek 58
Slaná Voda 72
Slanická Osada 71
Slezské sedlo 13
Slovenský raj 98, 99
Slowakisches Paradies 98, 99
Smědava 38
Smolenice 64
Smrk 52
Sněžka 15
Sokolie 70
Soláň 48
Soos 30
Soumarský most 21
Spindlerbaude 13
Spindlermühle 10, 11, 14
Spitzberg (Špičák) 19, 20
Spolský rybník 26
Srdiečko 85
Stankovany 74
Staré Hamry 50
Staré Zámky 42
Starý Smokovec 92
Stratenská dolina 98
Südböhmen 25–26
Südmähren 44–47
Suk 32
Sušice 22
Svatobor 22
Svatošské skály 32
Svatý Jan pod Skalou 5
Svatý Petr 14
Svět 26
Sykovec 60

Šárecké údolí 1
Šerák 59
Šíp 74
Šipka 53
Šiprúň 75
Špania Dolina 100

Špičák 19, 20
Špindlerovka 13
Špindlerův Mlýn 10, 11, 14
Štefanová 67
Štolpich 37
Štramberk 53
Štrbské Pleso 90
Šumava 17–24
Švédův stůl 42

Tále 85
Tašovice 32
Tatra-Magistrale 89, 90, 92, 93, 94, 95
Tatranská Lomnica 93
Tematín 65
Teplice nad Bečvou 61
Terchová 67
Téryho chata 94
Teufelssee 19
Thurnerhütte 17
Tri studničky 89
Trosky 7
Třeboň 26
Turnéřská chata 17
Turnov 7
Turold 45

Vajskova dolina 85
Valdštejn 7
Valtice 46
Velká Chuchle 2
Velká Fatra 74–76
Velká Kotlina 57
Velká Studená dolina 92
Velká Svišťovka 95
Velké Karlovice 48
Velké mechové jezírko 55
Velký Rozsutec 69
Veveří 41
Vlkolínec 75
Volary 23
Volovec 88
Vosecká bouda 9
Vranov nad Dyjí 47
Vrátna 68, 70
Vrbatova bouda 11, 12
Vrbické pleso 83
Vřesová studánka 59

Vydra 17
Výhledy 28
Výrovka 14, 15
Vysoká hole 58
Vysoké Tatry 89–96
Výšina přátelství 31
Vyšná Boca 84

Waldbaude 15
Weisse Wiese 14
Westböhmische Bäder und Kurorte 29–32
Westliche Tatra 87, 88
Wiesenberg 14, 15
Wiesenbergbaude 14, 15
Wosseckerbaude 9

Záruby 64
Zátoň 21
Zbojnícka chata 92
Zbrašovské aragonitové jeskyně 61
Zelená Lhota 20
Zelené pleso 95
Zhůří 17
Ziegenrücken (Kozí hřbety) 14
Zlatá Koruna 25
Zuberec 88
Zverovka 88
Zvolen 78

Žampach 4
Ždiar 96
Železná Ruda 19
Žírovický rybník 30

Praktische Hinweise

Reisepaß und Visum
Für die Einreise in die ČSSR ist ein Reisepaß und ein Visum mit 2 Paßbildern erforderlich. Visaanträge können bei der Botschaft der ČSSR in der Bundesrepublik Deutschland, Germanicusstraße 6, 5000 Köln 51, Telefon (0221) 373263 und 373843 eingereicht werden. Die Bearbeitungszeit der Ausstellung des Visums dauert normalerweise zirka 7 Tage; in der Hauptreisezeit und zu den Feiertagen kann es bis zu 3 Wochen dauern. Visaanträge erhält man entweder von der Botschaft der ČSSR in Köln 51 oder bei einem Reisebüro. Der Reisepaß muß wenigstens noch 4 Monate vom Tage der Visierung gültig sein. Das Lichtbild auf dem Reisepaß und die zwei Lichtbilder für das Visumantragsformular müssen mit dem z.Z. tatsächlichen Aussehen des Reisenden grundsätzlich übereinstimmen. Die Visaanträge sind, ausschließlich per Post, an die Botschaft der ČSSR zu stellen – am besten als Einschreibsendung.
 Tschechoslowakische Einreisevisa werden an keiner Grenzstation erteilt.

Unterkunft bzw. Zimmerreservierung
Vor der Einreise in die ČSSR und vor der Beantragung eines Einreisevisums ist es erforderlich, sich um eine Übernachtungsmöglichkeit für die Dauer des Aufenthaltes in der ČSSR zu bemühen, weil sonst mit einer Unterkunft kaum zu rechnen ist. Zimmerreservierung besorgt ČEDOK – Tschechoslowakisches Verkehrsbüro – Kaiserstraße 54, 6000 Frankfurt/Main, Telefon (0611) 232975-77.

Devisenbestimmungen
Die Ein- und Ausfuhr tschechoslowakischen Geldes ist verboten. Für fremde Zahlungsmittel bestehen keine Beschränkungen. Der Pflichtumtausch beträgt z.Z. US-$ 10,– pro Tag und erwachsene Person. Kinder bis zu 6 Jahren sind vom Pflichtumtausch entbunden. Kinder von 6 bis 15 Jahren tauschen pro Tag und Person US-$ 5,– um. Die Entrichtung des Pflichtumtausches ist die Voraussetzung für die Gültigkeit eines Visums für die Einreise in die ČSSR, d.h., daß spätestens an der Grenze zur ČSSR der Pflichtumtausch getätigt sein muß.

Bezahlung
Die bei ČEDOK bestellten Dienstleistungen sind in Deutscher Mark zu begleichen, auch dann, wenn die Preise aus technischen Gründen in US-$ angegeben sind.

Währung
Währungseinheit ist die tschechoslowakische Krone (koruna), abgekürzt Kčs, die in 100 Heller (haléř), abgekürzt h, eingeteilt wird.

Im Umlauf sind Münzen zu 5, 10, 20, 50 Heller und 1, 2 und 5 Kronen sowie Banknoten zu 10, 20, 50, 100 und 500 Kronen.

Bedienungs- und Trinkgelder
In den tschechoslowakischen Hotels und Restaurants ist das Bedienungsgeld durchweg im Rechnungsbetrag enthalten. Für eine besonders aufmerksame Bedienung gebe man etwa 10% Trinkgeld.

Fotografieren
ist nur dort nicht erlaubt, wo ein Schild mit einem durchgestrichenen Fotoapparat oder ein Schild mit der Aufschrift »Fotografování zakázáno« steht.

Verkehrsverbindungen
Mit dem Auto: Für die Einreise in die ČSSR mit dem Pkw benötigt man einen gültigen nationalen Führerschein, den nationalen Kraftfahrzeugschein, den deutlich ausgefüllten »Kraftfahrzeugschein für den fremden Staatsangehörigen« (das Formular erhält man mit dem visierten Reisepaß zugestellt), und als Haftpflichtversicherung möglichst die »Grüne Karte«. Wer nicht im eigenen Kraftfahrzeug fährt, hat bei Abwesenheit des Fahrzeugeigentümers eine schriftliche Ermächtigung des Eigentümers mitzuführen.

Mit der Bahn: Für Fahrten mit der Bahn in die ČSSR ist es ratsam Platzkarten zu bestellen und die Züge nach Prag (Praha) zu benutzen.

Nähere Auskünfte erteilt: ČSD – Generalvertretung der Tschechoslowakischen Staatsbahnen, Kaiserstraße 63, 6000 Frankfurt/Main, Telefon (0611) 234567 oder bei der Deutschen Bundesbahn und allen DER-Reisebüros.

Verkehrsregelung
Im wesentlichen gelten in der ČSSR die gleichen Verkehrsvorschriften wie in der Bundesrepublik Deutschland.

In der ČSSR ist jeglicher Genuß von Alkohol für den Kraftfahrzeuglenker streng untersagt. Zuwiderhandlungen werden bestraft.

Ausrüstung des Wanderers
Selbstverständlich muß der Wanderer auch gut ausgerüstet sein mit gutem Schuhwerk (am besten nur hohe Wanderschuhe), Wollpullover, Anorak, Regenmantel, Kopfbedeckung u.ä., da man, wie in allen Berggebieten mit Wetterstürzen usw., rechnen muß.

Grenzübergänge
Folmara – Furth im Wald, Rozvador – Waidhaus, Pomezi n.O. – Schirnding, Železná Ruda – Bayr. Eisenstein, Strážny – Philippsreuth.

Tschechoslowakei

Für Touristen und Naturliebhaber ist die Tschechoslowakei geradezu das Gelobte Land. Mit Ausnahme des Meeres – das nur Shakespeare in einem seiner Schauspiele dem sagenhaften Bohemia zugesprochen hat – findet man bei uns wohl alle Naturschönheiten und Denkwürdigkeiten. Dem Besucher der Tschechoslowakei bietet sich die Gelegenheit, interessante und grundlegend verschiedenartige Gebirge, weltberühmte Mineralquellen und Kurorte, sehenswerte Karstformationen, Naturschutzgebiete aller Typen kennenzulernen. Die Tschechoslowakei hat viele Wasserflächen, Seen, Teiche und Staubecken, die der Sommererholung – auch als zusätzliches Programm des Tourismus – dienen, sie bietet aber auch gute Wintersportmöglichkeiten. Der Liebhaber des Wanderns kommt hier jedenfalls auf seine Kosten.

Wir wollen nun versuchen, wenigstens in groben Zügen die einzelnen Gebirgsregionen vom Gesichtspunkt des Tourismus zu charakterisieren (die eingeklammerten Zahlen sind Hinweise auf die entsprechenden Wanderungen):

In *Böhmen* verlaufen die höchsten und beliebtesten Gebirge entlang der ganzen Länge der Staatsgrenze. Die Südostgrenze bildet in einer Länge von etwa 140 km der *Böhmerwald (Šumava)*. Er ist ein Bergzug mit stillen, tiefen Wäldern und einem rauhen Klima. Hier findet man eine Reihe von Torfmooren (17) und einige einzigartige Seen (19). Der eigentliche Grenzrücken und ein großer Teil des Kerns dieses Gebirges (Pláně – 1000 bis 1100 m) befindet sich jedoch im bewachten Grenzstreifen und ist daher Touristen nicht zugänglich. Der Tourismus konzentriert sich deshalb im südlichen Teil im Raum des Stausees von Lipno (18) und weiter gegen Nordwesten im Raum der Gebirgsstädte und -dörfer wie z. B. Vimperk, Volary, Kubova Huť und Lenora (21, 23) und in der letzten Zeit auch um Stachy, Zadov und Churáňov. Im mittleren Teil zieht vor allem das Otava-Tal (22) und das Tal der Vydra (17) die Touristen an; und schließlich auch die Gegend um Železná Ruda und den Berg Špičák (20), dies vor allem im Winter. Einen lebhaften Touristenverkehr weist auch das Böhmerwaldvorland auf (Prachatice – 23, Kašperské Hory – 24, Český Krumlov – 25).

Als Erholungsgebiet dient das *Chodenland (Chodsko)* mit Domažlice, Babylon (28) und weiteren Erholungszentren (27).

Ein weiteres, stark besuchtes Gebiet ist *Südböhmen* mit seinen Möglichkeiten des Tourismus in ebener Landschaft und zahlreichen Badegelegenheiten (26).

Für viele ausländische Besucher sind ein Kuraufenthalt in der Region der *Westböhmischen Bäder und Kurorte* und auch Ausflüge in deren Umgebung verlockend (29, 30, 31, 32). An dieses Gebiet schließt entlang der Nordwestgrenze mit der Deutschen Demokratischen Republik das *Erzgebirge (Krušné hory)* in einer Länge von etwa 130 km an. Es fällt nach Böhmen überall steil ab, mehrere Kammpartien haben doch interessantes Gebirgsgelände. Einige Teile dieses Raums sind stark leider von Industrieexhalationen in Mitleidenschaft gezogen.

In Nord- und Nordostböhmen findet man vor allem eine Reihe von interessanten Sandstein-Felsformationen. Hierher gehören z. B. die *Böhmische Schweiz (České Švýcarsko* – 33) bei Děčín, und im Nordostausläufer Böhmens die *Teplitzer und Adersbacher Felsen (Teplické a Adršpašské skály)*. Die bekannteste Gegend dieses Typs ist jedoch das *Böhmische Paradies (Český ráj)* mit dem Gebiet um Hrubá Skála und den Felsen Prachovské skály (7, 8).

Vulkanischen Ursprungs ist hingegen das *Böhmische Mittelgebirge (České středohoří)* mit seinen Dutzenden von einzelnen Bergen (34), die typische Dominanten der Landschaft sind. Eine weitere charakteristische Gebirgsgegend ist der Bergrücken *Ještědský hřeben* mit einzigartigen Ausblicken (35).

Nördlich davon liegt das *Isergebirge (Jizerské hory)* mit ausgedehnten Hochebenen (800–900 m) und Torfmooren eines skandinavischen Typs (39), ein stilles, touristisch nicht sehr anspruchsvolles Gebiet. Wenn es auch zum Großteil von tiefen Wäldern bestanden ist, so sind dennoch viele seiner Berggipfel anziehende Aussichtspunkte (36, 37, 38). Skifahrer finden hier ein ausgezeichnetes Skiterrain.

Das höchste Gebirge Böhmens und des ganzen Sudeten-Gebirgssystems ist das *Riesengebirge (Krkonoše)*, dessen Massiv – Höhenlagen von 800 bis 1600 m – ein Gebiet von 40×20 km einnimmt und zum Großteil abgeholzt und kahl ist (Ausblicke!). Es hat zwei Hauptkämme; der Grenzkamm ist der höhere, weniger gegliederte (13, 15). Das Riesengebirge weist in den böhmischen Ländern die stärksten Spuren der Tätigkeit eines skandinavischen Gletschers auf, der einst bis hierher reichte (11, 12, 15). Das Gebirge ist heute ein unter Naturschutz stehender Nationalpark und das besuchteste Bergland Böhmens (9, 10, 14, 16). Es gibt hier relativ gute Unterkunfts- und Verpflegungsmöglichkeiten und zahlreiche Sessel- und Skilifts. Besucher finden hier ein erstklassiges Gelände für Abfahrtsskisport und Ski-Tourismus.

Die Übersicht der Gebirge Böhmens schließt mit dem mäßig gewellten, stillen, dicht bewaldeten *Adlergebirge (Orlické hory)*, einem besonders für die Familienerholung geeigneten Gebirge. Hier findet man Gipfel um 1000 m über dem Meeresspiegel (40).

Gute, wenn auch bei weitem nicht ausgenützte Möglichkeiten bietet die *Böhmisch-mährische Höhe (Českomoravská vrchovina –* 60), die aus einigen vorwiegend bewaldeten Berggruppen besteht (700–800 m).

Eine große Anzahl von Alternativen finden Touristen und Besucher natürlich auch in der Hauptstadt Prag und ihrer Umgebung (1, 2, 3, 4, 5, 6).

In *Mähren* liegen die höchsten Bergmassive im Norden (Jeseníky) und Nordosten (Moravskoslezské Beskydy); gegen Süden fällt das Terrain ab, so daß Südmähren eine nur leicht gewellte Landschaft mit vielen Weinbergen und schönen Wiesen und Wäldern bietet.

Das Bergland Gesenke *(Jeseníky)* ist das zweithöchste Gebirge des Sudeten-Gebirgssystems. Der zum Teil kahle Kamm des zentralen Bergzugs Hrubý Jeseník erreicht Höhen von 1000 bis 1500 m. Er ist etwa 40 km lang, ist stark gegliedert (57, 59), und zwischen seinen oft felsigen Gipfeln (58) liegen romantische Täler mit Wasserfällen (57); auf seinen Hochebenen liegen einige bemerkenswerte Torfmoore (55). Im Winter bietet dieses Gebirge vor allem gute Gelegenheiten für den Ski-Tourismus.

Die malerischen *Mährisch-schlesischen Beskiden (Moravskoslezské Beskydy)* bestehen aus einem nördlichen Teil mit einigen kürzeren, 1100 bis 1300 m hohen Kämmen (51, 52), den südlich davon gelegenen Bergrücken und dem die Grenze zur Slowakei bildenden östlichen Teil; die letzteren erreichen Höhen von 700 bis 1000 m. Das Gebirge ist dicht bewaldet und hat auch einige Naturschutz-Urwaldgebiete (54). Anziehend sind die vielen, nicht nur auf den höchsten Gipfeln, sondern auch auf den erwähnten niedrigeren kahlen Bergrücken (den sogenannten »grúně«) gelegenen Aussichtspunkte (48, 49, 50). Gute Möglichkeiten für Wintertourismus.

In *Mähren* besuchen ausländische Touristen gern das ausgedehnte Sandsteingebiet des *Mährischen Karstes (Moravský kras –* 42, 43) aber auch 53 und 61. Schön ist auch die Umgebung von Brno (41, 42) und einige Gegenden im Süden des Landes, die insbesondere für Naturwissenschaftler (44, 46) und Archäologen (45), in manchen Fällen auch für Sportangler (47) interessant sind.

Die *Slowakei* bietet die besten Möglichkeiten für den Hochgebirgstourismus. Hier liegt vor allem das kleinste europäische Hochgebirge, der Nationalpark der *Hohen Tatra (Vysoké Tatry)*, des nördlichsten und höchsten Teils der Karpaten (Gerlachovský štít, 2655 m). Der Hauptkamm ist nur etwa 30 km lang, er ist jedoch stark gegliedert, hat neun Gabelungen mit einer Reihe kürzerer Kämme, die auf der tschechoslowakischen Seite der Hohen Tatra 35 Täler (90, 92, 94) und mehr als 100 Bergseen (»plesa«) einschließen, die auf eine einstige Gletschertätigkeit zurückzuführen sind. Von größter Bedeutung für den Tourismus ist die sog. Tatra-Magistrale (Tatranská magistrála – 90, 93, 95), einige markierte Übergänge über den Hauptkamm (94), und unter den Gipfeln vor allem die Berggruppe Rysy (2499 m – 91), der Kriváň (2494 m – 89), Slavkovský štít und einige weitere, die ebenfalls auf Touristenwegen bestiegen werden können. Östlich von der granitenen Hohen Tatra liegt das Sandsteingebirge *Belianské Tatry* mit seiner reichen Flora, das heute unter strengstem Naturschutz steht und deshalb Touristen nicht zugänglich ist. Ein wichtiger, bisher vom Gesichtspunkt des Tourismus noch viel zu wenig gewürdigter Teil des Tatra-Massivs ist die *Westliche Tatra (Západné Tatry)* und insbesondere der Westabschnitt *Roháče* (87, 88). Der Kamm erreicht eine Durchschnittshöhe von 2000 bis 2100 m, und seine felsigen Gipfel haben vorwiegend Hochgebirgscharakter.

Ein zweites, für Touristen anspruchsvolles Gebirgsgelände der Slowakei ist der 80 km lange Kamm der *Niederen Tatra (Nízké Tatry)*, deren höchste Partien ebenfalls felsigen Hochgebirgscharakter haben (79, 80, 81). Die langen, vom Hauptkamm abzweigenden Nebenkämme haben hingegen Mittelgebirgscharakter und sind zum Teil Kahlschläge (84, 85, 86, auch 77). Die geologische Zusammensetzung der Niederen Tatra ist ziemlich kompliziert: während der Großteil aus Granit und Schiefer besteht, sind einige der nördlichen Nebenkämme und ihre Täler aus Kalkstein und Dolomit und haben eine Reihe von schönen Grotten, Felsformationen usw. (82, 83). Die Niedere Tatra bietet Wintersportfreunden erstklassige Betätigungsmöglichkeiten.

Bei Touristen ist weiter die *Kleine Fatra (Malá Fatra)* mit Gipfeln um 1500 bis 1700 m sehr beliebt. Sie finden hier bei attraktiven Ausflügen und Kammwanderungen schöne Ausblicke (68, 69, 70), Felsenstädte, Schluchten (67). Die Sandsteinflora dieses Gebirges gehört zu den mannigfaltigsten ihrer Art in der Slowakei (69).

Die *Große Fatra (Velká Fatra)*, ein Gebirge auf einer Fläche von etwa 40×30 km, mit Höhen von nicht ganz 1600 m, ist ebenfalls eine für Touristen anziehende Gegend, wenn auch hier noch nicht genügend dem Tourismus dienende Einrichtungen bestehen (75, 76, 78). Der größte Teil des Hauptkamms ist auch hier unbewaldet, auch hier gibt es schöne, wilde Täler.

Damit ist jedoch die Aufzählung der Naturschönheiten der Slowakei keineswegs erschöpft: wilde Engpässe und Cañons mit vielen Wasserfällen sind z. B. für das *Slowakische Paradies (Slovenský raj* – 98, 99), den nördlichsten Teil des Gebirges Slovenské rudohoří, aber nicht nur ausschließlich für dieses Gebiet, typisch (siehe 73). Malerisch und gern von Touristen aufgesucht ist der *Durchbruch des Flusses Dunajec* mit seinen traditionellen Floßfahrten (97). Bei weitem vom Standpunkt des Tourismus unausgenützte Möglichkeiten bieten die *Slowakischen Beskiden (Slovenské Beskydy),* ein 100 km langer Gebirgskamm mit Höhen von 1000 bis 1200 m entlang der tschechoslowakisch-polnischen Grenze. Sein östlicher Teil, die Berggruppe *Babí hora* (72) bietet einen wunderschönen Rundblick. Ihre Reize hat auch die Umgebung einer Reihe von *Kurorten der Slowakei* (65, 66) oder der Hauptstadt der Slowakei, *Bratislava* (62, 63, 64).

Die Schönheit der Tschechoslowakei werden, wie wir hoffen, auch unsere deutschen Besucher schätzen lernen. Sie haben bei uns den Ruf, ausgezeichnete Touristen und ergebene Naturfreunde zu sein – und ihr Kommen ist bereits zur Tradition geworden. Diese Feststellung soll jedoch keineswegs als captatio benevolentiae, wie die alten Lateiner sagten, also als eine artige Anerkennung, als eine Geste der Höflichkeit oder als etwas Ähnliches angesehen werden. Unsere Ansichten stammen aus der Praxis im Gelände und konkret auch aus der Zeit der Vorbereitung dieses Wanderführers. Die deutschen Touristen kommen besonders gern nicht nur in die Krkonoše (Riesengebirge), Jizerské hory (Isergebirge) und die Šumava (Böhmerwald), sondern auch in die Region der westböhmischen Kurorte und in der Slowakei in die Nízké und Vysoké Tatry (Niedere und Hohe Tatra). Und natürlich auch nach Praha, Bratislava und Brno. Wir haben deshalb die *Auswahl der Wanderungen* diesen Tatsachen angepaßt, wenn wir auch die Benützer dieses Wanderführers in andere, weniger bekannte, aber nicht weniger reizvolle Gegenden führen. Wir wollten dem Besucher unseres Landes in diesem Büchlein die verschiedensten Möglichkeiten bieten. Insbesondere bei einem längeren Aufenthalt in der Tschechoslowakei sollten unsere Gäste auch die Schönheit Südböhmens, Südmährens, der Gebirge Beskydy, Jeseníky, Malá Fatra, der Region des Slovenský ráj (des Slowakischen Paradieses) und weiterer reizvoller Gegenden unseres Landes kennenlernen.

Dort wo es möglich war, eine Verkürzung der Antrittsstrecken vorzuschlagen oder einen Bergrücken mit Sessellift oder Seilbahn zu erreichen, haben wir von diesen Möglichkeiten Gebrauch gemacht, denn wir wollten den Touristen mehr Zeit einräumen, um offenes Gebirgsgelände mit Ausblicken zu durchwandern. Nichtsdestoweniger muß man wissen, daß einige Wanderungen, insbesondere in den Krkonoše und in der Slowakei, relativ sehr anstrengend sind. Wir erwähnen deshalb in diesem Wanderführer bei der Beschreibung konkreter beschwerlicherer Wanderungen im Hochgebirge alle wichtigen Tatsachen, die die Touristen in Betracht ziehen müssen und die sie nicht unterschätzen dürfen. Solche Wanderungen haben im übrigen auch ihre verkürzten Varianten. Es ist am Platze, hier auf die *Gefahren der Gebirge* aufmerksam zu machen, was insbesondere für die Vysoké Tatry und Nízké Tatry gilt. Jähe Witterungsumschläge, Verlust der Orientierung oder eine Überschätzung der eigenen Kräfte können den Wanderlustigen auch auf den kahlen, exponierten Gebirgskämmen der Krkonoše, der Jeseníky, der Malá und Velká Fatra überraschen. Es sei deshalb darauf hingewiesen, daß in allen größeren Zentren des Tourismus – und auch anderswo – der Gebirgsrettungsdienst existiert, von dessen Mitarbeitern man im Bedarfsfall Informationen oder Hilfe erhalten kann. Man erkennt sie auch im Gelände an den roten Windjacken und nach ihrem auffallenden Emblem mit der Abkürzung HS (horská služba – Gebirgsrettungsdienst). Das allgemein benützte Bergnotzeichen ist ein sechsmal in der Minute wiederholtes, optisches oder akustisches Signal, und die Antwort ein gleiches Signal, das dreimal in der Minute gegeben wird.

Die Erfahrungen der letzten Jahrzehnte lehren uns, daß die überwiegende Mehrheit der ausländischen Touristen in die Tschechoslowakei mit Personenwagen anreist. Wir haben deshalb dieser Tatsache auch die Auswahl der Ausgangspunkte und den Verlauf der Wandertrassen angepaßt. Die Hälfte aller Ausflüge sind Rundwanderungen und auch bei Streckenwanderungen geben wir den Touristen Hinweise, wie sie mit der Hilfe öffentlicher Verkehrsmittel zum Ausgangspunkt, an dem sie ihren Wagen abgestellt haben, zurückkehren können. (Der Wagen kann übrigens auch am Ziel der Wanderung geparkt werden, wobei dann der Ausgangspunkt mit öffentlichen Verkehrsmitteln erreicht werden kann. Eine solche Praxis ist die günstigere Variante, weil sie es ermöglicht, die Wanderung ohne Rücksicht auf die Abfahrtszeiten der öffentlichen Verkehrsmittel zu beenden.) Unsere Auswahl enthält auch eine größere Anzahl von Naturlehrpfaden der verschiedensten Typen und viele Varianten. – Für viele dieser Naturlehrpfade werden auch separate, kurzgefaßte Informationsbroschüren, manche auch fremdsprachig, herausgegeben.

Einige Bemerkungen zur Struktur der Beschreibung der einzelnen Wanderungen:

Verkehrsmöglichkeiten Die *Eisenbahnfahrpläne* ändern sich, wenn auch nicht wesentlich, alljährlich Ende Mai und werden deshalb *jedes Jahr* für das ganze Staatsgebiet neu herausgegeben (- Preis etwa Kčs 20,–, sie sind meist rasch vergriffen), aber auch in

Einzelbänden für Böhmen, Mähren und die Slowakei. In der ganzstaatlichen Ausgabe ist ein besonderer Teil den internationalen Strecken gewidmet. Eisenbahnfahrpläne stehen auf jedem Bahnhof, in größeren Hotels, Camps, Reisebüros usw. zur Verfügung. Die *Busfahrpläne* gelten immer für *zwei Jahre*. Das Busstreckennetz ist sehr dicht und deshalb werden für jeden Bezirk selbständige Fahrplanbände herausgebracht (insgesamt 11), Preis etwa Kčs 10,– bis 15,–, und ein zwölfter Band ausschließlich mit Fern- und Expreßlinien. Diese Fahrpläne liegen vor allem auf größeren Busbahnhöfen, aber auch in Hotels, Eisenbahnstationen usw. auf. Fahrpläne der einzelnen Strecken findet man in der Regel auch an den Tafeln der Bushaltestellen.

Autokarten (Autoatlas) Obwohl unser Wanderführer mit einer Gesamtskizze, die den Raum der einzelnen Wanderungen veranschaulicht, ausgestattet ist, setzen wir voraus, daß die Besucher eine Autokarte der Region, die sie zu besuchen beabsichtigen, mithaben werden. Dem Zweck entspricht im wesentlichen *Mairs Autoatlas – Europa*. Noch detaillierter sind der Autoatlas oder die Autokarte der ČSSR des Verlagshauses Kartografie. Der Autoatlas zum Preis von etwa Kčs 30,– enthält außer Einzelkarten auch ein Namensregister, eine Übersichtskarte, ein Verzeichnis der Tankstellen auf dem gesamten Staatsgebiet und weitere Informationen über diese Tankstellen. (Bei dieser Gelegenheit sei gesagt, daß in der ČSSR an Sonnabenden und Sonntagen ein Teil der kleineren Tankstellen nicht in Betrieb ist, wenn auch der Autoverkehr eben zum Wochenende, insbesondere in der Sommersaison, sehr dicht ist. Wenn es auch sehr unwahrscheinlich ist, daß der Autofahrer in der ČSSR unterwegs wegen Benzinmangels hängenbleiben könnte, empfehlen wir – auch schon im Hinblick auf einen eventuellen Zeitverlust in Schlangen bei Tankstellen –, das Nachfüllen von Treibstoff nicht auf den letzten Augenblick am Wochenende aufzuschieben.) Ein weiterer guter Behelf, der einen Autoatlas ersetzt, ist die Autocampkarte der ČSSR, die ebenfalls das Netz der Hauptstraßen enthält und meist alljährlich zum Preis von etwa Kčs 10,– herauskommt.

Parkplätze In der ČSSR wird systematisch am Aufbau eines Netzes von öffentlichen (oder außerdem auch bewachten) Parkplätzen in den Großstädten, in größeren Städten und Ortschaften und den besuchtesten Zentren des Tourismus gearbeitet. Aber auch hier kommt es im Zusammenhang mit der raschen Entfaltung des Autoverkehrs, dem Ausbau des Straßennetzes und mit Umleitungen u.ä. zu Veränderungen. In weniger besuchten Gegenden wird vorläufig in der Regel dort geparkt, wo es nicht ausdrücklich untersagt ist, z.B. vor Hotels, großen Einkaufszentren, auf Marktplätzen, bei

Bahnhöfen usw. Verkehrszeichen für Parkplatz (parkoviště) oder Bewachter Parkplatz (hlídané parkoviště) ist das P. Die bei jeder Wanderung angeführten Parkmöglichkeiten sind daher in den meisten Fällen als ziemlich allgemeine Angaben und nicht als bewachte Parkplätze aufzufassen.

Unterkunftsmöglichkeiten Jedes Hotel in der ČSSR fällt je nach Komfort und den gebotenen Dienstleistungen in eine der folgenden Kategorien: A* de Luxe, A*, B*, oder C. Diese Einteilung betrifft auch einige Gebirgshotels und -bauden. Autocamps sind je nach Ausstattung in die Kategorien A oder B eingereiht. Bei einigen unserer Wanderungen führen wir auch Hotels in der weiteren Umgebung des Ausgangspunkts an, insbesondere dort, wo man vorteilhaft Ausflüge in die Umgebung unternehmen kann und wo die Hotelkapazitäten unmittelbar beim Ausgangspunkt der Wanderung nicht groß genug sind. Beliebt sind in der ČSSR auch verschiedene Typen von Bungalow-Kolonien, deren Betrieb jedoch häufigen Änderungen unterliegt. Falls also unser Besucher einen solchen Unterkunftstyp wählen wollte, wäre es wohl am praktischsten, Informationen an Ort und Stelle einzuholen. Bei den Hotels und Camps führen wir in diesem Führer keine Telefonnummern an, wenn diese Stellen auch immer ans Telefonnetz angeschlossen sind, dies deshalb, weil das System der Telefonzentralen derzeit im Umbau ist und Nummern häufig gewechselt werden. Auch hier ist erfahrungsgemäß ein operatives Vorgehen vorzuziehen. Im übrigen sind in allen größeren Städten Filialen des Reisebüros Čedok, in den Bezirksstädten auch der Reisebüros Autoturist, Rekrea, Sport-turist, und in der Slowakei der Reisebüros Slovakoturist und Tatratour, die Interessenten gern alle gewünschten Informationen erteilen.

Wegemarkierungen, Wanderkarten In der ČSSR besorgt die Markierung von Wanderwegen der Tschechoslowakische Verband für Körpererziehung (ČSTV). Das Netz dieser Wege ist sehr dicht und verläßlich. Die Wege sind mit einheitlichen Zeichen markiert und auch mit weiteren Informationen ausgestattet, wie z.B. Schildern mit Entfernungen einzelner Punkte im Gelände (Koten, Wegekreuze, denkwürdige Stellen usw.), und mit Orientierungstafeln mit der Darstellung eines ganzen Gebiets. (In der Slowakei werden die *Entfernungen in Stunden* angeführt, wie auch aus weiteren Hinweisen ersichtlich sein wird.) Die Markierungen sind grundsätzlich waagrechte Streifen, wobei die Leitfarbe zwischen zwei weißen Streifen liegt. Mit Rot oder Blau werden Haupt- und Fernwege markiert, mit Grün Nebenwege und mit Gelb kürzere Verbindungswege. Man kann jedoch im Gelände auch auf weitere Markierungen stoßen, die andere Formen haben und am häufigsten für kurze Abzweigungen bis zu einem Kilometer zu Ruinen, Quellen usw. in Anwendung kommen. Schließlich kann man in der ČSSR auch verschiedenen anderen Markierungen begegnen, die uns auf kürzeren Rundwanderungen begleiten; zu diesen gehören vor allem die Naturlehrpfade (weißes Quadrat mit grüner Diagonale), lokale Rundwanderungen bei Autocamps (meist Markierungen des Brief-Typs), Erholungsspaziergänge für Patienten größerer Kurorte (mit einem Herz markiert) u.ä. Dort, wo bei Fernstraßen große Parkplätze angelegt werden, findet man des öfteren auch einen anderen, für den Autotourismus bestimmten Typ von Rundwanderungen, die in der Regel mit dem Slogan »Vystup a jdi!« (Steig' aus und gehe!) bezeichnet sind.

Die wirtschaftliche Entwicklung des Landes hatte in den letzten Jahren eine gewisse Modernisierung und Umlegung des Netzes markierter Wanderwege zur Folge. In einzelnen konkreten Fällen werden Markierungen von frequentierten Landstraßen, aus dem Raum neuer Wohnsiedlungen usw. verlegt (manchmal überhaupt abgeschafft); das betrifft u.a. auch Areale, in denen Staubecken als Trinkwasserreservoire gebaut werden, die natürlich ihre hygienische Schutzzone haben müssen u.a.m. Weitere Veränderungen sind auf den Zusammenschluß von landwirtschaftlichem Grund und Boden und das damit zusammenhängende Verschwinden ehemaliger Feldwege, aber auch auf andere Ursachen zurückzuführen. Wir waren bemüht, allen diesen Veränderungen Rechnung zu tragen, und haben die Wanderungen so geplant, daß unsere Touristen mit ähnlichen Überraschungen kaum werden rechnen müssen.

Wanderkarten bringen bei uns die Verlagshäuser Kartografie Praha und Kartografia Bratislava heraus. Unsere diesbezüglichen Hinweise führen immer die letzte Ausgabe dieser Karten mit dem entsprechenden Maßstab an. Die Zeichen der Skizzen dieses Handbuchs entsprechen den Zeichen auf den Wanderkarten mit dem Unterschied, daß in den tschechoslowakischen Wanderkarten die sogenannten Touristenzeichen (Hotels, Bergbauden, Burgstätten, Denkwürdigkeiten usw.) in roter Farbe vermerkt sind, während wir uns in unseren Wanderskizzen mit nur einer Farbe begnügen mußten.

Die grundlegenden Zeichen sind:

ZEICHENERKLÄRUNG

▬▬▬▬▬	Wanderweg
▬ ▬ ▬ ▬ ▬	Varianten der Wanderung
┬ ┬ ┬ ┬ ┬	Naturschutzgebiet
● R	Naturdenkmal
═══════	Hauptstrassen
────────	Landstrassen
─ ─ ─ ─ ─	Feld- und Waldwege
P	Omnibushaltestelle
▬▬□▬▬	Eisenbahn
▯	Tankstelle
↑	Burg, Schloss, Festung
▙	Historische Ruine
◉	Burgwall, Wallanlage
ö ȯ ● t	Kirche, Kapelle, Kreuz
▲	Denkmal, Hügelgrab
♟	Aussichtsturm
◆	Aussichtspunkt
·	Höhenpunkt
⌒	Höhle
❢	Quelle
⚨	Heuschuppen
‿ / ⌢	Sattel
⌂	Altan
—o—o—o—o—	Sessellift oder Schwebebahn
🄷	Hotel, Unterkunftsmöglichkeit
▭	Berghütte, Restaurant
⚒	Bad
🅿	Parkplatz
⛺	Campingplatz
⚓	Hafen

Wanderkarten verkaufen alle Buchhandlungen, aber auch Souvenirgeschäfte und -verkaufsstände, manche Hotelrezeptionen, Gebirgsbauden usw. Ihr Preis bewegt sich zwischen Kčs 6,– und 10,–. Da die Nachfrage nach Wanderkarten ziemlich groß ist, sind manche bald nach ihrem Erscheinen vergriffen.

Tourenlänge Die Art, wie der Leser dieses Wanderführers Entfernungen und Höhenunterschiede feststellen kann, ist einfach und erfordert keinen Kommentar. Wir müssen hier jedoch erklären, warum wir in den tschechischsprachigen Ländern die Entfernungen in Kilometern und in der Slowakei in Stunden anführen. Wir gingen dabei von praktischen Beweggründen aus, denn in eben derselben Weise sind die konkreten Angaben auf den Orientierungstafeln und Wegweisern angeführt. In Böhmen und Mähren legten wir eine Wandergeschwindigkeit von 4 km/Std. zugrunde. Bei größeren Höhenunterschieden sollte man auf jede 100 Meter Höhenunterschied minimal 5 Minuten zu den errechneten Zeiten hinzuzählen (oder mit einer dem individuellen Tempo entsprechenden größeren Reserve rechnen). In der Slowakei hingegen werden die Entfernungen direkt in Stunden umgerechnet und auch so ausgeschildert. Der Grund dafür ist vor allem in den hohen Ansprüchen zu suchen, die der Hochgebirgstourismus an die körperlichen Qualitäten des Touristen stellt, wo es vor allem darum geht, die Dauer der Wanderung möglichst richtig vorauszusehen, die eigenen Kräfte nicht zu überschätzen. Beispiele von Wanderungen mit Höhenunterschieden von mehr als 1000 Metern sind auch in diesem Wanderführer zu finden. – Die immer in Metern angeführten Höhenunterschiede sind ein sozusagen vereinheitlichender, grundlegender Faktor, der die Wahl der Wanderung beeinflußt. Die Feststellung der Beschwerlichkeit der einzelnen Wanderungen nach den Punkten Tourenlänge und Höhenunterschiede ist daher die grundlegende Voraussetzung für die Vorbereitung einer Wanderung. Wichtig ist auch der Punkt *Anmerkung*, dem in der Regel eine Zusammenfassung des Schwierigkeitsgrads und der an den Touristen gestellten Ansprüche zu entnehmen ist.

Die Kilometerangaben beinhalten nicht nur die Gesamtlänge, sondern auch die Entfernungen von Ort zu Ort.

Naturschutz Ebenso wie in anderen Staaten wird auch in der ČSSR dem Naturschutz, der bei der steigenden Popularität des Tourismus mit ihm untrennbar verbunden ist, eine große Aufmerksamkeit gewidmet. Die Ansprüche an den Naturschutz steigen; wir möchten Ihnen im voraus unseren Dank dafür aussprechen, daß Sie diesen Ansprüchen, ebenso wie in Ihrer Heimat, entsprechen werden. Die große Besucherzahl hat, insbesondere in einigen unserer Gebirge, auch verschiedene weniger populäre Maßnahmen erfordert. Im Interesse des Naturschutzes mußten z.B. in den letzten Jahren die Trassen einiger Naturlehrpfade (vor allem im Riesengebirge – Krkonoše) geändert werden, und in der Hohen Tatra (Vysoké Tatry) sind aus diesen Gründen einige Hochgebirgstäler der Öffentlichkeit nicht mehr zugänglich. In der letzten Zeit wurde in diesem Gebirge vor allem zu Maßnahmen zum Schutz der Hochgebirgs-Kalkflora gegriffen; Touristen ist deshalb das Betreten des ganzen Hauptkamms des Bergzugs Belianské Tatry verboten. Diese beliebte und schöne Wanderung konnte daher schon nicht mehr in diesen Wanderführer aufgenommen werden.

Witterungsverhältnisse Die Tschechoslowakei liegt in Mitteleuropa und demnach hat auch ihr Wetter einen mitteleuropäischen, kontinentalen Charakter. Für den Tourismus eignet sich natürlich am besten die Sommersaison, wenn man auch im Hochgebirge in dieser Saison, z.B. im Juli, mit einem gewitterreichen Wetter rechnen muß. – Der Beginn der Sommersaison ist besonders für Liebhaber der Flora (vor allem der Hochgebirgs-Kalkflora) interessant. Das Ende des Sommers bringt meist ein verhältnismäßig stabiles, für die Fernsicht günstiges Wetter mit sich. Bei andauernd ungünstiger Witterung, die man in den mitteleuropäischen Gebirgen nie ausschließen kann, empfiehlt es sich, den Aufenthalt in die südlichen ebenen Teile des Staates zu verlegen (Südböhmen, die weitere Umgebung von Bratislava, Südmähren). In unseren Wandervorschlägen haben wir mit einer solchen Möglichkeit gerechnet (siehe z.B. die Wanderungen 26, 44–47, 62–64 u.ä.).

Über die Entwicklung des Wetters informiert im übrigen Radio Praha auch in deutscher Sprache. Täglich werden für Touristen und ausländische Besucher nicht nur populäre Melodien und Folkloremusik ausgestrahlt, sondern auch Kurznachrichten und eine Wettervorhersage.

Zur Sprache Bei der Durchsicht unseres Wanderführers wird der Leser feststellen, daß wir bemüht waren, die tschechische und slowakische Terminologie anzuwenden, dies nicht nur bei den Namen der Städte und Berge, sondern auch bei den allgemeinen »touristischen« Ausdrücken. Der Grund für diese Maßnahme liegt auf der Hand: wir strebten nicht nur eine Erleichterung der Orientierung beim Lesen tschechischer und slowakischer Wanderkarten oder der Wegweiser im Gelände an, sondern wollten auch zu einer besseren Verständigung mit inländischen Touristen beitragen, die unseren ausländischen Besuchern sicher gern mit Rat und Tat beistehen werden. Im allgemeinen ist zu konstatieren, daß ein Großteil unserer Bevölkerung (vor allem die mittlere und ältere Generation) deutsch spricht oder wenigstens die Grundlagen der deutschen Sprache beherrscht.

Und nun für Sie die beim Wandern *am häufigsten vorkommenden Ausdrücke:*

Aussicht	
Ausblick	vyhlídka
Aussichtspunkt	vozhledna
Autobahn	dálnice
Bach	potok
Bahnhof	nádraží
Bahnstation	železniční stanice
Berg	hora
Bergsee	horské jezero (slowakisch: plieso)
Bergwiese	horská louka
Brücke	most
Brückensteg	lávka
Burg	hrad
Bushaltestelle	autobusová zastávka
Campingplatz	tábořiště
Engpaß	soutěska (slowakisch: tiesňava)
Felsen	skála
Fluß	řeka
Forsthaus	myslivna
Gasse	ulice
Gipfel	vrchol
Grotte	jeskyně
Hotel	hotel
Hütte	chata
Kabinenseilbahn	kabinová lanovka
Kamm	hřeben
Kessel	kotel
Klamm, Kluft	rokle, roklina
Knieholz	kosodřevina
Kreuzung	křižovatka
links	vlevo
Marktplatz	náměstí
Mühle	mlýn
Nachtlager	nocleh
Naturlehrpfad	naučná stezka
Norden	sever
Osten	východ
Parkplatz	parkoviště
Pfad	stezka
Quelle	pramen
rechts	vpravo

Rücken	hřbet
Ruine	zřícenina
Sattel	sedlo
Schlucht	propast
See	jezero
Seilbahn	lanovka
Sessellift	sedačková lanovka
Skilift	lyžařský vlek
Stausee	přehradní nádrž
Stunde	hodina
Süden	jih
Tal	údolí (slowakisch: dolina)
Talsperre	přehrada
Teich	rybník
Torfmoor	rašeliniště
Touristenbaude	turistická chata
Trinkwasser	pitná voda
Übernachtung	přenocování
Ufer	břeh
Wald	les
Wand	stěna
Wasserfall	vodopád
Weg	cesta
Westen	západ
Wiese	louka
Wochenendhütte	chatička
Wochenendsiedlung	chatová osada

Und abschließend noch einige Sätze:
Guten Tag ... Dobrý den ...
Wie weit ist es nach ...? Jak daleko je do ...?
In welcher Richtung liegt ...? Ve kterém směru je ...?
Welche Markierung führt nach ...? Která značka vede do ...?

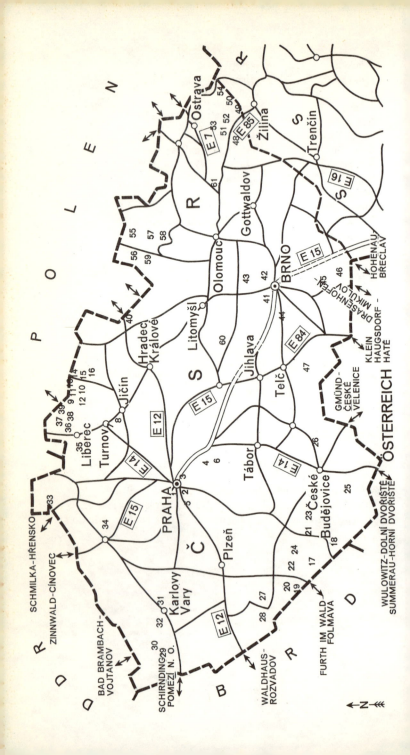

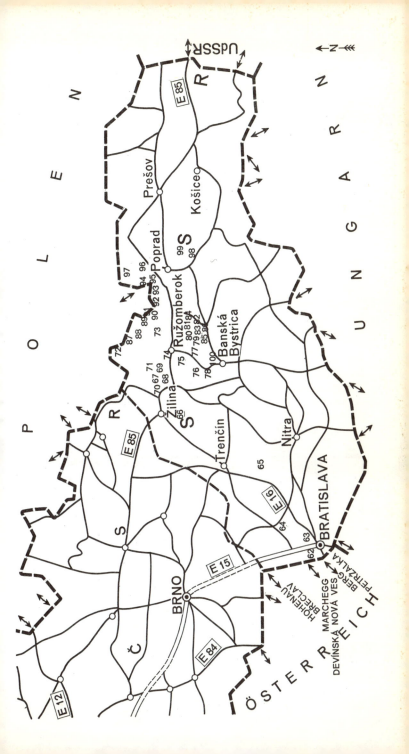

1 Šárecké údolí (Šárka-Tal)

Verkehrsmöglichkeiten Prager Stadtverkehrsmittel: Endstation der Straßenbahn und Bushaltestelle in Dolní Liboc; Bushaltestelle U Matěje.

Parkmöglichkeiten Parkplatz 50 Meter von der Endstation der Straßenbahn in Richtung Ausfallstraße zum Flugplatz.

Unterkunftsmöglichkeiten Interhotels Prag: Alcron, Ambassador, Esplanade, Flora, Garni, Intercontinental, International, Jalta, Olympik, Palace, Paříž, Parkhotel, alle Kategorie A; eine Reihe von Hotels der Kategorie B; Motels: Praha-Motol Motel Stop, Motel Průhonice u Prahy; Autocamps: Praha-Dejvice Transit A, 1. 4.–30. 9., Praha-Bráník A, 15. 4.–31. 10., Praha-Motol Caravancamp A, 1. 4.–15. 10., Praha-Suchdol A, 1. 6.–30. 9., Praha-Troja A, 12: 6.–15. 9., Praha-Kbely Caravancamp A, 1. 5.–30. 9., Praha-Dolní Počernice A, 1. 5.–30. 9.

Wegemarkierungen Dolní Liboc – Jenerálka rot, Aufstieg zum Kirchlein gelb, grün oder blau.

Tourenlänge 8 Kilometer – Dolní Liboc: 0,5 km (–50 m): Džbán: 1,5 km; Dívčí skok: 0,5 km; Čertův Mlýn: 0,5 km: Želivka: 1 km; Vizerka: 1 km; U Jenerálky: 3 km; (+ 50 m): sv. Matěj.

Höhenunterschiede + 50 Meter, – 50 Meter.

Wanderkarte Okolí Prahy (Prager Umgebung) 1 : 100 000.

Anmerkung Traditionelle Wanderung der Prager im Tal des Šárka-Bachs. Unterwegs drei Schwimmgelegenheiten: Staubecken Džbán in Veleslavín, Schwimmbad Pod dívčím skokem,

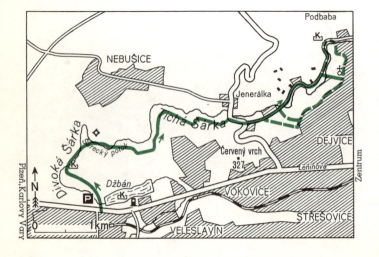

Schwimmbad Tichá Šárka; zwischem dem 1. und 3. Kilometer Trainingsfelsen für Bergsteiger.
Wissenswertes Die Divoká Šárka (Wilde Šárka) ist ein in Schiefer und Sandstein eingeschnittenes Tal mit interessanten Felsgebilden. Naturschutzgebiet mit typischer Flora.
Tourenbeschreibung Von der Endstation der Straßenbahn (bzw. vom Parkplatz) führt von der Ausfallstraße nach rechts eine leicht abfallende Straße (rote Markierung). Nach 100 Metern verlassen wir die Markierung, steigen 60 m auf Treppen oder entlang einer Straßenserpentine nach unten. 50 Meter weiter stoßen wir auf einen Bach, der aus einem großen *Staubecken* fließt (Schwimmbad). Bachabwärts zuerst nordwestlich durch den Engpaß Džbán und dann nach etwa 500 Metern in nordöstlicher bis östlicher Richtung. Guter Fußweg – Fahrverbot. Hinter dem Engpaß öffnet sich das Tal; wir überschreiten den Bach und erreichen nach etwa 10 Minuten am linken Rand einer großen Wiese entlang das Schwimmbad *Pod dívčím skokem*. Wieder ans rechte Bachufer (links eine Gaststätte), rechts die Felsengruppe Dívčí skok, dann hoher Mischwald, zu beiden Seiten Kletterfelsen für Bergsteiger. Wir überschreiten abermals den Bach, passieren an seinem linken Ufer die einsame Teufelsmühle *(Čertův Mlýn)* und nach weiteren etwa 500 Metern, gegenüber dem Gut Želivka, setzen wir unseren Weg wiederum auf der rechten Seite des Baches fort. Das bewaldete Tal verbreitert sich, ein gepflegter Fußweg führt etwa 2,5 Kilometer abwechselnd an beiden Ufern des Bachs entlang. Wir verlassen den Wald, der links bleibt, und erreichen über eine feuchte Wiese oder auf einem kurzen Umweg rechts die Ortschaft *Jenerálka*. Hier endet der romantischste Teil der Wanderung an einer Straße. (Varianten: 1. von hier aus denselben Weg wieder zurück; 2. in der Ortschaft Jenerálka, etwa 200 Meter links, Bus zur Wohnsiedlung Červený vrch, von dort Straßenbahn ins Stadtzentrum oder zum Ausgangspunkt.) Rechts die Straße entlang, nach etwa 50 Metern nach links auf einer schmäleren, wenig frequentierten Straße. Vor uns rechts sehen wir bereits das Ziel unserer Wanderung, das Kirchlein *sv. Matěj*. (Variante: nach etwa 250 Metern verlassen wir die Straße und biegen rechts auf einen ansteigenden Fußweg ab; gelbe Markierung. Durch ein Wäldchen, dann am linken Rand des Villenviertels Hanspaulka oberhalb des Šárka-Tals etwa 1,5 Kilometer bis zum Kirchlein.) Nach etwa 2 Kilometern Abzweigung nach rechts (blaue Markierung), über den Bach, etwa 50 Meter Steigung, dann links 200 Meter bis zum Kirchlein *sv. Matěj* (Matthäuskirche). Von dort Bus zur Haltestelle Bořislavka und weiter mit der Straßenbahn zum Ausgangspunkt oder in entgegengesetzter Richtung mit Bus ins Stadtzentrum.

2 Velká Chuchle – Barrandova skála (Barrande-Felsen) – Prokopské údolí (Prokop-Tal)

Verkehrsmöglichkeiten Busse des Prager Stadtverkehrs, Endstation Velká Chuchle und Jinonice.
Parkmöglichkeiten Beim Wald von Chuchle; beim Rennplatz Velká Chuchle.
Unterkunftsmöglichkeiten Interhotels Prag: Alcron, Ambassador, Esplanade, Flora, Garni, Intercontinental, International, Jalta Olympik, Palace, Paříž, Parkhotel, alle Kategorie A; eine Reihe von Hotels der Kategorie B; Motels: Praha-Motol Motel Stop, Motel Průhonice u Prahy; Autocamps: Praha-Dejvice Transit A, 1. 4.–30. 9., Praha-Braník A, 15. 4.–31. 10., Praha-Motol Caravancamp A, 1. 4.–15. 10., Praha-Suchdol A, 1. 6.–30. 9., Praha-Troja A, 12. 6.–15. 9., Praha-Kbely Caravancamp A, 1. 5.–30. 9., Praha-Dolní Počernice A, 1. 5.–30. 9.
Wegemarkierungen Velká Chuchle – Malá Chuchle gelb; durch das Prokopské údolí blau; Endstrecke rot.
Tourenlänge 11 Kilometer – Velká Chuchle: 3 km (+ 80 m); Malá Chuchle: 2 km (– 80 km); Hlubočepy: 4 km; Pod Dalejským hájem: 2 km (+ 80 m); Jinonice.
Höhenunterschiede + 160 Meter, – 80 Meter.
Wanderkarte Okolí Prahy (Prager Umgebung) 1 : 100 000.
Anmerkung Eine für Geologie- und Naturschutzinteressenten besonders geeignete Wanderung. – In Velká Chuchle Pferderennbahn (in der Saison eventuell vor der Wanderung zu besuchen). – Bei Beginn der Wanderung kann der Besucher seine körperliche Tüchtigkeit in einem der sogenannten Areale der Gesundheit erproben.
Wissenswertes 1. Beim Forsthaus ein Pavillon der Waldschule (Wandtafeln, Schaukästen, Mineralien, archäologische Funde, Präparate von Waldtieren); 2. Staatliches Naturschutzgebiet Chuchelský háj; 3. Barrandova skála (Barrande-Felsen) – nach dem französischen Geologen und Paläontologen Joachim Barrande, 1799–1883, der sich über 50 Jahre lang mit dem Studium des älteren Paläozoikums in Böhmen befaßte; 4. Prokopské údolí – das Tal ist ein Naturschutzgebiet mit typischer Kalkbodenflora.
Tourenbeschreibung Die Wanderung beginnt bei der Busendstation in *Velká Chuchle*. Von dort zuerst auf der Straße nach Slivenec (blaue Markierung), von der wir jedoch bald nach rechs abbiegen (gelbe Markierung). Am Rand der Ortschaft aufwärts durch ein malerisches Seitental. Wir betreten den Wald und steigen auf einem asphaltierten Weg bis zum *Areal der Gesundheit*. Kurz danach

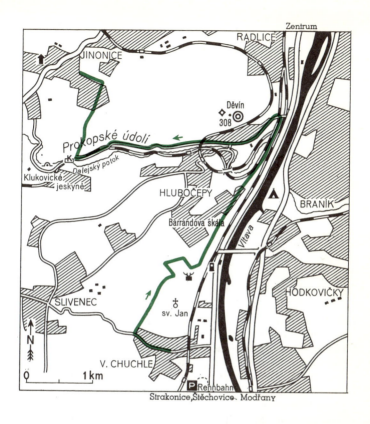

erreichen wir ein Forsthaus, in dessen Nachbarschaft sich der erwähnte Pavillon der Waldschule befindet. Von hier entlang der gelben Markierung hinab durch ein kleines Tal mit einem Bächlein, das als eisenhaltige Quelle entspringt, nach *Malá Chuchle* und weiter, nun in nordöstlicher Richtung, auf einer alten Straße (rechts von ihr führt die Ausfallstraße) unter den Hang des Barrandov (Prager Stadtviertel mit Filmatelier) und unterhalb von Kalksteinfelsen erreichen wir nach etwa 15 Minuten den sogenannten *Barrande-Felsen*, ein häufiges Ziel geologischer Exkursionen. Wir finden hier eine anschauliche, durch Abschuß beim Bau einer Eisenbahnlinie freigelegte Schichtung. Der Felsen ist ein bekannter Fundort von Versteinerungen: die sogenannte »versteinerte Sonne« und sehr häufig Kopffüßer (cephalopodae). Von hier, am ehemaligen Schwimmstadion unterhalb der Barrandov-Terrassen vorbei bis zum Eingang in das Tal *Prokopské údolí*. (Variante: Hier kann man die Wanderung unterbrechen und mit Straßenbahn ins Stadtzentrum zurückkehren.)

Nun westlich ins Tal Prokopské údolí (blaue Markierung) mit seiner Eisenbahnlinie von lokaler Bedeutung, die, stark übertrieben, auch »Prager Semmering« genannt wird. Eine ganz kurze Abzweigung führt uns zum malerischen, in einem ehemaligen Steinbruch liegenden, kleinen *See von Hlubočepy* (2 km von der Straßenbahnhaltestelle – Parkplatz). Weiter im Tal durch eine Kastanienallee zum großen St.-Prokop-Steinbruch (hier stand einst ein Barockkirchlein) und unter einem Bahnviadukt in den romantischsten Teil des Tals: links bewaldete Hänge, rechts Felsen mit vorwiegender Steppenvegetation. Kurz darauf erreichen wir eine, *Pod Dalejským hájem* genannte Stelle, wo wir rechts (rote Markierung) den Hang hinaufsteigen und dann in nordöstlicher Richtung zur Haltestelle des städtischen Busses in *Jinonice* gelangen.

3 Průhonický park (Park von Průhonice)

Verkehrsmöglichkeiten Bus nach Průhonice.
Parkmöglichkeiten Parkplatz direkt vor dem Eingang ins Schloß.
Unterkunftsmöglichkeiten Interhotels Prag: Alcron, Ambassador, Esplanade, Flora, Garni, Intercontinental, International, Jalta, Olympik, Palace, Paříž, Parkhotel, alle Kategorie A; eine Reihe von Hotels der Kategorie B; Motels: Praha-Motol Motel Stop, Motel Průhonice u Prahy; Autocamps: Praha-Dejvice Transit A, 1. 4.–30. 9., Praha-Bránik A, 15. 4.–31. 10., Praha-Motol Caravancamp A, 1. 4.–15. 10., Praha-Suchdol A, 1. 6.–30. 9., Praha-Troja A, 12. 6.–15. 9., Praha-Kbely Caravancamp A, 1. 5.–30. 9., Praha-Dolní Počernice A, 1. 5.–30. 9., Průhonice-Motel.
Wegemarkierungen Örtliche Hinweisschilder; Anhaltspunkt bei Spaziergängen im Park ist der Bach Botič, der den Park vom Süden zum Norden durchfließt und seine Achse bildet.
Tourenlänge Die Nordsüdachse des Parks ist 6 Kilometer lang (insgesamt 50 km gepflegter Wege).
Höhenunterschiede Bachaufwärts geringfügige Steigung.
Wanderkarte Okolí Prahy (Prager Umgebung) 1:100000 oder Posázaví 1:100000.
Anmerkung Besonders geeignet für Besucher der Hauptstadt Prag an programmlosen Tagen.
Wissenswertes Průhonice, Ortschaft und ursprüngliches Renaissanceschloß, umgebaut gegen Ende des 19. Jahrhunderts. Schloßkirche aus dem 12. Jahrhundert, umgebaut, mit gotischen Wand-

malereien aus der ersten Hälfte des 14. Jahrhundert. Im Park ein botanischer Garten der Tschechoslowakischen Akademie der Wissenschaften, ursprünglich angelegt (1885) von Ernst Sylva-Taroucca. Hier etwa 1200 Arten von Bäumen und Sträuchern, ein Steingarten und ein Rosengarten. Im Schloß das Botanische Institut der Tschechoslowakischen Akademie der Wissenschaften und ein geophysikalisches Observatorium. In der Richtung zur Autobahn ein Versuchsgarten des Forschungsinstituts für Gartenbau (Tulpen).

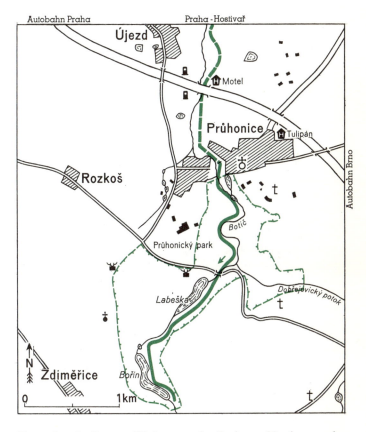

Tourenbeschreibung Wir betreten den Park vom Norden, aus der Ortschaft *Průhonice*. Wir umgehen den Schloßhof rechts und steigen einige Dutzend Meter hinab zum Bach, der an dieser Stelle den Park verläßt. Unser Spaziergang verläuft nun praktisch immer in südlicher Richtung. Wir gehen am *Schloßteich* vorbei bis zu einer Stelle, an der sich links eine *Gedenktafel* an den Gründer des Parks befindet. Der Weg führt uns weiter durch Wiesen und ein parkartig angelegtes Arboretum gegen Süden. Nach etwa 3 Kilometern verlassen wir den Park durch eine Pforte, überkreuzen eine Straße und betreten den zweiten, ebenfalls umzäunten, aber weniger gepflegten und auch seltener besuchten Teil des Geheges von Průhonice. Der Weg führt noch etwa 2 Kilometer nach dem Süden an den Teichen *Labeška* und *Bořín* entlang. Für den Rückweg wählen wir andere Wege. Wenn wir uns dabei stets nördlich halten und uns nach dem Lauf des Baches orientieren, kommen wir verläßlich wieder zum Ausgangspunkt zurück. (Variante für rüstigere Touristen: Nach Besuch des Parks zu Fuß zurück nach Prag in etwa nördlicher Richtung. Aus Průhonice, rote Markierung, über Petrovice nach Praha-Hostivař, insgesamt 9 km, mit Bademöglichkeit im Schwimmbad des Staubeckens Hostivař. Von Praha-Hostivař mit Stadtverkehrsmitteln ins Stadtzentrum.)

4 Posázavská stezka (An der Sázava entlang)

Verkehrsmöglichkeiten Bahn nach Petrov u Prahy; Bus nach Hradišťko (Píkovice).
Parkmöglichkeiten Píkovice.
Unterkunftsmöglichkeiten Interhotels Prag: Alcron, Ambassador, Esplanade, Flora, Garni, Intercontinental, International, Jalta, Olympik, Palace Paříž, Parkhotel, alle Kategorie A; eine Reihe von Hotels der Kategorie B; Motels: Praha-Motol Motel Stop, Motel Průhonice u Prahy; Autocamps: Praha-Dejvice Transit A, 1. 4.–30. 9., Praha-Bráník A, 15. 4.–31. 10., Praha-Motol Caravancamp A, 1. 4.–15. 10., Praha-Suchdol A, 1. 6.–30. 9., Praha-Troja A, 12. 6.–15. 9., Praha-Kbely Caravancamp A, 1. 5.–30. 9., Praha-Dolní Počernice A, 1. 5.–30.9.; Průhonice-Motel.
Wegemarkierungen Petrov – Žampach rot.
Tourenlänge 10,5 Kilometer – Petrov u Prahy: 4,5 km (+ 120 m, –160 m); Kreuzung der markierten Wege bei Třebsín: 3 km; Fähre Žampach: 3 km (+ 40 m); Luka pod Medníkem.
Höhenunterschiede + 160 Meter, –160 Meter.
Wanderkarte Posázaví 1:100 000.
Anmerkung Wanderung in einem romantischen Flußtal. Unterwegs Schwimmgelegenheiten. Schönste Stellen: Zu Beginn der Wanderung Stromschnellen beim Felsen, der Komín (Kamin) genannt wird, am Ende der Trasse beim Wehr in Žampach.

Wissenswertes Die Umgebung der Wandertrasse ist die Wiege der tschechischen Tramp-Bewegung (im Grunde Rückkehr zur Natur mit sozialen Motivierungen). Rest alter Hüttensiedlungen. – Der Fluß Sázava: früher Goldwäscherei und Flößereitradition. – Medník: Naturschutzgebiet, Restvorkommen einer Tertiärflora. – Žampach: über die Schlucht Kocour führt eine steinerne Eisenbahnbrücke aus dem Jahr 1900, eine technische Denkwürdigkeit. – Unweit Jílové u Prahy ein Museum der Goldförderung; Gold wurde in der Umgebung jahrhundertelang gefördert.

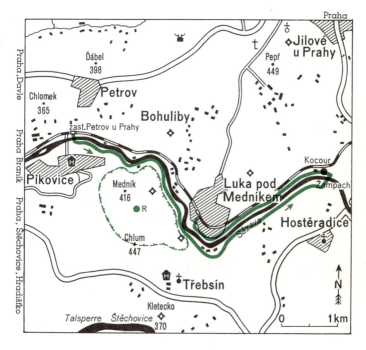

Tourenbeschreibung Falls wir unsere Reise in Prag antreten, fahren wir mit einem, scherzweise »Sázava-Pacific« genannten Zug bis zur Station *Petrov u Prahy*. Dort einem Gehsteig entlang bis hinunter zum Fluß Sázava, überqueren den Fluß auf einer kleinen Betonbrücke und erreichen so die Sommerfrische *Pikovice* (Autofahrer parken in Pikovice und beginnen dort ihre Wanderung). Die umliegenden Hänge sind dicht mit Wochenendhäuschen besät. Gegen Südosten öffnet sich das tief eingeschnittene Tal der Sázava, rechts oberhalb des Flusses beherrscht die Umgebung der bewaldete Berg *Medník* (416 m). Entlang der roten Markierung geht es nun flußaufwärts, zuerst in südöstlicher (etwa 4,5 km), dann in nordöstlicher Richtung (weitere 3 km). – Nach einer kurzen Wanderung zwischen Wochenendhütten und an einer Gaststätte vorbei beginnt sich das Tal bei einem auffallend spitzen Felsen zu verengen und der Weg anzusteigen. Nach dem ersten felsigen Engpaß wird das Tal wieder breiter und der Pfad sinkt bis zum Flußniveau ab. Dann am Rand des Naturschutzgebiets Medník, in welchem ein Naturlehrpfad errichtet wurde. Die rote Markierung führt uns einige Serpentinen aufwärts, an einigen Stellen über in den Felsen eingehauene und mit Geländern versehene Treppen, bis wir einen Aussichtspunkt auf einem hohen Felsen oberhalb einer Flußkrümmung erreichen. Der Weg zur nächsten Aussicht stets in gleicher Höhe, vom letzten Aussichtspunkt dann ein Blick auf einen geraden Flußabschnitt in der Richtung Žampach und auf die gegenüberliegende Ortschaft Luka pod Medníkem. Dann abwärts, diesmal in ein Seitental, wo wir auf eine *Wegkreuzung* (grüne Markierung) *nach Třebsín* stoßen. Wir folgen jedoch der roten Markierung und beginnen wieder zu steigen. In diesem Wegabschnitt ist der markierte Weg weiter vom Fluß entfernt. Am Waldrand entlang, über dem Wochenendhäuser stehen. Links taucht an manchen Stellen der Fluß auf und bevor wir die Fähre in *Žampach* erreichen, sehen wir am anderen Ufer die Bogen der großen Eisenbahnbrücke. Wir setzen auf der Fähre über den Fluß (Gaststätte) und gehen (gelbe Markierung) zurück zu einer Fabrik beim Eingang in die Schlucht Kocour. Die erwähnte *Eisenbahnbrücke* haben wir nunmehr direkt vor uns. Am Zaun der Fabrik vorbei, den Fluß entlang auf einem nicht markierten Fußweg, zwischen Hütten, die in die felsigen Hänge eingebaut sind. Wir erreichen eine Wiese mit einem Bauernhof und einer ehemaligen Fähre. Rechts führt ein breiter Weg zum Bahnhof *Luka pod Medníkem*. Der Zug bringt uns dann nach *Petrov* (wenn wir unseren Pkw in Píkovice geparkt haben) oder direkt bis *Praha-Bránik*.

5 Beroun – Svatý Jan pod Skalou – Karlštejn (Burg)

Verkehrsmöglichkeiten Bahn und Bus Beroun und Karlštejn.
Parkmöglichkeiten Beroun, Marktplatz u. a.; Karlštejn, unterhalb der Burg.
Unterkunftsmöglichkeiten Interhotels Prag: Alcron, Ambassador, Esplanade, Flora, Garni, Intercontinental, International, Jalta, Olympik, Palace, Paříž, Parkhotel, alle Kategorie A; eine Reihe von Hotels der Kategorie B; Motels: Praha-Motol Motel Stop,

Motel Průhonice u Prahy; Autocamps: Praha-Dejvice Transit A, 1. 4.–30. 9., Praha-Bráník A, 15. 4.–31. 10., Praha-Motol Caravancamp A, 1. 4.–15. 10., Praha-Suchdol A, 1. 6.–30. 9., Praha-Troja A, 12. 6.–15. 9., Praha-Kbely Caravancamp A, 1. 5.–30. 9., Praha-Dolní Počernice A, 1. 5.–30. 9.; Průhonice-Motel; Beroun, Hotel Český dvůr C, U Tří korun C; Autocamp Beroun Na Hrázi B, 15. 6.–15. 9.

Wegemarkierungen Die ganze Trasse rot (ältester, bereits vor 80 Jahren markierter Weg in Böhmen).

Tourenlänge 15,5 Kilometer – Beroun: 4 km (+ 220 m); Herinky: 2 km (–200 m); Svatý Jan pod Skalou: 2 km (+ 210 m); Boubová: 2,5 km (–150 m); Kubrychtova bouda: 2 km (+ 50 m); dub Sedmi bratří (Siebenbrüdereiche): 2 km (–70 m); Karlštejn, Burg: 1 km (–60 m); Karlštejn, Bahnhof.

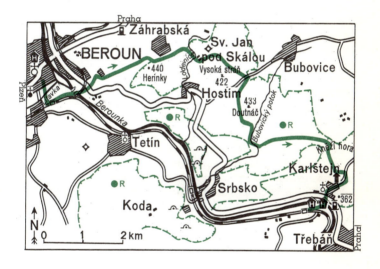

Höhenunterschiede + 480 Meter, –480 Meter.
Wanderkarte Okolí Prahy (Prager Umgebung) 1 : 100 000.
Anmerkung Bei der Planung des Ausflugs auch die entsprechende Zeit für eine Besichtigung der (ganzjährig geöffneten) Burg einrechnen. – Varianten: Pkw-Fahrer können nur die beiden interessantesten Partien der Gesamttrasse absolvieren: a) bis zum Parkplatz in Svatý Jan pod Skalou fahren, den Felsen besteigen, resp. die nächste Umgebung besichtigen; b) die Burg Karlštejn besichtigen.

Wissenswertes Beroun, Kreisstadt. In ihrem historischen Teil zwei gotische Tore (Pražská brána und Plzeňská brána) und die St.-Jakobs-Kirche aus dem 13. Jahrhundert; auf dem Marktplatz das alte Rathaus und Giebelhäuser, insbesondere das sogenannte Jenštejner Haus (heute Kreismuseum). – Svatý Jan pod Skalou, Benediktinerklosterkomplex, der Öffentlichkeit nicht zugänglich, »Heil«-quelle. – Karlštejn: die Perle der böhmischen Burgen, gegründet von Karl IV. im Jahr 1348, erbaut von Matthias von Arras; Führungen jederzeit.

Tourenbeschreibung Vom Marktplatz in *Beroun* am Jenštejner Haus vorbei über den Fluß *Litavka* zum Bahnhof. Vor dem Bahnhof Abzweigung nach links über die Eisenbahnbrücke über den Fluß Berounka in den Stadtteil *Beroun-Závodí*. Durch das Villenviertel zum Parkplatz beim Berouner Krankenhaus (informative Wandtafel). Bergauf einen Pfad im bewaldeten Hang (unter Linden eine Quelle), dann über Weiden mit schönen Ausblicken. Durch Waldpartien erreichen wir den höchsten Punkt unserer Wanderung (*Herinky*, 440 m). Die rote Markierung führt rechts an der Ortschaft *Záhrabská* vorbei und dann beginnt ein sehr romantischer, gegen sein Ende auch sehr steiler Abstieg bis ins Tal des Baches Loděnický potok mit der Ortschaft *Svatý Jan pod Skalou*. (Variante: geübte Kletterer besteigen außerdem noch die Felswand Skála, die sich etwa 180 Meter über dem Tal erhebt. Vorsicht: bei feuchtem Wetter sehr anspruchsvoll! Schlüpfrig! Blick in eine Karstschlucht.) Von hier aus steigt der Weg zuerst in östlicher Richtung (stets rote Markierung) unterhalb des Hangs der Skála, später durch Wald bis zum Gipfel des Bergs *Vysoká stráň* (422 m) und dann wieder bergab bis zur ehemaligen Waldgaststätte *Boubová*. Wir umgehen im Wald den Berg *Doutnáč* (433 m) im wertvollsten Teil des hiesigen Naturschutzgebiets. Bergabwärts ins Tal des Baches *Boubovický potok* zu seinen romantischen Wasserfällen. Der Wasserstand pflegt hier sehr niedrig zu sein. Unterhalb der Wasserfälle führt ein etwas breiteres Tal hinab zur ehemaligen Waldgaststätte *Kubrychtova bouda*. Wir verlassen hier das Tal des Baches und steigen den Hang des Kalksteinplateaus Na Rešné hinauf (in den Wäldern eine Reihe alter Steinbrüche), dann hinab zur alten Eiche der sieben Brüder (dub Sedmi bratří) umweit eines Forsthauses. Von hier bergab zur Straße Mořina – Karlštejn, die wir jedoch bald verlassen, um einen leicht steigenden Pfad direkt zur *Burg*, die zwischen den Bäumen zu sehen ist, einzuschlagen. Von der Burg führt ein markierter Weg in die gleichnamige Ortschaft und über eine Brücke zum *Bahnhof*.

6 Konopiště (Schloß) – Chvojen – Kožlí

Verkehrsmöglichkeiten Bahn und Bus Benešov.
Parkmöglichkeiten Im Areal des Motels oder im Autocamp Konopiště.
Unterkunftsmöglichkeiten Benešov, Hotel Pošta B; Konopiště, Zámecký hotel C, Myslivna B, Motel Konopiště A*; Autocamp: Konopiště A, 1. 5.–30. 9.
Wegemarkierungen Motel – Schloß Konopiště grün; Schloß Konopiště – Weggabelung Borový rot; weiter unmarkiert (der letzte Kilometer lokale Markierung – roter Brief).
Tourenlänge 12 Kilometer – Motel: 1 km (–50 m); Schloß Konopiště: 3 km (+100 m); Chvojen: 1,5 km (–120 m); Burgruine Kožlí: 1,5 km (+50 m); Weggabelung Borový: 2 km (+50 m); Gut Chvojen: 3 km (–80 m, +50 m); Motel.

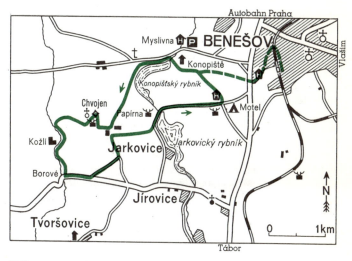

Höhenunterschiede +250 Meter, –250 Meter.
Wanderkarte Posázaví 1:100 000.
Anmerkung Die mit einer Schloßbesichtigung verbundene Wanderung eignet sich besonders gut für die Herbstsaison. – Besucher, die mit der Bahn anreisen, rote Markierung vom Bahnhof Benešov bis zum Schloß Konopiště (etwa 2 km).
Wissenswertes Konopiště, ursprüngliche Burg, gegründet um 1300 im französischen Stil, mehrmals umgebaut. Bekanntester Besitzer war der österreichische Thronfolger Ferdinand d'Este. Reiches Interieur, großer Park, Rosengarten, Freilichttheater. –

Chvojen, Kirchlein aus der zweiten Hälfte des 13. Jahrhunderts, Umbau zu Beginn des 20. Jahrhunderts, Wandmalereien. Auf dem Friedhof sind Teilnehmer des Bauernaufstands 1775 beerdigt. – Kožlí, Ruine einer Burg aus der zweiten Hälfte des 14. Jahrhunderts. Die Burg wurde 1467 zerstört.

Tourenbeschreibung Vom *Motel* in nordwestlicher Richtung Waldweg zur *Gabelung vor dem Schloß* (Schloßbesichtigung) und dann weiter zur nächsten Weggabelung beim nahen Teich. Am Teichufer etwa 10 Minuten in westlicher Richtung. Der Weg verläßt das Ufer und steigt mäßig in einer Allee alter Linden gegen Südwesten. Bei einer Gruppe von Wirtschaftsgebäuden scharf rechts abzweigen, nach weiteren 100 Metern erreichen wir das Kirchlein *Chvojen*, nach dessen Besichtigung wir einige Dutzend Meter auf demselben Weg zurückgehen, einen Viehauslauf überschreiten und dann rechts steil hinab in das Tal eines Baches absteigen. Wir überschreiten den Bach auf einer Brücke, dann links auf einer kleinen Asphaltstraße (ständig rot) bis unterhalb *Kožlí*. Zur Ruine führt uns eine etwa 150 Meter lange Abzweigung (+ 40 m) mit lokaler Markierung. Wir kehren zur Kreuzung unterhalb Kožlí zurück, dort rechts, ständig bachaufwärts. Nach 1,5 Kilometern erreichen wir die Gabelung *Borový*, dort links ab (Straße in Richtung Jarkovice), aber nach etwa 200 Metern abermals nach links (nunmehr bereits ohne Markierung) auf einem Fahrweg in einem flachen Tal bachaufwärts. Nach etwa 1 Kilometer biegen wir am Waldrand rechtwinkelig nach links ab und gelangen auf einem Fahrweg zum *Gut Chvojen*. Unterhalb des Guts biegt rechtwinkelig eine Straße nach rechts ab, die uns in etwa 20 Minuten zum Damm des Teiches *Jarkovský rybník* bringt. Von dort in gleicher Richtung auf einer Asphaltstraße an Fischbehältern des Fischereibetriebs *Papírna* vorbei. Diese Straße führt leicht steigend an der *Kreuzung sv. Anna* vorbei zurück zum *Motel*.

7 Turnov – Hrubá Skála (Felsenstadt) – Trosky (Burgruine) – Ktová

Verkehrsmöglichkeiten Turnov Bahn und Bus; Ktová Bahn und Bus.
Parkmöglichkeiten Turnov, Marktplatz; Ktová.
Unterkunftsmöglichkeiten Turnov, Hotel Slavie B; Jičín, Hotels Astra B, Slavie B, Praha C; Autocamps: Jičín, Rumcajs B, ganzjährig; Sedmihorky A, 1. 4.–31. 10.
Wegemarkierungen Turnov – Trosky rot; Trosky – Ktová grün.

Tourenlänge 16,5 Kilometer – Turnov, Marktplatz: 1 km; Turnov, Bahnhof: 2 km (+120 m); Hlavatice: 1 km; Valdštejn, Burgruine: 2,5 km; Wegkreuzung »U Adamova lože«: 0,5 km; Schloß Hrubá Skála: 4 km (−100 m); Vidlák: 2 km (+140 m); Trosky, Hotel: 0,5 km (+40 m); Trosky, Abzweigung zur Burg: 3 km (−160 m); Ktová, Bahnhof.
Höhenunterschiede +300 Meter, −260 Meter.
Wanderkarte Český ráj 1:100000 oder Prachovské skály 1:10000.
Anmerkung Wanderung in das sogenannte Böhmische Paradies (Český ráj), ein ausgedehntes Gebiet von bizarren Sandstein-Felsformationen; empfehlenswerte Jahreszeiten: Spätsommer, Herbst (Laubwälder).
Wissenswertes Turnov, Stadt und Sommerfrische mit romantischer Umgebung. Schleifereien von böhmischen Granaten und Halbedelsteinen, Schmuckerzeugung, optisches Glas, Textilindustrie. Gotische Pfarrkirche, 1722 im Barockstil umgebaut. Sehenswertes Museum des Böhmischen Paradieses. Die Stadtbesichtigung wird meist mit einem Besuch des Schlosses Hrubý Rohozec (2 km nördlich) und des Dlasksen Gehöfts (Dlaskův statek) im Dorf Dolánky (Volksarchitektur, 3 km nordöstlich) verbunden. – Valdštejn, Ruine einer gotischen Burg aus der 2. Hälfte des 13. Jahrhunderts. Zu ihren Besitzern gehörte auch Albrecht von Valdštejn. In der 2. Hälfte des 19. Jahrhunderts wurde die Burg im neugotischen Stil restauriert und der Öffentlichkeit zugänglich gemacht. – Hrubá Skála, ursprünglich eine gotische Burg, die in der 2. Hälfte des 16. Jahrhunderts in ein Renaissanceschloß und im 19. Jahrhundert im Geist des damaligen Romantismus umgebaut wurde. – Trosky, zwei Basaltfelsen vulkanischen Ursprungs, auf denen 1380 eine Burg erbaut wurde. Heute Ruine, romantische, aus der weiten Umgebung sichtbare Dominante des Böhmischen Paradieses.
Tourenbeschreibung Vom Marktplatz *Turnov* führt uns die Markierung zuerst südlich zum Bahnhof. Hinter ihm Abzweigung nach links, zwischen Villen auf eine Wiese im Tal des Flüßchens *Libuňka*. Nach Flußübergang steil aufwärts an der *Gaststätte Pod Hlavatici vorbei,* Aufstieg auf den einzelstehenden Felsen *Hlavatice* (eiserne Treppen) mit Ausblick auf die Umgebung von Turnov, das Böhmische Mittelgebirge, den Berg Ještěd, die Jizerské hory (Isergebirge) und Krkonoše (Riesengebirge). Der weitere Weg führt nach Südosten, die Steigung ist mäßiger. Bald erreichen wir das Hochplateau und dann die Burgruine *Valdštejn*. Hier stoßen wir auf blaue und grüne Markierungen, denen wir kurz in südöstlicher Richtung folgen. Auf dem Weg durch den Wald zweigt zuerst

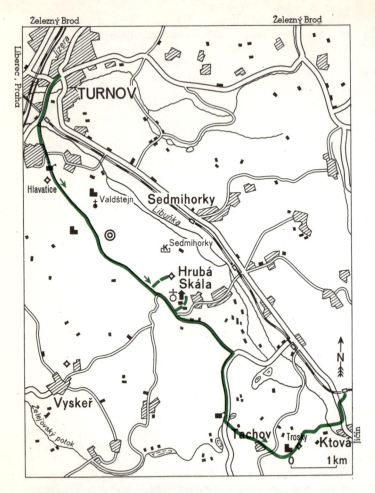

die blaue, dann die grüne Markierung von unserer roten ab, der wir folgen. Von unserem Waldweg einige, lokal markierte Abzweigungen nach links zu einzelnen Aussichtspunkten auf die Felsenstadt, z.B. zur Aussicht U lvíčka mit einem Blick auf die Sphinx und einen Teil der Felsen um den Maják (Leuchtturm), zu zwei weiteren Aussichtspunkten auf die Musikkapelle genannte Formation und weitere Felsgebilde. Der Weg führt weiter am Forsthaus *Bukovina* und einem Arboretum vorbei und weiter durch den Wald.

(Variante: etwa 0,5 Kilometer vor dem Schloß Hrubá Skála Abzweigung nach links auf der gelben Markierung zur Mariánská vyhlídka, dem schönsten Aussichtspunkt dieses Gebiets, von wo man bis zur Burgruine Trosky sieht. Unterwegs ein symbolischer Friedhof der Opfer der Felsen aus den Reihen der Bergsteiger.)

Unsere rote Markierung führt uns zur Straße nach Vyskeř (an der Straße eine Felshöhle, die Adamovo lože [Adams Lager] genannt wird), die uns vorerst zum Schloß und Hotel *Hrubá Skála* bringt.

(Variante: Oberhalb des Schlosses zum Aussichtspunkt Prachovna, eventuell Abstieg ins sogenannte Mauseloch – Myší díra, eine kleine Klamm, grüne Markierung, die nach Sedmihorky führt.)

Vom Schloß Hrubá Skála auf einer schwach frequentierten, rot markierten Straße insgesamt 4 Kilometer: 2 km in südöstlicher Richtung bis zu einer Kreuzung, von hier weitere 2 km südlich. Der letzte Teil des Wegs führt durch Wald und endet beim Teich und der Gaststätte *Vidlák* (Bademöglichkeit) im Tal des Baches Želejovský potok. Vom Teich leichte Steigung auf einem Waldweg und dann über Felder ins Dorf *Tachov* und weiter aufwärts zur Ruine *Trosky*. Von dort Abstieg in nordöstlicher Richtung über einen bewaldeten Hang zum Flüßchen Libuňka, nach dessen Überschreitung wir zu einer Straßenkreuzung und zum Ziel unserer Wanderung, der Bahn- oder Busstation *Ktová*, gelangen.

8 Prachovské skály (Felsenstadt)

Verkehrsmöglichkeiten Bus bis Prachovské skály, Hotel Turistická chata; Bahn bis Libuň.
Parkmöglichkeiten Prachov, Westrand der Ortschaft; Prachovské skály, Turistická chata.
Unterkunftsmöglichkeiten Prachovské skály, Hotels Skalní město B, Český ráj C, Pod Šikmou věží C, Turistická chata C; Autocamps: Jičín, Rumcajs B, ganzjährig; Sedmihorky B, 1. 4.–31. 10.
Wegemarkierungen Prachovské skály, Turistická chata – oberer Eingang Císařská chodba (Kaiserschlucht) grün; Císařská chodba – Prachovské skály, Turistická chata rot.
Tourenlänge 3,5 Kilometer.
Wanderzeait 2 bis 2¹/₂ Stunden.
Höhenunterschiede Etwa 500 Meter.
Wanderkarte Český rájl 1:100 000 oder Prachovské skály 1:10 000.
Anmerkung Ausflug in eine Sandstein-Felsenstadt. Gute Fußbekleidung notwendig; bei längerem Aufenthalt Wanderkarte

Prachovské skály zu empfehlen; Bademöglichkeiten: Schwimmbad U Pelíška (westlich vom Hotel Turistická chata) und Teiche bei Jinolice.

Wissenswertes Prachovské skály, bei Touristen und Bergsteigern beliebte und stark besuchte Sandstein-Felsformation nordwestlich der Stadt Jičín. Viele Schluchten, Kluften, Aussichtspunkte, Felstürme und -blöcke. Neun herrliche Aussichtspunkte, sichere und markierte Touristenpfade, Schwimmbad U Pelíška. – Císařská chodba, die malerischste Schlucht der Felsenstadt, benannt nach dem österreichischen Kaiser Franz II., der die Felsenstadt im Jahr 1813 besuchte.

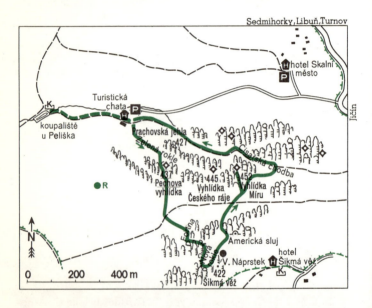

Tourenbeschreibung Vom Hotel *Turistická chata* in südlicher Richtung durch die bewaldete Zelená rokle zwischen dem Felsen Prachovská jehla (Nadel) und dem Aussichtspunkt *Vyhlídka Českého ráje* links und dem Aussichtspunkt *Pechova vyhlídka* rechts. Der Weg steigt anfangs nur mäßig, aber bald zweigt unsere grüne Markierung nach rechts ab. Ein steiler Anstieg bringt uns zum erwähnten Aussichtspunkt Pechova vyhlídka. Von dort führt ein Waldweg zu einer Wegkreuzung, dann Abstieg in die enge Fortna (Pforte) und in einem Bogen zur Nová rokle (Neue Klamm) und unter den Felsen *Sikmá věž* (Schiefer Turm), den wir besteigen, denn von dort ist ein schöner Blick in die Umgebung, nach dem

Südosten, zur Stadt Jičín. Zurück zum Weg, über ein felsiges Terrain nach Osten zur Gedenktafel des Propagators der tschechischen Touristik Vojtěch Náprstek. Von der nächsten Kreuzung der Markierungen folgen wir der blauen Markierung durch die Klamm *Americká sluj* und dann weiter der grünen Markierung bis auf ein Sandsteinplateau. Von hier zu einer Abzweigung nach links zum *Aussichtspunkt des Friedens* (Vyhlídka Míru) mit einem schönen Ausblick ins Innere der Felsenstadt. Zurück zum Weg, der uns zum oberen Eingang in die *Císařská chodba* (Kaiserschlucht), die nach dem Westen führt, bringt. Hier verlassen wir unsere grüne Markierung, folgen auf Stiegen der roten Markierung bis auf den Grund der Schlucht (den Aussichtspunkt des Friedens haben wir diesmal an unserer linken Seite), und dort, wo wir wieder auf die grüne Markierung stoßen, schlagen wir einen nunmehr bereits bequemen Waldweg ein, der zum Hotel Turistická chata führt. Unterwegs bleiben der Aussichtspunkt Vyhlídka Českého ráje und der Felsen Prachovská jehla links liegen.

9 Harrachov – Dvoračky – pramen Labe (Elbequelle) – Vosecká bouda

Verkehrsmöglichkeiten Bahn und Bus nach Harrachov.
Parkmöglichkeiten In Harrachov und bei der Bus-Endstation.
Unterkunftsmöglichkeiten Harrachov, Hotels: Hubertus B*, Krakonoš C, Praha C, Sporthotel Ryžovište C, Berghütte Diana B. u.a.; Autocamps: Liberec, Pavlovice B, 15. 5.–31. 8.; drei Camps in Vrchlabí, Vejsplachy oder Sukova ulice oder letiště (Flugplatz), alle B und 15. 6.–30. 9.; siehe auch Wanderung 10.
Wegemarkierungen Harrachov-Dvoračky grün; Dvoračky-Labská bouda rot; Labská bouda-Vosecká bouda grün; Vosecká bouda-Harrachov rot.
Tourenlänge 22 Kilometer – Harrachov, Busbahnhof: 1 km (+100 m); Ryžovište, ČSTV: 4 km (+260 m); pod Zadním Plechem – Ručičky: 2 km (+150 m); Dvoračky: 1 km (+220 m); sedlo Lysé hory: 2 km; Hančův pomník: 0,5 km (–30 m); vodopád (Wasserfall) Pančavy: 1 km; Labská bouda: 3 km (–120 m); Vosecká bouda: 6 km (–480 m); Mumlavský vodopád (Mummelfall): 1,5 km (–100 m): Harrachov, Busbahnhof.
Höhenunterschiede +730 Meter, –730 Meter.
Wanderkarte Krkonoše (Riesengebirge) 1:100 000.
Anmerkung Wanderung auf den Kamm des westlichen Riesengebirges und zur Elbequelle. Offene Landschaft – Möglichkeit jä-

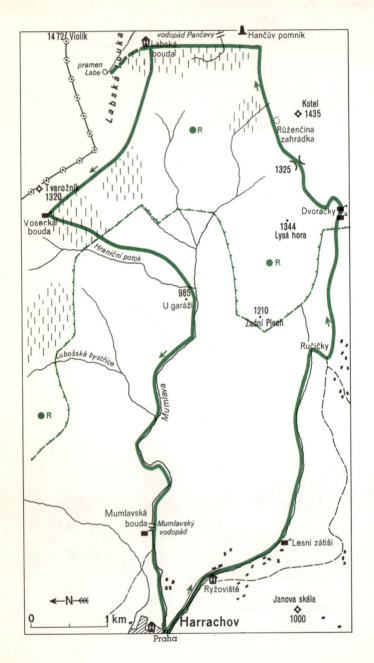

her Witterungsumschläge, dann insbesondere im Abschnitt sedlo Lysé hory – Vosecká bouda erschwerte Orientierung.

Wissenswertes Harrachov (704 m), wichtiges Gebirgserholungszentrum für Sommer und Winter, 1714 gründete Graf Alois Harrach in der Umgebung Glashütten, Glasereimuseum. – Pančavská louka, Gebirgswiese und Torfmoor; seltene Gletscherflora. – Pančavský vodopád (Pančava-Wasserfall), fällt aus einer Höhe von 250 Metern in den Elbgrund. Beim Wasserfall der Aussichtspunkt Ambrožova vyhlídka. – Labská studánka (Elbequelle), symbolischer Quellpunkt der Elbe in einer Höhe von etwa 1350 Metern über Normal Null. Der Quellbach fließt zur Labská bouda (Elbbaude) und fällt unterhalb der Baude als Wasserfall in den Elbgrund. – Mumlavský vodopád (Mumlava-Wasserfall), ein zehn Meter hoher Wasserfall bei der Mumlavská bouda, 2 Kilometer oberhalb von Harrachov.

Tourenbeschreibung Durch das Zentrum von *Harrachov* gelangen wir zur Straßenkreuzung beim Parkplatz und der Bus-Endstation. Vor einer Brücke biegen wir halbrechts ab, überqueren die *Mumlava* und kommen auf der anderen Seite das Flüßchens entlang dem Bach *Sejfský potok* zum Komplex des Körpererziehungszentrums der Körperkulturorganisation (ČSTV) Ryžoviště; rechts Sprungschanze und Slalomabfahrtstrecke; weitere Großschanze im Aufbau. Die Straße im Tal des Baches entlang bis zum Hotel Lesní zátiší. Wir betreten den Wald und nach einer kürzeren geraden Strecke kommt eine steile Steigung. Über den Bach, dann scharf rechts bis zur Kreuzung der Markierungen unterhalb des Bergs Zadní Plech (1210 m), die man *Ručičky* nennt. Die grüne Markierung führt uns weiter an den Südhängen der Berge *Zadní Plech* und *Lysá hora*. Links zweigt zuerst die gelbe, dann die blaue Markierung ab. Etwa nach einem Kilometer von dieser letzten Abzweigung erreichen wir mäßig steigend die Baude *Dvoračky*. Von hier steil in Serpentinen durch lichten Wald und später durch Knieholz den Osthang des Bergs Lysá hora hinauf. Wir erreichen den Sattel unter dem Berg *Kotel* (1435 m), von wo wir in nördlicher Richtung über die Wiesen des Nordwesthangs des Kotel langsam bis zu einer, *Růženčina zahrádka* genannten großen Gebirgswiese absteigen. Der Weg biegt in östlicher Richtung ab, kreuzt die stark frequentierte »gelbe Trasse«, und führt durch Knieholz zur *Hančova mohyla* (symbolisches Grabmal eines verunglückten Skifahrers) oberhalb des Elbgrunds, wo er endet. Wir wählen den Weg nach links gegen Norden und kommen am Rand des Elbgrunds entlang leicht absteigend zur sogenannten *Pančava-Wiese* (Pančavská louka) mit dem Pančava-Wasserfall. Von hier steigt der Weg zum Interhotel *Labská bouda* (Elbbaude). (Variante: von hier der roten Markierung entlang eine kurze Abzweigung, 1 km, +90 m, zur *Elbequelle* Labská studánka). Von der Elbbaude grüne Markierung über die Wiese *Labská louka* in einem Hohlweg zuerst in westlicher, dann nordwestlicher Richtung; durch Knieholz und einen lichten Wald am Südwesthang des Bergs Sokolník hinunter zur *Vosecká bouda* (gegründet etwa 1790 als Schutzhütte für Holzfäller). Von hier folgen wir der sogenannten Riesengebirgs-Magistrale gegen Süden bis zur Kote 985 (U garáží). Hier biegt der Weg nach dem Westen ab und der Abstieg ist nicht mehr so steil. Am Mumlava-Wasserfall vorbei führt uns dann ein bequemer Fahrweg bis nach *Harrachov*.

10 Špindlerův Mlýn – Horní Mísečky – Harrachova skála

Verkehrsmöglichkeiten Bahn und Bus nach Vrchlabí. Bus nach Špindlerův Mlýn.
Parkmöglichkeiten Parkplätze Špindlerův Mlýn (bei den Hotels Hradec und Lomnice).
Unterkunftsmöglichkeiten Špindlerův Mlýn, Hotel Montana A, Hotel Savoy B, Dep. Westend B, Hotel Praha B, Alpský hotel B und weitere; Autocamps: Špindlerův Mlýn B, 15. 6.–30. 9., Vrchlabí-letiště B, 15. 6.–30. 9., Vrchlabí-Vejsplachy B, 15. 6.–30. 9., Vrchlabí-Sukova ulice B, 15. 6.–30. 9.
Wegemarkierungen Rot bis zur Kreuzung Horní Mísečky; von hier zur Baude Jilemnická bouda (etwa 200 m) grün; zurück zur Kreuzung, dann blau, nach etwa 1 Kilometer kurze Abzweigung auf Gelb zum Felsen Harrachova skála; zurück zur blauen Markierung, dann vom Rand der Ortschaft Labská auf Grün bis nach Špindlerův Mlýn zum Hotel Start. Von hier aus auf Rot zum Hauptplatz der Ortschaft.
Tourenlänge 9 Kilometer – Špindlerův Mlýn, Hauptplatz: 4 km (+330 m); Horní Mísečky, Weggabelung im Wald: 0,5 km; Jilemnická bouda und zurück zur Gabelung: 3 km (–280 m); Rand der Ortschaft Labská einschließlich Abzweigung zum Felsen Harrachova skála: 1,5 km (–50 m): Špindlerův Mlýn.
Höhenunterschiede +330 m, –330 m.
Wanderkarte Krkonoše (Riesengebirge) 1:100000.
Anmerkung Nach Horní Mísečky besteht auch regelmäßiger Busverkehr aus der Stadt Jilemnice. Mit Bussen kann man dann von hier aus im Sommer auch den weitere 4 Kilometer entfernten

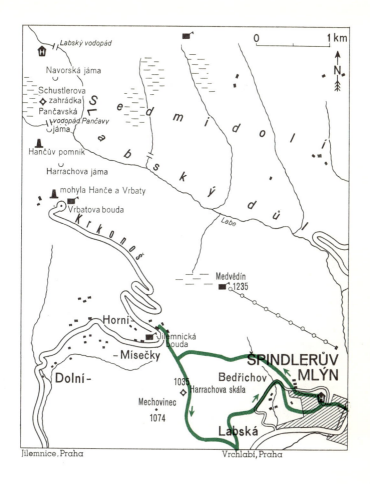

Riesengebirgskamm (Krkonoš) bei der Baude Vrbatova bouda (1400 m) erreichen – herrlicher Fernblick.

Wissenswertes Horní Mísečky (1100 m), Gebirgserholungszentrum in einer im Jahr 1642 gegründeten Ortschaft. – Harrachova skála (Harrachfelsen), benannt nach dem Grafen Harrach, der 1714 in Nový Svět (heute Harrachov) eine der ersten Glashütten auf dem Gebiet der heutigen ČSSR in Leben rief.

Tourenbeschreibung Aus *Špindlerův Mlýn* geht man von der zentralen Orientierungstafel vor dem *Erholungsheim Pětiletka* aus zur Brücke über die Elbe. Der roten Markierung folgend kommt man am *Hotel Hubertus* vorbei über einen Pfad zur Straße, von wo man dann zwischen den Häusern der Ortschaft *Bedřichov* einen Hang hochsteigt. Im Wald überquert man die Straße und folgt dem sogenannten Wasserleitungsweg (Vodovodní cesta), der am Südhang des Bergs *Medvědín* nach oben führt. In etwa 900 Meter Höhe überquert man den Wildbach *Medvědí ručej* (Bärenbach) und wandert auf einem nunmehr bereits bequemeren Weg zur Gabelung östlich von *Horní Mísečky*. An der Gabelung beginnt die grüne Markierung, die uns in Kürze zum Hauptobjekt des Erholungszentrums des Tschechoslowakischen Verbands für Körperkultur (ČSTV), der Gebirgsbaude *Jilemnická bouda*, führt. Hier kann man sich ausruhen und den Ausblick in die weite Umgebung genießen.

Wieder der grünen Markierung folgend tritt man die Rückwanderung an und kehrt zurück in den Wald bis zur Kreuzung, an der die blaue Markierung beginnt, die unseren talwärts führenden Waldweg am Hang des *Mechovinec* unter dem Harrach-Felsen begleitet (1035 m). Seinen Aussichtsgipfel ersteigt man auf einem gelb markierten Verbindungsweg.

Vom Aussichtsfelsen kehrt man wieder zurück zur blauen Markierung auf einem ständig (stellenweise ziemlich steil) abfallenden Weg bis zum grün markierten Waldweg vor der Ortschaft *Labská*. An der Vereinigung der Wege biegt man über Grün nach links ab und wandert auf einem Waldweg bequem weiter bis nach Špindlerův Mlýn. Der Weg überquert das Bett des Baches *Krakonošova strouha* (Rübezahlbach) und später des Baches *Medvědí ručej* (Bärenbach) und führt ständig talabwärts bis zum *Hotel Start*. Etwas tiefer trifft man wieder auf Rot, schlägt den Fußpfad zur Elbe ein und kehrt über die Elbbrücke auf den Hauptplatz von *Špindlerův Mlýn* zurück.

11 Špindlerův Mlýn – Medvědín – Labský důl

Verkehrsmöglichkeiten Bahn und Bus nach Vrchlabí. Bus nach Špindlerův Mlýn.
Parkmöglichkeiten Parkplätze Špindlerův Mlýn (bei den Hotels Hradec und Lomnice).
Unterkunftsmöglichkeiten Špindlerův Mlýn, Hotel Montana A, Hotel Savoy B, Dep. Westend B, Hotel Praha B, Alpský hotel B und weitere; Autocamps: Špindlerův Mlýn B, 15. 6.–30. 9., Vrchlabí-letiště B, 15. 6.–30. 9., Vrchlabí-Vejsplachy B, 15. 6.–30. 9., Vrchlabí-Sukova ulice B, 15. 6.–30.9.
Wegemarkierungen Špindlerův Mlýn – Sessellift auf den Berg

Medvědín blau, Medvědín – Wegkreuzung mit Rot gelb, Wegkreuzung – Labská bouda rot, Labská bouda – Špindlerův Mlýn blau.
Tourenlänge   16,5 Kilometer – Špindlerův Mlýn: 1 km; Sessellift auf den Medvědín ... Medvědín: 1 km; Wegkreuzung mit Rot: 3 km (+ 220 m); Krkonoš: 1 km (– 90 m); Hančs Grabmal (Hančova mohyla): 0,5 km (– 30 m); Pančava-Wasserfall: 1 km; Labská bouda: 3 km (– 400 m); Labský důl-Pudlava: 4,5 km (– 130 m): U Dívčí lávky: 2 km; Špindlerův Mlýn.
Höhenunterschiede   + 220 Meter, – 650 Meter.
Wanderkarte   Krkonoše (Riesengebirge) 1 : 100 000.
Anmerkung   Kammweg des westlichen Riesengebirges. Die zweite Hälfte der Wanderung ist ein Naturlehrpfad. – Abstieg Labská bouda – Labský důl ziemlich anspruchsvoll. Gute Fußbekleidung nötig. – Bei Wetterverschlechterung kann man für den Rückweg vom Kamm den Sessellift vom Medvědín oder die Buslinie Vrbatova bouda – Mísečky benützen.
Wissenswertes   Ein Teil der Wanderung folgt einem Prameny Labe (Quellen der Elbe) genannten Naturlehrpfad. (Näheres in der Tourenbeschreibung).
Tourenbeschreibung   Vom Parkplatz beim Hotel Hradec in die Ortschaft. Bei der Tankstelle vor der Brücke die blaue Markierung links. An den Hotels Hvězda, Savoy und weiteren vorbei flußaufwärts. Nach etwa einem Kilometer in nördlicher Richtung erreicht man das untere Ende des Sessellifts. 15 Minuten Fahrt auf den Berg *Medvědín* (1235 m). Von der Gipfelstation führt ein sanft ansteigender Kammweg mit gelber Markierung nordwestlich zum Gipfel des Bergs *Krkonoš* (1411 m). Nach etwa 1 Kilometer kommt von links die rote Markierung und kurz nachher ist rechts ein Aussichtspunkt (Šmídova vyhlídka) in das Tal Sedmidolí, dessen sieben Bäche das ganze Gebiet zwischen dem Elbtal (links, Richtung Labská bouda) und dem Tal der Weißen Elbe (rechts, Richtung Luční bouda) gliedern. Im Tal Sedmidolí wurde im Jahr 1726 der letzte Bär des Riesengebirges erlegt. – Wir verlassen die Waldregion und erreichen erst durch Knieholz, dann auf dem kahlen Kamm den Gipfel des Krkonoš. Von da führt uns die rote Markierung zur *Vrbatova bouda* und weiter in nordwestlicher Richtung zur *Hančova mohyla* (Kreuzung mit einem anderen, ebenfalls rot markierten Weg), dann abwärts zum *Pančava-Wasserfall,* dessen Wasser aus Torfmooren eines nördlichen Typs stammen, die auf der nahen *Pančava-Wiese*, einem Teil des Naturschutzgebiets des westlichen Riesengebirges, liegen. Beim Wasserfall, am Rand der sogenannten Pančava-Grube, ist der Aussichtspunkt *Ambrožova vyhlídka.* Von hier aus folgen wir der blauen Markierung über die Pančava-Wiese zur *Labská bouda* (Elbbaude). (Wer noch die

Labská studánka, die Quelle der Elbe, besuchen will, benützt den bei Wanderung 9 geschilderten Weg). Von der Labská bouda Abstieg auf Blau in den *Labský důl* (Elbgrund). Kurze, steile Serpentinen entlang des Elbfalls. Rechts bleiben fast 300 Meter hohe Felswände (Navorská jáma, Pančavská jáma, Harrachova jáma),

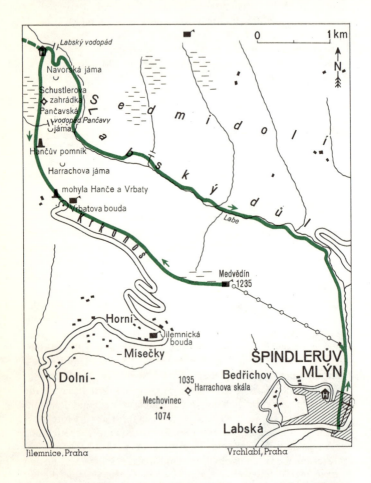

die steil in den Elbgrund an Stellen abfallen, wo einst ein 4 Kilometer langer Gletscher verlief. Am Grund der einzelnen Gruben blieb eine außerordentlich reiche Flora (insbesondere im sogenannten *Schustler-Garten*) mit einer Reihe von glazialen Relikten erhalten. Weiter am linken Elbeufer, am Zusammenfluß mit dem Bach Pančava und weiteren Bächen aus den Tälern Martinův důl und Medvědí důl vorbei. Hier ans rechte Elbeufer und zum Zusammenfluß der Elbe mit der Weißen Elbe (Bílé Labe) an der Kreuzung zweier blau markierter Wege. Die blaue Markierung führt uns an der unteren Station des bekannten Sessellifts und an den Hotels von *Špindlerův Mlýn* vorbei zum Ausgangspunkt unserer Wanderung.

12 Horní Mísečky – Dvoračky (durch die Kotelní jámy) – Kotel – Vrbatova bouda – Horní Mísečky

Verkehrsmöglichkeiten Bus nach Horní Mísečky.
Parkmöglichkeiten In Horní Mísečky unterhalb einer Gruppe von Bergbauden.
Unterkunftsmöglichkeiten Jilemnice, Hotel Grand B; Horní Mísečky, středisko ČSTV; siehe auch Wanderung 10.
Wegemarkierungen Horní Mísečky-Dvoračky grün, Dvoračky-Sattel des Bergs Lysá hora rot, Lysá hora – Jestřábí bouda grün und später gelb, Jestřábí bouda – Horní Mísečky gelb.
Tourenlänge 12,5 Kilometer – Horní Mísečky: 4 km; Kotelní jámy: 1,5 km (+190 m, –90 m); Dvoračky: 1 km (+200 m); Sattel des Bergs Lysá hora: 1 km (+110 m); Kotel: 1 km; Harrachovy kameny: 1 km (–30 m); Krkonoš, bzw. Jestřábí boudy: 3 km (–350 m); Horní Mísečky.
Höhenunterschiede +500 Meter, –500 Meter.
Wanderkarte Krkonoše (Riesengebirge) 1 : 100 000.
Anmerkung Ausflug in die Gletscherkare der Kotelní jámy (Kesselgruben – Naturschutzgebiet) und auf den Kamm des westlichen Riesengebirges.
Wissenswertes Der Weg führt durch das Naturschutzgebiet Kotelní jámy mit zwei Gletscherkaren, die gut erhaltene Seitenmoränen haben. – Im Bereich Dvoračky schon seit dem 18. Jahrhundert die sogenannte Sahlenbašské boudy, ein wichtiges Zentrum der sogenannten Baudenwirtschaft. – Harrachovy kameny (Harrach-Steine), ein Beispiel für bloßgelegte Granitblöcke, die man hier oft antrifft. – Jestřábí boudy (Habichtsbauden), einstmals Armeeobjekte, in den dreißiger Jahren naturwissenschaftliche Versuchsstation des deutschen Polarforschers Professor Herdemerten und des Ornithologen Dr. Knöspel, die hier versuchten, den grönländischen Gerfalken (falco rusticolus) und andere nördliche Lebewesen in Mitteleuropa zu akklimatisieren.
Tourenbeschreibung Vom Pkw-Parkplatz in Horní Mísečky mäßig ansteigende Serpentinen zur *Jilemnická bouda*. Von hier etwa 400 Meter mäßig steigende Straße (grüne Markierung), dann links

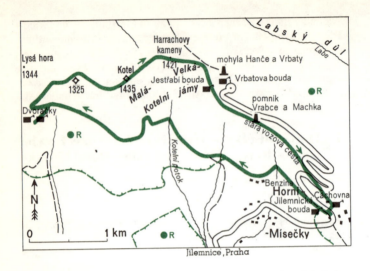

Jilemnice, Praha

(ständig grün) bequemer Weg bis oberhalb des Betriebsheims Benzina. Der mäßig steigende, dann wieder streckenweise leicht abfallende Weg führt an den Südhängen des Berges Krkonoš durch Waldgebiet. Wir überqueren den Bach *Kotelní potok,* verlassen den Wald im Areal der Großen und Kleinen Kesselgrube (Velká a Malá *Kotelní jáma*), wo Gletschertätigkeit zwei Kare ausgehöhlt hat. Sie liegen unter den steilen Süd- und Südwesthängen des Bergs Kotel, wo einst ein 3 Kilometer langer Gletscher verlief. Wenn die Naturwissenschaftler in ihrem Fachjargon solche Kare als »Müllhaufen von Samen, Pflanzen und Lebewesen« bezeichnen, dann gilt das in vollem Maße auch für die Kesselgruben. Von hier eine steile, etwa 1 Kilometer lange Serpentinenpartie und dann ein mäßig steigender Weg am Waldrand in nordwestlicher, später in westlicher Richtung, und schließlich über eine Wiese zur Baude *Dvoračky.* Von da (rot) durch einen lichten Wald steil gegen Norden (etwa 200 m), dann nordöstlich zwischen Knieholz (Kote 1313 m) zum Sattel zwischen den Bergen *Kotel* (rechts) und Lysá hora (links). Hier biegen wir nach Osten ab und folgen der grünen Markierung. Regelmäßig steigend erreichen wir nach etwa 1 Kilometer den Gipfelteil des Kotel, wo sich uns das Panorama des ganzen Riesengebirgsvorlands (im Süden) und des Isergebirges (Jizerské hory – im Westen) öffnet. Weiter in nordöstlicher Richtung zu den *Harrachovy kameny* (Harrach-Steinen) und dann südöstlich zu den *Jestřábí boudy* (Habichtsbauden).

(Variante: Bei jäher Wetterverschlechterung Busverbindung nach Horní Mísečky). Regelmäßig verlaufender Abstieg (gelb) auf dem sogenannten *Alten Wagenweg* (Stará vozová cesta) zwischen Knieholz und später durch Wald an den Südhängen des *Krkonoš*. Unser Weg führt unterhalb einer Bergstraße, rechts unter dem Weg Denkmal der Touristen Vrabec und Machek. Etwa 1 Kilometer vor Horní Mísečky überqueren wir die Straße und steigen steil ab zu einer Bergwiese mit dem Haus Cáchovna oberhalb der Jilemnická bouda. Von hier erreichen wir in fünf Minuten unseren Parkplatz.

13 Špindlerovka – Petrovka – Martinovka

Verkehrsmöglichkeiten Bahn und Bus nach Vrchlabí; Bus nach Špindlerův Mlýn und zur Baude Špindlerovka.
Parkmöglichkeiten Parkplätze Špindlerův Mlýn (bei den Hotels Hradec und Lomnice).
Unterkunftsmöglichkeiten Špindlerův Mlýn, Hotel Montana A, Hotel Savoy B, Dep. Westend B, Hotel Praha B, Alpský hotel B und weitere; Autocamps: Špindlerův Mlýn B, 15. 6.–30. 9., Vrchlabí-letiště B, 15. 6.–30. 9., Vrchlabí-Vejsplachy B, 15. 6.–30. 9., Vrchlabí-Sukova ulice B, 15. 6.–30.9.
Wegemarkierungen Špindlerovka – Sattel unter den Mužské kameny rot, Sattel unter den Mužské kameny – Martinovka blau, Martinovka – Kreuzung U Dívčí lávky grün, Kreuzung U Dívčí lávky – Špindlerův Mlýn blau.
Tourenlänge 12,5 Kilometer – Špindlerovka: 5,5 km (+ 210 m, –50 m); Sattel unter den Mužské kameny: 1 km (–120 m); Martinovka:1 km (–200 m); Medvědí bouda: 3 km (–280 m); Kreuzung U Dívčí lávky: 2 km; Špindlerův Mlýn.
Höhenunterschiede + 210 Meter, –650 Meter.
Wanderkarte Krkonoše (Riesengebirge) 1 : 100 000.
Anmerkung Wanderung im Mittelteil des Riesengebirgs-Grenzkammes. (Variante: Aus Špindlerův Mlýn zur Špindlerovka zu Fuß, stellenweise ziemlich steil, 5 km + 420 m, grüne Markierung.) – Zur Beachtung! Im Wegabschnitt Špindlerovka – Sattel unter den Mužské kameny ausschließlich den markierten Weg benützen, nicht rechts abweichen, da dort bereits polnisches Staatsgebiet. Personalausweis mitnehmen. Sollte in den nächsten Jahren das Prinzip streng eingehalten werden, daß die Grenztrasse auch in diesem Abschnitt den Fremden nicht zugänglich ist, dann nehmen Sie bitte die Variante am Ende der Tourenbeschreibung. Informationen in Hotels.
Wissenswertes Špindlerovka, heute ein Erholungsheim der Gewerkschaftsorganisation ROH im Slezské sedlo (Schlesischer Sat-

tel – 1198 m), das ursprüngliche Objekt gründete 1824 der Dorfrichter Špindler. – Petrovka, heute Erholungsheim der Gewerkschaftsorganisation ROH auf dem Grenzkamm (1288 m). Seit dem Ende des 18. Jahrhunderts stand hier ein Viehstall. – Martinovka (1244 m), die ersten Objekte standen hier bereits in der Mitte des 17. Jahrhunderts.

Tourenbeschreibung Wir treten unsere Wanderung im Sattel *Špindlerovka* beim Erholungsheim ROH an. Ein breiter, gut erhaltener Kammweg führt uns in nordwestlicher Richtung zur Baude *Petrovka*. Der Weg führt durch Wald, zuerst eben, dann steil an-

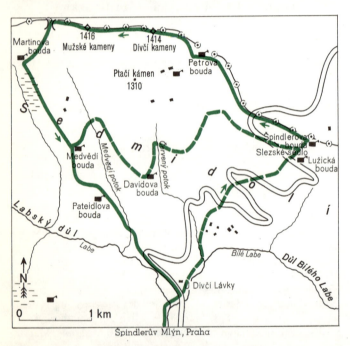

steigend, und endet auf einer Bergwiese bei der Baude. Im letzten Wegabschnitt schöner Ausblick nach dem Süden. Ständig der roten Markierung folgend mäßiger Anstieg zu den Steingruppen *Dívčí kameny* (1414 m) und *Mužské kameny* (1416 m). Von hier in den Sattel zwischen den Mužské kameny und dem Berg *Vysoké Kolo* (1506 m). An der Wegkreuzung im Sattel Abzweigung nach links (blaue Markierung), Abstieg in südlicher Richtung zwischen Knieholz zur Baude *Martinovka*. Von da grüne Markierung bis zur Wegkreuzung *U Dívčí lávky*. Nach etwa 2 Kilometern (den ersten

Kilometer auch blaue Markierung) erreichen wir eine Bergwiese mit der Baude *Medvědí bouda*, von da mäßiger Abstieg etwa 1 Kilometer bis zur Pateidlova bouda, die etwa 200 m rechts liegenbleibt, und dann rasch hinab in das Tal des Baches *Medvědí potok*. Am Bach entlang durch den *Medvědí důl* (Bärengrund) zur erwähnten Kreuzung U Dívčí lávky. Den letzten Teil der Wanderung nach Špindlerův Mlýn nicht auf der Straße absolvieren: vor der Brücke rechts führt ein blau markierter Weg am rechten Elbeufer an der unteren Station des Sessellifts auf den Medvědín vorbei, der uns nach etwa einer halben Stunde nach Špindlerův Mlýn bringt. (Variante: Falls wir mit Pkw bis zur Špindlerovka hochgefahren sind, beenden wir den Abstieg bei der *Medvědí bouda* und kehren von dort durch das sogenannte *Sedmidolí* auf einem 5 Kilometer langen, blau markierten Weg zur Špindlerovka zurück. Die Wanderung ist nicht anstrengend, die ersten 500 Meter mäßig absteigend in nördlicher Richtung ins Tal des Baches Medvědí potok, dann steigt der Weg nach dem Südosten zu einer Wiese bei den *Davidovy boudy*, 1,5 km, – 40 m, weiter nach dem Norden Aufstieg in das Tal des Baches Červený potok und dann abwechselnd in nordöstlicher und südöstlicher Richtung etwas ansteigend zur Straße bei der Baude *Lužická bouda* und schließlich zur Špindlerovka, 3,5 km, + 180 m).

14 Špindlerův Mlýn – Výrovka – Luční bouda – Kozí hřbety

Verkehrsmöglichkeiten Bahn und Bus nach Vrchlabí. Bus nach Špindlerův Mlýn.
Parkmöglichkeiten Parkplätze Špindlerův Mlýn (bei den Hotels Hradec und Lomnice).
Unterkunftsmöglichkeiten Špindlerův Mlýn, Hotel Montana A, Hotel Savoy B, Dep. Westend B, Hotel Praha B, Alpský hotel B und weitere; Autocamps: Špindlerův Mlýn B, 15. 6.–30. 9., Vrchlabí-letiště B, 15. 6.–30. 9., Vrchlabí-Vejsplachy B, 15. 6.–30. 9., Vrchlabí-Sukova ulice B, 15. 6.–30. 9.
Wegemarkierungen Přední Planina – Baude Na Pláni blau, Baude Na Pláni – ehemalige Baude Klínová bouda grün, ehemalige Klínová bouda – Výrovka blau, Výrovka – Špindlerův Mlýn rot.
Tourenlänge 18 Kilometer – Špindlerův Mlýn, Hauptplatz: 1,5 km (+ 50 m); Svatý Petr, unteres Ende des Sessellifts ... oberes Ende des Sessellift, Station Na Pláni: 1 km; Baude Na Pláni:

3,5 km (−50 m, +150 m); ehemalige Klínová Bouda: 2,5 km (+30 m); Výrovka: 1,5 km (+150 m); Sattel der Luční hora: 1 km (−100 m); Luční bouda: 2 km; Kozí hřbety: 3,5 km (−520 m); Svatý Petr: 1,5 km (−180 m); Špindlerův Mlýn, Hauptplatz.
Höhenunterschiede +380 Meter, −850 Meter.
Wanderkarte Krkonoše (Riesengebirge) 1:100 000.
Anmerkung Mittelmäßig anspruchsvolle Wanderung über dem Kamm des Mittelteils des Riesengebirges. Beginn des Ausflugs: Sessellift zur Pláň. – Bei der Kammtour Möglichkeit jäher Wetterumschläge. Gute Touristen-Fußbekleidung notwendig.
Wissenswertes Špindlerův Mlýn, wichtigstes Riesengebirgszentrum (780 m), 1400 Einwohner, in der Hochsaison jedoch über 10 000. Gegründet in der zweiten Hälfte des 18. Jahrhunderts. Wintersportstadion mit Abfahrten und Sprungschanzen in Svatý Petr; zwei Sessellifte (auf den Berg Pláň und auf den Berg Medvědín). – Luční bouda (1400 m), die größte Riesengebirgsbaude, gegründet im ersten Viertel des 17. Jahrhunderts an einem alten Handelsweg aus Böhmen nach Schlesien. – Bílá louka, Naturschutzgebiet, Hochgebirgsflora und Knieholzbestände. – Kozí hřbety (Ziegenrücken), ein scharfgeschnittener Gebirgskamm mit Lawinenhängen. Nur Aussichtspunkt und der markierte Weg frei zugänglich. – Svatý Petr (853 m), Gebirgssommerfrische, heute ein Teil von Špindlerův Mlýn. Als Bergmannssiedlung bereits im 14. Jahrhundert erwähnt, Bergmannskapelle des hl. Peter vom Beginn des 16. Jahrhunderts.
Tourenbeschreibung Vom Parkplatz beim Hotel Hradec etwa 200 Meter ins Ortszentrum, über die Brücke, hinter der rechts das Postamt ist, und dann schräg rechts die Straße nach *Svatý Petr*. Sobald nach etwa 200 Metern der Weg zu steigen beginnt, überqueren wir über eine Brücke den Gebirgsbach rechts und gelangen nach weiteren 10 Minuten zum Sessellift auf den Berg *Pláň*. Nach 15 Minuten Fahrt kurzer steiler Aufstieg (grüne Markierung), über eine kleine Lichtung, dann rechts Waldweg über *Přední Planina* (1198 m) bis zur Baude *Na Pláni*. Von hier Waldweg in etwa nordöstlicher Richtung, der abwärts ins Tal des Baches *Klínový potok* führt. Man überquert einen seiner rechten Zuflüsse und gelangt, erst den Hang hinauf und dann weiter in ungefähr gleicher Höhe zu einer Bergwiese mit den Betriebsheimen *Zvonička* und *Klášterka*. Nach einer kurzen, abwärts führenden Partie betreten wir den Zipfel eines Walds und überqueren nach einigen Minuten Wegs einen Bach über eine Holzbrücke. Dort steigen wir über ausgedehnte Gebirgswiesen an den Südhängen der Berge zwischen vereinzelten Anwesen etwa 2 Kilometer, bis wir die Stelle errei-

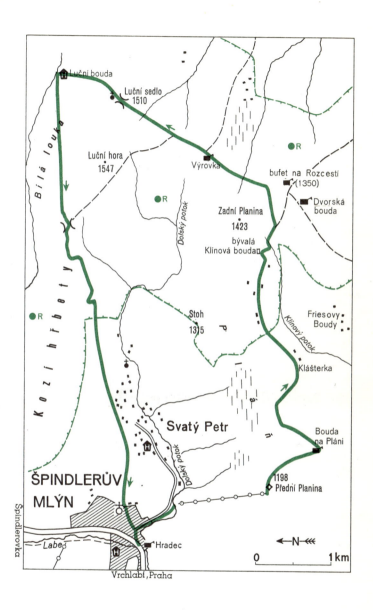

chen, wo einst die später abgebrannte Baude *Klínová bouda* gestanden hatte. Von dort auf einer guten Straße auf den Kamm. Sobald wir einen lichten Wald betreten, windet sich die Straße links um den Gipfel des Bergs *Zadní Planina* (1423 m) und wir betreten den Bereich des Knieholzes. Am Horizont zeichnet sich die Sněžka (Schneekoppe) ab. Mäßig abwärts und dann auf der Schichtenlinie bis zum provisorischen Gebäude der Baude *Výrovka*. Von dort erst mäßig, dann steil hoch über einen kahlen Hang in den Sattel *Luční sedlo* mit einer kleinen Kapelle (einer symbolischen Gedenkstätte für die Opfer der Berge), dort schöne Aussicht. Vor uns, gegen Norden, liegt der große Komplex der *Luční bouda* (Wiesenbaude). Rechts liegt der Gipfel der Schneekoppe. Zur Baude führt eine zunächst steiler dann mäßig abwärts geneigte Gebirgsstraße, die ziemlich steinig ist. Von der Luční bouda links (rote Markierung) auf einem fast ebenen Weg in südwestlicher, dann westlicher Richtung. Über die sogenannte *Bílá louka* (Weiße Wiese) gelangen wir in den Sattel zwischen dem Kamm *Kozí hřbety* (Ziegenrücken – 1422 m) und dem Berg *Luční hora* (Wiesenberg – 1547 m). Von hier steiler Abstieg am Südhang des Kamms Kozí hřbety, steiniger Pfad, ziemlich anstrengend. Nach Knieholz- und Waldzone Wiesen mit Betriebsheimen und Gebirgsbauden in *Svatý Petr* (heute einem Ortsteil von Špindlerův Mlýn). Der weitere Abstieg führt an einem Wasserreservoir vorbei, dann durch Wald unterhalb einer Kirche, schließlich zum Kulturhaus und auf den Hauptplatz von Špindlerův Mlýn. Von dort zum Parkplatz beim Hotel Hradec.

15 Pec – Sněžka (Schneekoppe) – Lesní bouda

Verkehrsmöglichkeiten Bahn nach Svoboda nad Úpou; Bus nach Pec pod Sněžkou.
Parkmöglichkeiten Pec.
Unterkunftsmöglichkeiten Pec, Hotel Hořec C, Děčín C, Hvězda C; Špindlerův Mlýn, Hotel Montana A, Hotel Savoy B, Dep. Westend B, Hotel Praha B, Alpský hotel B und weitere; Autocamps: Špindlerův Mlýn B, 15. 6.–30. 9., Vrchlabí-letiště B, 15. 6.–30. 9., Vrchlabí-Vejsplachy B, 15. 6.–30. 9., Vrchlabí-Sukova ulice B, 15. 6.–30. 9.
Wegemarkierungen Pec – unteres Ende des Sessellifts zur Sněžka blau; Sněžka – Obří bouda rot; Obří bouda – Luční bouda blau; Luční bouda – Lesní bouda rot; Lesní bouda – Pec gelb.
Tourenlänge 19,5 Kilometer – Pec pod Sněžkou: 2 km (+ 100 m); unteres Ende des Sessellifts ... Sněžka: 1,5 km

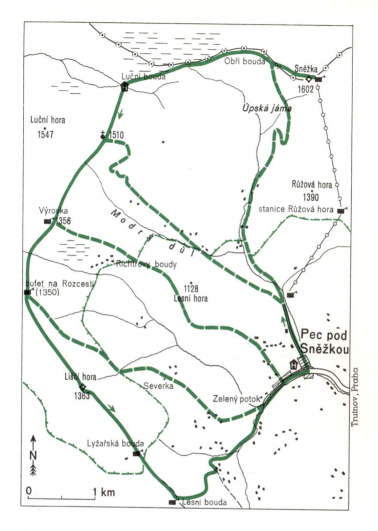

(−200 m); Obří bouda: 2,5 km; Luční bouda: 4 km (+ 100 m, −150 m); Buffet Na rozcestí: 5 km (+ 30 m, −250 m); Wegkreuzung bei der Lesní bouda: 3,5 km (−280 m); Zelený potok: 1 km (−70 m); Pec pod Sněžkou.
Höhenunterschiede + 230 Meter, −950 Meter.
Wanderkarte Krkonoše (Riesengebirge) 1:100 000.
Anmerkung Ausflug auf den zentralen, nord-südlichen Kamm des Riesengebirges. Besonders schöne Ausblicke. Der Weg führt

zum Großteil auf dem unbewaldeten Gebirgskamm. Gefahr jäher Witterungsumschläge (Varianten siehe Tourenbeschreibung)! – Der Abstieg von der Sněžka ist verhältnismäßig steil und bei Nässe schlüpfrig. Gute Fußbekleidung nötig.

Wissenswertes Unser Ausflug deckt sich zum Teil mit dem im Dreieck Pec – Obří bouda – Luční bouda – Pec führenden Naturlehrpfad, der touristisch mittelmäßig anspruchsvoll ist. Der Pfad ist etwa 13 Kilometer lang mit einem Höhenunterschied von 690 Metern. Die Trasse der Lehrpfads wird derzeit etwas abgeändert. Er gehört zu den interessantesten des Riesengebirges und ist zu empfehlen. – Pec pod Sněžkou (750 m), das zweitgrößte Zentrum des Riesengebirges, einst eine Bergmannssiedlung. Ausgezeichnetes Skiterrain. – Sněžka (Schneekoppe) (1602 m), höchster Berg des Riesengebirges und der Tschechischen Sozialistischen Republik.

Tourenbeschreibung Vom Parkplatz, am Hotel Hradec vorbei, folgen wir der blauen und gelben Markierung. Nach etwa einem Kilometer biegt die gelbe Markierung ab, wir folgen jedoch der blauen bachaufwärts. Wir überqueren den Bach rechts über eine Brücke und gelangen zur unteren Station des Sessellifts auf die Sněžka. In der Haltestelle *Růžová hora* steigen wir auf den zweiten Teil des Sessellifts um, der uns bis auf den Gipfel der *Sněžka* (1602 m) bringt. Dort schöner Rundblick nach allen Seiten. Ein steiler, unbequemer Abstieg in den Sattel bei der *Obří bouda* (Riesenbaude). Von hier blaue Markierung erst in westlicher, dann südwestlicher Richtung zur *Luční bouda* (Wiesenbaude). Der Weg ist breit und bequem. Nur ganz zu Beginn der Trasse ist ein etwas schwierigerer Abschnitt am Rand der Úpská jáma, dann aber gelangen wir auf die *Úpská rašelina* genannte Hochwiese, die leicht abwärts zur Luční bouda führt. Der ganze weitere Kammweg Výrovka – Buffet Na rozcestí – Liščí hora – Lyžařská bouda – Lesní bouda ist rot markiert (wir folgen ständig einer guten Gebirgsstraße ohne Kraftwagenverkehr). Von der Luční bouda ein zuerst mäßiger, dann steilerer Aufstieg in den Sattel *Luční sedlo*. Von der Kapelle im Sattel (Kote 1510 m – Denkmal für die Opfer der Berge) absteigend an den südöstlichen Hängen des Bergs *Luční hora* (1547 m), die völlig kahl und erst knapp oberhalb der Baude *Výrovka* (1356 m) mit Knieholz bewachsen sind. Von der Výrovka führt ein ebener Weg zum kleinen *Buffet Na rozcestí* (1350 m). Von hier führen zwei rot markierte Wege. Unser Weg biegt gleich hinter dem Buffet rechtwinklig nach links gegen Südosten ab (Hinweisschild: Liščí hora) und führt den nun bewaldeten Kamm ohne größere Höhenunterschiede entlang bis unter den Gipfel des Bergs *Liščí hora*. Ein kurzer steiler Anstieg zum Gipfel. Ausblick nur vom Rand des Gipfelplateaus. Von hier regelmäßig absteigender, bequemer, fast gerader, durch lichten Wald führender Weg zu den Gebirgswiesen bei der Baude *Lyžařská bouda*. Etwa 300 Meter unterhalb der Baude kommen wir in die Zone des hohen Waldes. Nach etwa einem Kilometer weiteren Abstiegs erreichen wir eine Wiese bei der *Lesní bouda* (die Baude selbst liegt etwa 50 Meter rechts vom Weg). Dann etwa 250 Meter auf Grün und Gelb, an der nächsten Kreuzung gelbe Markierung nach links, steiler Abstieg mit einigen Windungen in ein Bachtal und weiter nach Pec pod Sněžkou, wo unser Weg direkt beim Parkplatz mündet.

Variante: die Wanderung kann je nach der körperlichen Disposition der Teilnehmer und der Wetterlage abgekürzt werden; alle Varianten münden in Pec, der Abstieg ist etwa 5,5 bis 6,5 Kilometer lang: a) ein verhältnismäßig anspruchsvoller Abstieg direkt von der Obří bouda (Riesenbaude) durch den *Obří důl* (Riesengrund) nach Pec; blaue Markierung; b) etwa 200 Meter hinter der Kapelle im Sattel Luční sedlo biegt rechtwinklig links eine gelbe Markierung ab, die durch den *Modrý důl* (Blaugrund) nach Pec führt; c) von der Výrovka kann man auf Grün über die *Richtrovy boudy* nach Pec absteigen; d) vom Buffet Na rozcestí an der *Severka* vorbei auf Grün nach Pec.

16 Pec – Pražská bouda

Verkehrsmöglichkeiten Bahn nach Svoboda nad Úpou; Bus nach Pec pod Sněžkou.
Parkmöglichkeiten Pec pod Sněžkou.
Unterkunftsmöglichkeiten Pec, Hotel Hořec C, Děčín C, Hvězda C; Špindlerův Mlýn, Hotel Montana A, Hotel Savoy B, Dep. Westend B, Hotel Praha B, Alpský hotel B und weitere; Autocamps: Špindlerův Mlýn B, 15. 6.–30. 9., Vrchlabí-letiště B, 15. 6.–30. 9., Vrchlabí-Vejsplachy B, 15. 6.–30. 9., Vrchlabí-Sukova ulice B, 15. 6.–30. 9.
Wegemarkierungen Pec – Hrnčířské boudy blau; Hrnčířské boudy – Pražská bouda rot; Pražská bouda – Pec gelb.
Tourenlänge 10 Kilometer – Pec: 4,5 km (+ 300 m); Hrnčířské boudy: 1 km (+ 70 m); Pražská bouda: 4,5 km (– 370 m); Pec.
Höhenunterschiede + 370 Meter, – 370 Meter.
Wanderkarte Krkonoše (Riesengebirge) 1 : 100 000.
Anmerkung Halbtagswanderung mit Ausblicken auf Pec, Obří důl (Riesengrund) u.a.
Tourenbeschreibung Von Pec in südwestlicher Richtung aufwärts am Bach *Luční potok* entlang (blau). Nach etwa 1 Kilometer

zweigt rechts eine grüne Markierung ab und kurz darauf, nach Bachüberkreuzung, auch eine gelbe. Eine weitere gelbe Markierung zweigt gemeinsam mit der blauen links auf den Hang des Berges Javor ab. Fahrweg oberhalb des rechten Bachufers. Kurz vor der Baude *Žižkova bouda* an der Kreuzung von Blau und Gelb rechts abzweigen, ins Tal des Baches und dann steil den Hang des Bergs *Sokol* hinauf. Schöne Ausblicke. Weiter dann mäßiger Anstieg auf einem Waldweg zu den *Hrnčířské boudy* und zur *Náchodská bouda*. Hier nach links, gegen Osten, abzweigen und über die *Bobí boudy* zur *Pražská bouda*.

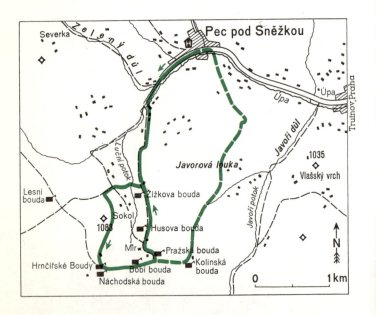

(Variante: Von hier aus 0,5 Kilometer über eine Bergwiese zur *Kolínská bouda* und zurück.)

Rückweg von der Pražská bouda an die Husova bouda und Žižkova bouda vorbei nach Pec. Links von uns eines der besuchtesten Skiübungsgelände des Riesengebirges, die sogenannte *Mulde* (Žleb). Unterhalb der Žižkova bouda stößt man auf die blaue Markierung und setzt den Weg nach Pec auf der bereits bekannten Trasse fort.

(Variante: Rückweg nach Pec auf Gelb von der Kolínská bouda über die *Javorová louka*, 4 km, – 380 m.)

17   Antigl – Horská Kvilda – Zhůří – Turnéřská chata

Verkehrsmöglichkeiten   Bus nach Srní.
Parkmöglichkeiten   Beim Autocamp in Antigl.
Unterkunftsmöglichkeiten   Plzeň, Hotel Continental A, Ural A, Slovan B*; Klatovy, Beránek B, Bílá růže B, Central B, Rozvoj B; Autocamps: Antigl B, 15. 6.–15. 9.; Annín B, 15. 6.–15. 9.; Zdíkov, Žírec B, ganzjährig.
Wegemarkierungen   Antigl – Horská Kvilda blau; Horská Kvilda – Zhůří grün; Zhůří – Turnéřská chata gelb; Turnéřská chata – Antigl rot.
Tourenlänge   14 Kilometer – Antigl, Brücke: 4 km (+ 150 m); Horská Kvilda: 3 km (+ 100 m); Zhůří: 4 km (–350 m); Turnéřská chata: 3 km (+ 100 m); Antigl.
Höhenunterschiede   + 350 Meter, –350 Meter.
Wanderkarte   Šumava (Böhmerwald) 1:100000.
Anmerkung   Wanderung über das Pláně genannte Hochplateau und durch das Naturschutzgebiet des Baches Vydra.
Wissenswertes   Antigl, charakteristisches Haus des ehemaligen Dorfschulzen (Gemeindehaus); Jezerní slať (auch Kvildská slať) bei Horní Kvilda, ein unter strengstem Naturschutz stehendes Torfmoor, an dessen Rand ein Aussichtsturm errichtet wurde, der einen Blick über das Moor ermöglicht.
Tourenbeschreibung   Anstieg auf Blau in östlicher Richtung am *Hamerský potok* bachaufwärts. Das Tal ist anfangs bewaldet, dann lichtet sich der Wald allmählich und man betritt eine große Bergwiese mit schönen Szenerien. Der Weg verläßt das Bachtal, zweigt links ab und erreicht nach 200 Metern in *Horská Kvilda* die Straße. (Variante: weiter etwa 1 Kilometer auf Blau bis zur Abzweigung in das Naturschutzgebiet des Torfmoors *Jezerní slať*. Nach Besichtigung zurück zur Kreuzung von Blau und Grün.) Von hier auf Grün in vorwiegend nördlicher Richtung nach *Zhůří*. Der Weg führt zuerst über Wiesen und am Waldrand. Die Straße steigt mäßig an, umgeht den Gipfel des Bergs Břemeno (1155 m) von Osten und mündet am linken Rand eines Waldes (rechts das Moor *Zhůřská slať*). Weiter am Rand ausgedehnter Bergwiesen bis zur Kreuzung mit Gelb (von rechts) und nach etwa 200 Metern unter den Aussichtspunkt Zhůří (1141 m). Aufstieg zum Aussichtspunkt, Ausblick insbesondere nach dem Norden. Zurück zur Straße und auf Grün und Gelb etwa einen weiteren Kilometer. Dann Abzweigung auf Gelb und Abstieg auf einem Pfad links über Bergwiesen zur ehemaligen Siedlung *Hluboká*. Von dort durch das sich verengende Tal des Baches *Zhůřský potok* zur Berghütte *Turnéřská chata*. Von der Hütte links führt eine leicht ansteigende Straße durch

Wald am rechten Ufer des Flusses *Vydra* durch das *Povydří* genannte Naturschutzgebiet. In diesem Abschnitt ist Eile nicht am Platz, denn wir befinden uns in einem der romantischsten böhmischen Flußtäler. Der Fluß strömt hier in einem von Felsblöcken übersäten Bett mit vielen Stromschnellen und Kaskaden. Interessant sind die sogenannten »Riesentöpfe« (schüsselartige Vertie-

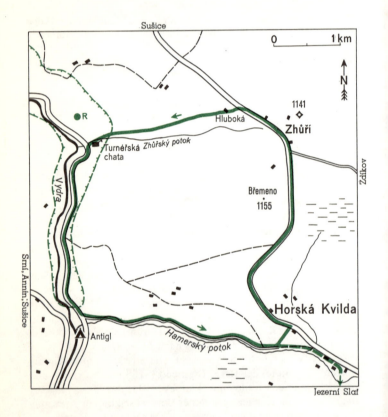

fungen in den Granitblöcken des Flußbetts). An den Hängen begegnet man des öftern den sogenannten »Steinmeeren« (von Felsblöcken übersäte Uferflächen) und auch den »viklany« genannten Granitblöcken, die in labilem Gleichgewicht auf einer nur ganz kleinen Basis stehen. Unsere Wanderung durch das Flußtal endet am Ausgangspunkt unseres Ausflugs, in Antigl.

18 Medvědí stezka (Bärenpfad)

Verkehrsmöglichkeiten Bahn nach Ovesná oder Nová Pec; Bus nach Nová Pec.
Parkmöglichkeiten Bei beiden Bahnhöfen.
Unterkunftsmöglichkeiten Nová Pec-Želnava, Hotel Pec C; Horní Planá, Smrčina B, Jitona (Jenišov) B; Černá v Pošumaví, Racek B; Autocamps: Černá v Pošumaví B, 15. 5.–15. 9.; České Budějovice, Dlouhá louka A, 1. 6.–30. 9.
Wegemarkierungen Ovesná – Jelení gelb; Jelení – Nová Pec blau.
Tourenlänge 15 Kilometer – Ovesná, Bahnhof: 4 km (+ 300 m); skalní město (Felsenstadt): 3 km (–180 m); Jelení: 8 km (–170 m); Nová Pec, Bahnhof.
Höhenunterschiede + 300 Meter, –300 Meter.
Wanderkarte Šumava (Böhmerwald) 1:100 000.
Anmerkung Naturlehrpfad zwischen interessanten Granitformationen. Der Weg führt in der Nähe der Grenzzone, es ist deshalb nötig, die gültigen Vorschriften einzuhalten und den markierten Weg nicht zu verlassen.
Wissenswertes Der Bärenpfad führt an den interessantesten Granitformationen vorbei, die an den Hängen des Berges Perník durch Verwitterung des sogenannten Plöckensteiner Granits entstanden sind. – Der Schwarzenbergkanal, resp. sein 400 Meter langer Tunnel bei Jelení, wurde in den Jahren 1821–1822 erbaut. Der ganze Kanal hatte eine Länge von fast 60 Kilometern und verband das Flußgebiet der Vltava (Moldau) mit der Donau (er mündete in den Fluß Mühl und durch ihn in die Donau).
Tourenbeschreibung Vom Bahnhof *Ovesná* in nordwestlicher Richtung zu den Hängen des Berges *Perník* (1049 m) an bizarren Felsgebilden vorbei, die durch Verwitterung und Erosion des Granits entstanden sind. Man kommt an Dutzenden dieser Formationen vorbei, die zu benennen oft der Phantasie des Touristen vorbehalten ist. Sie beginnen nach etwa 500 Metern mäßigen Anstiegs. Die erste Formation rechts hat die Form eines Drachenkopfs, weitere erinnern an Felsburgen, Kanzeln, man findet hier Stürzen und ähnliche Gebilde, das Schutzdach des Einsiedlers, die gotische Kapelle, die Moospyramide, und nach dem Hinweisschild, das die Hälfte des Wegs nach Jelení anzeigt, gibt es die Felsenaussicht, die Jagdhöhle, die Stelzenwurzeln, die Einsiedelei, den Pilz, den großen »viklan« u.a.m. bis zur *Medvědí vyhlídka* (Bärenaussicht), wo dieser Teil unserer Wanderung endet. Das erwähnte Hinweisschild ist dort, wo die Steigung endet. Dann etwa 500 Meter ebener Weg, der sich gegen Südwesten wendet und dann abwärts führt, bis man

das Ufer des malerischen Sees *Jelení jezírko* erreicht, der früher als Wasserreservoir für die Flößerei auf dem erwähnten Schwarzenbergkanal diente. Von der Ortschaft *Jelení* führt unser Weg in südöstlicher Richtung. Bergwiesen mit Gruppen von Granitfelsen wechseln mit kurzen Waldpartien ab. Wir folgen der Markierung durch das Tal des Baches Jelení potok und auf einer Gebirgsstraße

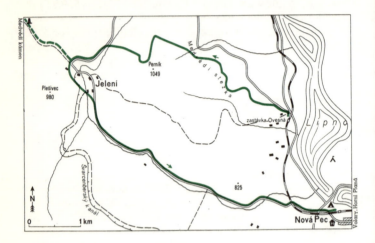

bis in die Ortschaft *Nová Pec*. Hier Bademöglichkeiten im Staubecken *Lipno*. Von hier Straße gegen Norden nach Ovesná (falls wir dort parken) oder mit Bahn in unser Domizil. (Variante: Wanderer, die noch gut zu Fuß sind, können aus Jelení noch einen 2+2 Kilometer langen Abstecher auf Gelb in nördlicher Richtung zum sogenannten Bärenstein, *Medvědí kámen*, machen, wo 1856 angeblich der letzte Böhmerwaldbär erlegt worden sein soll.)

19 Černé jezero und Čertovo jezero (Schwarzer und Teufelssee)

Verkehrsmöglichkeiten Bahn und Bus nach Špičák.

Parkmöglichkeiten In Špičák dort, wo von der Hauptstraße Klatovy-Železná Ruda eine kleine Straße zum Černé jezero abzweigt.

Unterkunftsmöglichkeiten Špičák, Hotels Hrnčíř B, Sirotek C, Javor (derzeit, 1979, im Aufbau); Autocamps: Klatovy B, 15. 6.–15. 9.

Wegemarkierungen Špičák – Černé jezero gelb; Černé jezero – Čertovo jezero grün; Čertovo jezero – Špičák gelb.

Tourenlänge 11,5 Kilometer – Špičák, Kiosk: 4 km (+ 100 m); Černé jezero: 4,5 km (+ 100 m, – 100 m); Čertovo jezero: 3 km (–100 m); Špičák, Kiosk.

Höhenunterschiede + 200 Meter, – 200 Meter.

Wanderkarte Šumava (Böhmerwald) 1:100 000.

Anmerkung Wanderung zu den schönsten Böhmerwaldseen. Da der Weg in der Nähe der Grenzzone führt, sind die gültigen Vorschriften einzuhalten, man darf insbesondere den markierten Weg nicht verlassen. Das Wandern auf dieser Trasse ist in den Monaten Mai bis September von 6–20 Uhr, in den übrigen Monaten von 8–15 Uhr gestattet. – Beide Seen sind auch mit Bus von Špičák erreichbar. Pkw-Fahrverbot. – Das Baden in den Seen ist nicht gestattet.

Wissenswertes Špičák, ein bekanntes, im Sommer und Winter besuchtes Böhmerwaldzentrum, einige Hotels, Sessellift auf den Berg Pancíř, einige Skilifts in der Umgebung, der längste bis zum Gipfel des Bergs Špičák (1202 m). Unter dem Sattel Špičácké sedlo führt der älteste Eisenbahntunnel der ehemaligen österreichisch-ungarischen Monarchie. – Železná Ruda, das größte Erholungszentrum des Böhmerwalds; Barockkirche aus dem 18. Jahrhundert; Schmiedehammerwerk (technische Denkwürdigkeit); einige Skilifts; Schwimmbad. – Černé jezero (Schwarzer See – 1008 m), 19 ha, der größte See glazialen Ursprungs in der ČSSR, etwa 40 Meter tief. Über ihm erhebt sich im Süden die etwa 300 Meter hohe Jezerní stěna (Seewand), die vom Grenzberg (Jezerní hora – 1343 m) abfällt. – Čertovo jezero (Teufelssee – 1030 m), 10 ha, etwa 35 Meter tief. Zwischen den beiden Seen verläuft die Hauptwasserscheide Europas. Das Wasser des Schwarzen Sees fließt in die Nordsee, das des Teufelssees ins Schwarze Meer. Beide Seen gehören bereits seit 1911 zu einem etwa 150 ha großen Naturschutzgebiet.

Tourenbeschreibung Vom Sattel *Špičácké sedlo* kleine Gebirgsstraße mit gelber Markierung. Die durch Wald führende Straße in

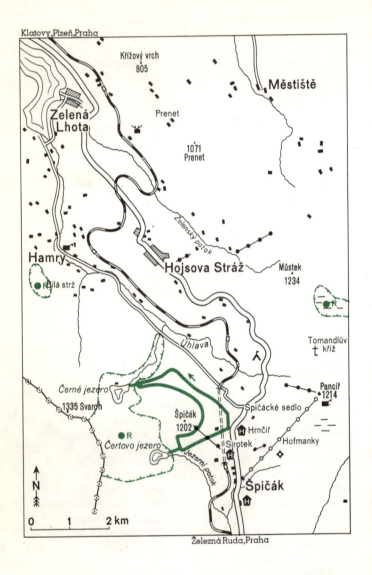

nordwestlicher Richtung hat eine mäßige Steigung. Nach etwa 4 Kilometern mündet in unsere Straße von links eine grüne Markierung, die uns dann gemeinsam mit der gelben zum Ostdamm des *Černé jezero* (Schwarzen Sees) führt. Nach Besichtigung des Sees kehren wir zur Kreuzung der Markierungen zurück und biegen rechts auf Grün ab. Ein steiniger Weg steigt in etwa östlicher Richtung, die zweite Hälfte des Abschnitts führt dann nach Süden, überquert die Trasse des Skilifts auf den *Špičák* und sinkt dann zum See ab. Knapp vor dem *Čertovo jezero* (Teufelssee) kommt von links eine gelbe Markierung. Vom Teufelssee kehren wir auf Gelb in östlicher Richtung nach Špičák zurück, erst durch Wald, dann durch unbewaldetes Terrain. Zum Parkplatz im Sattel muß man links hoch. (Variante: Für diejenigen, die die Bahn benützen wollen: vom Bahnhof auf Rot zum Ausgangspunkt der Wanderung. Beim Rückweg kurz vor dem Ziel rechts auf Gelb abbiegen.)

20 Zelená Lhota – Můstek – Pancíř – Špičák

Verkehrsmöglichkeiten Bahn Zelená Lhota und Špičák.
Parkmöglichkeiten Zelená Lhota beim Bahnhof.
Unterkunftsmöglichkeiten Železná Ruda, Hotel Slavia B; Špičák, Hotels Hrnčíř B, Sirotek C; Nýrsko, Hotel Radnice B; Autocamps: Klatovy B, 15. 6.–15. 9.
Wegemarkierungen Zelená Lhota – Prenet grün; Prenet – Špičák rot.
Tourenlänge 17 Kilometer – Zelená Lhota, Bahnhof: 4 km (+300 m); Prenet: 5 km (+150 m); Můstek: 3,5 km (–80 m, +50 m); Berghütte Pancíř: 4,5 km (–300 m); Špičák, Bahnhof.
Höhenunterschiede +500 Meter, –380 Meter.
Wanderkarte Šumava (Böhmerwald) 1:100000.
Anmerkung Beliebter Kammweg, stellenweise einzigartiger Ausblick. In der Umgebung der Trasse beliebte Wintererholungszentren: Železná Ruda, Špičák, Pancíř, Hojsova Stráž u.a. mit einer Reihe von Skilifts.
Wissenswertes Špičák, ein bekanntes, im Sommer und Winter besuchtes Böhmerwaldszentrum, einige Hotels, Sessellift auf den Berg Pancíř, einige Skilifts in der Umgebung, der längste bis zum Gipfel des Bergs Špičák (1202 m). Unter dem Sattel Špičácké sedlo führt der älteste Eisenbahntunnel der ehemaligen österreichisch-ungarischen Monarchie. – Železná Ruda, das größte Erholungszentrum des Böhmerwalds; Barockkirche aus dem 18. Jahrhundert; Schmiedehammerwerk (technische Denkwürdigkeit);

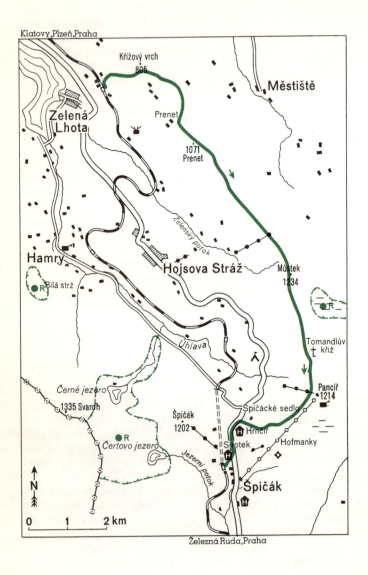

einige Skilifts; Schwimmbad. – Černé jezero (Schwarzer See – 1008 m), 19 ha, der größte See glazialen Ursprungs in der ČSSR, etwa 40 Meter tief. Über ihm erhebt sich im Süden die etwa 300 Meter hohe Jezerní stěna (Seewand), die vom Grenzberg (Jezerní hora – 1343 m) abfällt. – Čertovo jezero (Teufelssee – 1030 m), 10 ha, etwa 35 Meter tief. Zwischen den beiden Seen verläuft die Hauptwasserscheide Europas. Das Wasser des Schwarzen Sees fließt in die Nordsee, das des Teufelssees ins Schwarze Meer. Beide Seen gehören bereits seit 1911 zu einem etwa 150 ha großen Naturschutzgebiet.

Tourenbeschreibung Vom Bahnhof *Zelená Lhota* bequemer Aufstieg auf den Prenet. Der Weg führt in südöstlicher bis östlicher Richtung. Er überquert eine Bahnlinie und führt nach einem kurzen Abschnitt durch offene Landschaft links an einem Wald vorbei. Dann in den Wald und rechts an vereinzelten Anwesen auf dem Berg Křížový vrch (805 m) vorbei. Abwechselnd über Wiesen und durch bewaldete Abschnitte zum *Prenet*. Von links kommt eine rote Markierung, der wir nach rechts noch etwa 1,5 Kilometer bis zu einer Kapelle und dann zur Berghütte auf dem Prenet folgen. Auch weiterhin auf Rot auf einem leicht ansteigenden Kamm in südöstlicher Richtung, der Gipfel des Prenet bleibt rechts. Nach etwa 1 Kilometer führt ein ziemlich steiniger Weg rechts mäßig aufwärts. Der Wald lichtet sich, man überquert Lichtungen. Von links kommt eine blaue Markierung. Der weitere Weg biegt gegen Süden ab und man gelangt zur Berghütte auf dem Gipfel des *Můstek* (1234 m). Die Hütte ist derzeit ein Betriebserholungsheim, Touristen haben keinen Zutritt. Von hier weiter auf einem bald kurz ansteigenden, bald wieder abwärts führenden Kammweg. Von Lichtungen Ausblicke gegen Südwesten (Jezerní stěna – Seewand und unter ihr die Gruben des Schwarzen und des Teufelssees) und gegen Westen (auf den Berg Ostrý – Osser). Nach etwa 1,5 Kilometern kommt von links eine blaue Markierung und kurz nachher überqueren wir beim Tomášek- (Tomandl-) Kreuz eine gelbe Markierung. Nach einem weiteren Kilometer etwas steileren Anstiegs erreicht man die Berghütte und den Aussichtsturm auf dem Berg *Pancíř* (1214 m). Vom Pancíř – auf den ein im Winter stark frequentierter Sessellift führt – steigen wir auf einem steinigen Waldweg, ständig auf Rot, nach Špičák. Der erste, etwa 500 Meter lange Abschnitt ist steiler, die nächsten 2,5 Kilometer nicht mehr so steil. Vom Hotel Hrnčíř (etwa 1000 m über Normal Null) auf einem kurzen Weg zur Straßenkreuzung im Sattel *Špičácké sedlo*. Dort die Straße nach links und in Serpentinen zwischen den Hotels von Špičák aus dem Wald hinaus zum Hotel Sirotek. Von hier führt rechts über eine Wiese ein Pfad zum Bahnhof *Špičák*.

21 Kubova Huť – Boubín – Zátoň

Verkehrsmöglichkeiten Bahn nach Kubova Huť und Zátoň.
Parkmöglichkeiten Kubova Huť beim Bahnhof.
Unterkunftsmöglichkeiten Horní Vltavice, Hotel U Vltavy B; Vimperk, Hotels Vltava B, Boubín C; České Budějovice, Hotels Zvon A, Malše B, Slunce B, Vltava B; Autocamps: Horní Vltavice B, 15. 6.–15. 9.; České Budějovice, Dlouhá louka A, 1. 6.–30. 9.; Černá v Pošumaví B, 15. 5.– 15. 9.
Wegemarkierungen Die ganze Strecke blau.
Tourenlänge 16 Kilometer – Kubova Huť, Bahnhof: 7 km (+360 m); Boubín: 5 km (–360 m); See U pralesa: 4 km (–130 m); Zátoň, Bahnhof.
Höhenunterschiede +360 Meter, –490 Meter.
Wanderkarte Šumava (Böhmerwald) 1:100 000.
Anmerkung Wanderung zum bekannten Urwald Boubín.
Wissenswertes Kubova Huť, am höchsten gelegene Bahnstation der ČSSR (1003 m). – Boubín (1362 m), Rest der ehemaligen Grenzforste, als Urwald unter Naturschutz seit 1858; vorwiegend Buchen, gemischt mit Tannen und Fichten.
Tourenbeschreibung Vom Bahnhof *Kubova Huť* rechts ab auf Blau zum Wald. Bei günstigem Wetter weiter Ausblick in die Donauebene. Man folgt zuerst einem breiteren Weg am Pažení (Basum) genannten Hang, dann einem bewaldeten Pfad an der Berglehne in vorwiegend östlicher Richtung. Mittelmäßig anstrengende und regelmäßige Steigung. Am Zaun eines Geheges vorbei bis zu Treppen, bei denen der Weg mehr gegen Norden abbiegt. Stellenweise schöne Ausblicke gegen Norden. Weiter aufwärts zu einer Kreuzung mit einer Steinsäule aus dem Jahr 1869, einst Grenzstein dreier Besitztümer. Von links verbindet sich mit unserer Markierung eine rote und blaue, die uns gemeinsam auf einem nach rechts gekrümmten Kammweg nach etwa einem Kilometer zum Gipfel des Bergs *Boubín* führen (1362 m). Hier endet die gelbe Markierung. Die rote und blaue Markierung bringt uns in zwei Linkswindungen in südöstlicher Richtung zuerst steil, dann mäßiger abwärts zu einer Weggabelung *Na křížkách*. Die rote Markierung führt geradeaus nach Volary, unsere blaue biegt scharf rechts ab und führt auf einer Straße, die *Lukénská silnička* heißt, abwärts. Am Anfang des Urwald-Naturschutzgebiets verläßt man die Straße und steigt zuerst auf einem steinigen, später bequemen Waldweg links hinunter entlang dem Ostrand des Urwalds. Man kreuzt die grüne Markierung und umgeht von der linken Seite den kleinen See *U pralesa* (922 m – auch Kaplické jezírko genannt).

Nach einem mäßigen Anstieg gegen Westen erreicht man wiederum die bekannte Straße Lukénská silnička. Auf ihr steiler Abstieg durch eine malerische Landschaft mit Ausblicken zum Ziel unserer Wanderung, der ersten Haltestelle *Zátoň* (Zátoň hat zwei Bahnhaltestellen). (Variante: Zátoň: 2 km (−100 m); *Lenora*, Bahnhof: 4 km; Brücke *Soumarský most*. – Trassenverlängerung für leistungsfähigere Touristen am Lauf der Teplá Vltava entlang.

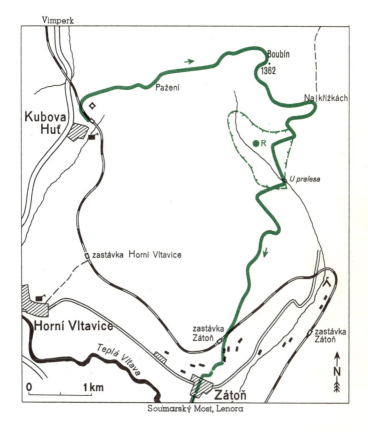

– In Lenora ganzjährige Ausstellung von Glaswaren mit Verkauf. Zwei technische Denkwürdigkeiten: gedeckte Holzbrücke hinter der Ortschaft in Richtung Soumarský most, und in derselben Richtung am Ende der Ortschaft rechts an der Straße ein öffentlicher Brotbackofen aus der ersten Hälfte des 19. Jahrhunderts. – Soumarský most, eine denkwürdige Stelle am ehemaligen Goldenen Steig, dem Salzweg aus Passau nach Böhmen.)

22 Sušice – Annín

Verkehrsmöglichkeiten Bahn und Bus Sušice, Bus Annín.
Parkmöglichkeiten Sušice, Marktplatz; Autocamp Annín.
Unterkunftsmöglichkeiten Sušice, Hotels Fialka B, Svatobor C; Autocamp: Annín B, 15. 6.–15. 9.
Wegemarkierungen Die ganze Trasse rot.
Tourenlänge 9 Kilometer – Sušice, Marktplatz: 2,5 km; Červené Dvorce: 3,5 km; Nuzerov: 1 km; Nové Městečko: 1,5 km; Annín: 0,5 km; Mouřenec. (Variante: eventuelle Verlängerung der Wanderung durch das malerische Tal der Flüsse Otava und Vydra, siehe auch Wanderung 17; Annín: 4 km; Rejštejn: 15 km; Modrava.)
Höhenunterschiede + 100 Meter (Variante weitere + 300 Meter).

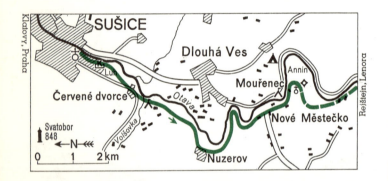

Wanderkarte Šumava (Böhmerwald) 1:100 000.
Anmerkung Nicht anstrengende Wanderung im Tal der Otava.
Wissenswertes Sušice, eine aus einer bereits 1233 erwähnten Goldwäschersiedlung entstandene Stadt. Seit 150 Jahren Zündholzerzeugung (Solo). Reste gotischer Stadtmauern, zwei gotische Kirchen aus dem 14. Jahrhundert, am Marktplatz Renaissancehäuser und -rathaus. Zwei Kilometer von der Stadt der Berg Svatobor (848 m) mit Aussichtsturm. – Mouřenec, romanisches Kirchlein – Ausblick. – Otava, als ehemals goldführender Fluß bekannt.
Tourenbeschreibung Die Trasse führt an der »goldführenden« Otava flußaufwärts, im Abschnitt Sušice – Nuzerov zuerst in südwestlicher, dann südöstlicher Richtung. Ausgangspunkt ist der

Platz *Gottwaldovo náměstí* in Sušice, kurz die Gasse ulice Slovenského národního povstání, dann links durch die Gassen Vodní ulice und Příkopy, am alten jüdischen Friedhof vorbei und über eine Brücke über den Bach Roušarka (dort Schwimmbad und Sportstadion). Man folgt einer Allee am linken Ufer der Otava durch den drei Kilometer langen Naturpark *Luh* und gelangt nach *Červené Dvory*. Von dort kurz auf einer Straße. Weiter über eine Brücke über den Bach *Volšovka* und flußaufwärts am linken Ufer Feldweg nach *Nuzerov*, dann (ständig rote Markierung) rechts einen bewaldeten Hang hinauf. An einer Flußwindung erreicht man wiederum die Straße, der man etwa einen Kilometer folgt. Dort biegt die Straße scharf nach rechts ab, wir verlassen sie und wandern nach *Annín*. Im Dorf führt rechts ein Weg zum Gipfel des Bergs *Mouřenec*.

(Variante: Wanderer, die noch gut zu Fuß sind, können diese Wanderung verlängern, flußaufwärts an der Otava, deren Oberlauf Vydra heißt – siehe auch Wanderung 17.)

23 Prachatice – Volary

Verkehrsmöglichkeiten Bahn und Bus nach Prachatice und Volary.
Parkmöglichkeiten Prachatice, Marktplatz.
Unterkunftsmöglichkeiten Hotels: Prachatice, Národní dům B, Černý kříž C, Pošta C, Kandlův mlýn C; Autocamp: Annín B, 15. 6.–15. 9.
Wegemarkierungen Die ganze Trasse rot.
Tourenlänge 22 Kilometer – Prachatice: 6 km (+ 520 m); Libín: 1,5 km (–190 m); Libínské Sedlo: 4,5 km (–80 m); Křišťanovice: 2,5 km; Burgruine Hus: 7,5 km (–60 m); Volary.
Höhenunterschiede + 520 Meter, –330 Meter.
Wanderkarte Šumava (Böhmerwald) 1 : 100 000.
Anmerkung Eine für das Böhmerwaldvorland typische Wanderung mit zwei bemerkenswerten alten Städten. – Kandlův Mlýn, zwei Kilometer südöstlich von Prachatice, Erholungszentrum, Bademöglichkeit. – Křišťanovice, Torfteich, öffentlicher Campplatz.
Wissenswertes Prachatice, Kreisstadt, als Ganzes unter Denkmalschutz, gotische und Renaissancehäuser am Marktplatz und in der Gasse Kostelní ulice; Stadtmauern aus dem 14.–16. Jahrhundert; gotische Kirche; Rathaus vom Ende des 16. Jahrhunderts. – Etwa 6 Kilometer nördlich liegt die Ortschaft Husinec, Geburtsort des Magisters Johannes Hus (Religions- und Sozialreformator, auf

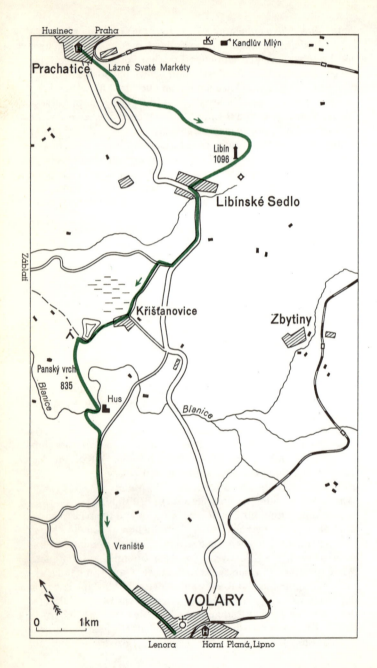

dem Scheiterhaufen verbrannt in Konstanz 1415). – Hus (720 m), Ruine einer Burg aus dem 14. Jahrhundert. – Volary, altes Böhmerwaldstädtchen, Reste einer Bauweise des sogenannten »Volary-Typs«, d.h. von Bauten, wie sie auch in Tirol zu finden sind.

Tourenbeschreibung Vom Marktplatz in *Prachatice* (570 m) auf Rot in südlicher Richtung. Zuerst durch die Gasse Zlatá stezka, dann Landstraße nach Volary. Nach etwa 1 Kilometer biegt man nach links zum Bad der hl. Margarete *(Lázně sv. Markéty)* ab. Hinter den Gebäuden des ehemaligen Bads wieder nach Süden, bis man wiederum die Straße nach Volary erreicht. Dann erst steile, dann mäßigere Steigung nach links bis zum Gipfel des Bergs *Libín* (1096 m) mit Aussichtsturm. Vom Gipfel biegt der Weg nach dem Westen ab und führt, erst steil durch Wald, dann weniger steil über Wiesen (links etwa 200 m schöne Aussicht) zum Südrand der Ortschaft Libínské sedlo. Rechts bis zur Kirche und dann links absteigend über Markierungskreuzung mit Grün in westlicher Richtung am Friedhof vorbei und weiter die Straße entlang. Nach etwa 2 Kilometern Straßengabelung; wir folgen der Straße nach rechts in Richtung Záblatí. Nach etwa 100 Metern Abzweigung nach links auf Weg nach *Křišťanovice*. Am rechten Rand der Ortschaft vorbei gelangen wir nach etwa 300 Metern ans linke Ufer eines Torfteiches mit Schwimm- und Campingmöglichkeiten. Von dort in fast nördlicher Richtung zum Wald und dann etwa 1 Kilometer am Osthang des Bergs *Panský vrch* (835 m). Hier links aufwärts nach Süden durch Wald zur Ruine der Burg *Hus*. Vom Felsvorsprung, auf dem die Ruine steht, ständig nach Süden. Man überquert auf einem Brückensteg den Fluß *Blanice* und folgt dann einem nach links aufwärts führenden Pfad bis zum Waldrand. Von hier schräg rechts zu einer Kieferngruppe und dann links an der Friedhofsmauer entlang zur Straße. Etwa 2 Kilometer auf der Straße, die über Wiesen und kleine Wäldchen führt, dann Fahrweg. Hinter der Ortschaft *Vraniště* erreicht man wiederum die Straße, die mäßig ansteigt und dann nach links nach *Volary* (740 m) zur Kirche führt. (In der Mitte dieses Abschnitts der Wanderung zweigt rechts die rote Markierung zum Boubín ab.)

24 Kašperské Hory – Javorník

Verkehrsmöglichkeiten Bus nach Kašperské Hory.
Parkmöglichkeiten Kašperské Hory, Marktplatz.
Unterkunftsmöglichkeiten' Hotels: Kašperské Hory, Bílá růže C, Kašperk C; Klatovy, Beránek B, Bílá růže B, Central B, Rozvoj B; Plzeň, Continental A, Ural A, Slovan B* u.a. Autocamps: Annín B, 15. 6.–15. 9.; Zdíkov, Žírec B, ganzjährig.
Wegemarkierungen Kašperské Hory – Javorník blau; Javorník – Šebestov grün.
Tourenlänge 12,5 Kilometer – Kašperské Hory, Marktplatz: 3,5 km (+200 m); Ždánov: 3 km (+200 m); Královský Kámen: 1 km (–50 m); Krankoty: 1 km (+100 m); Javorník, Aussichtsturm: 2 km (–100 m); Tejmlov: 2 km (–100 m); Šebestov.
Höhenunterschiede +500 Meter, –250 Meter.
Wanderkarte Jižní Čechy (Südböhmen) 1:100 000.
Anmerkung Wanderung zum Gipfel des Javorník mit schöner Aussicht.
Wissenswertes Kašperské Hory, vom 13. bis 17. Jahrhundert Goldbergbau, am Marktplatz Renaissancerathaus (1597), gotische Friedhofskirche aus der Zeit um 1330, Böhmerwaldmuseum; unweit Ruine der von Karl IV. gegründeten Burg Kašperk.

Tourenbeschreibung Die Trasse Kašperské Hory – Javorník verläuft in etwa östlicher Richtung auf Blau. Vom Marktplatz in *Kašperské Hory* durch die Gasse Pohraniční stráže aus der Stadt hinaus, an der Gaststätte *Cikánka* vorbei, dann links auf die Straße in Richtung Nezdice. Nach etwa 300 Metern verläßt man die Straße, rechts in den Wald aufwärts bis zu seinem Ende, wo von links, beim Forsthaus von Ždánov, eine rote Markierung einmündet. Der mäßig aufwärts führende Weg krümmt sich langsam gegen Südosten und beginnt bei der *kaplička sv. Jana* (St.-Johannes-Kapelle – 1033 m) abwärts zu schwenken. Dann den Nordhang des Bergs *Královský Kámen* (1060 m) hinauf und wieder hinunter zur Ortschaft *Krankoty*. Von dort weiterer Aufstieg von etwa 1 Kilometer zum Gipfel des Bergs *Javorník* (1089 m). Der Berg ist bewaldet, vom Aussichtsturm ist jedoch ein schöner Ausblick auf den ganzen Böhmerwald und das Böhmerwaldvorland bis nach Mittelböhmen, aber auch über die Grenze und bei optimaler Witterung bis zu den Alpen möglich.

Vom Gipfel des Javorník Abstieg auf Grün in südwestlicher Richtung zu den Einzelhöfen *Tejmlov*. Hier stoßen wir wiederum auf eine rote Markierung, der wir abwärts durch offenes Terrain folgen. Man überquert zweimal die Serpentinen der Straße, dann zweigt die rote Markierung links ab, wir folgen unserer grünen, die zur Straße führt. Auf ihr etwa 500 Meter, dann an einer Straßenkreuzung von der Straße ab, über den Bach *Horský potok* an den Ostrand der Ortschaft *Šebestov*. Von dort Rückkehr mit Bus nach Kašperské Hory.

25 Český Krumlov – Kleť – Zlatá Koruna

Verkehrsmöglichkeiten Bahn und Bus nach Český Krumlov und Zlatá Koruna.
Parkmöglichkeiten Český Krumlov, bei der Chvalšíner Straße (am Nordwestrand der Stadt).
Unterkunftsmöglichkeiten Český Krumlov, Hotels Krumlov B*, Vyšehrad B*, Vídeň C; Berghütte auf dem Berg Kleť C; Autocamps: České Budějovice, Dlouhá louka A, 1. 6.–30. 9; Černá v Pošumaví B, 15. 5.–15. 9.; Hluboká nad Vltavou, Křivonoska A, 1. 5.–30. 9.
Wegemarkierungen Český Krumlov – Kleť grün; Kleť – Zlatá Koruna rot.
Tourenlänge 16 Kilometer – Český Krumlov, Marktplatz: 1,5 km; Český Krumlov, Bahnhof: 6,5 km (+ 580 m); Kleť: 4 km (–450 m); Forsthaus Kokotín, 2,5 km (–100 m); Zlatá Koruna, Bahnhof: 1,5 km (–50 m); Zlatá Koruna.
Höhenunterschiede + 580 Meter, –600 Meter.
Wanderkarte Jižní Čechy (Südböhmen) 1 : 100 000.
Anmerkung Wanderung von der schönsten südböhmischen Stadt

über einen bemerkenswerten Aussichtsberg zum sehenswerten Kloster Zlatá Koruna. – Von Český Krumlov aus kann man auch zwei schöne Rundwanderungen einplanen: 1. eine kürzere, die durch die ganze unter Denkmalschutz stehende Stadt führt und mit einem grünen Briefzeichen markiert ist, und 2. eine 10 Kilometer lange Aussichtswanderung, die beim Schloß von Český Krumlov beginnt und endet.

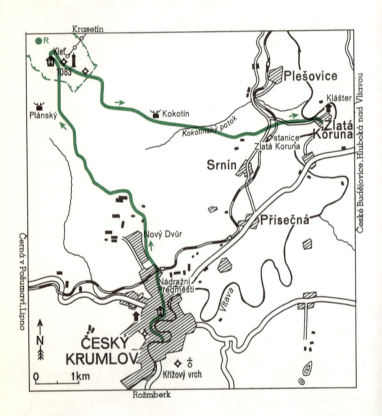

Wissenswertes Český Krumlov, Denkmalschutzgebiet, eine der malerischesten historischen Städte in Böhmen. Ausgedehntes Schloß, gotisches Rathaus, viele gotische, Renaissance- und Barockhäuser, ein gut erhaltenes Barocktheater usw. – Kleť, der höchste Berg des Höhenzugs Blanický les (1083 m); Rundblick, bei günstigem Wetter vom südlichen bis westlichen Horizont bis zu den österreichischen Alpen, von den steirischen Alpen über den

Dachstein bis zum Großglockner und Groß-Venediger. Observatorium, Fernsehturm. Auf den Berg führt vom Nordosten, von Krasetín, ein Sessellift. – Zlatá Koruna, Ortschaft und ehemaliges Zisterzianserkloster aus der Mitte des 13. Jahrhunderts, Kapelle, Kirche, große Bibliothek.

Tourenbeschreibung Vom Marktplatz in Český Krumlov nordöstlich durch die Gasse Radnická ulice, über die Brücke *Lazebnický most,* dann nördlich durch das Tor *Budějovická brána* und aufwärts zum Bahnhof. An der Straßengabelung vor dem Bahnhof biegt man links über den Bahnkörper ab. Unser Weg auf den Berg Kleť biegt allmählich nach Nordwesten ab. Wir folgen jedoch der grünen Markierung, die uns auf einem ebenen Weg in fast westlicher Richtung führt. Von links kommt eine gelbe Markierung, die gemeinsam mit der grünen weiterführt. Erneut Steigung auf einem Waldweg, nach etwa 3 Kilometern biegen wir vor einer weiteren Försterei (Plánská hájovna) rechts auf einen Pfad ab, und immer steiler zum Gipfel des *Kleť.* Der Abstieg gegen Osten bis Südosten folgt der roten Markierung. Erst links an der Sternwarte vorbei, dann ein steiler, etwa 1,5 Kilometer langer Abstieg. Wir stoßen auf eine gelbe Markierung, die nach links (nach Plešovice) führt, bei ihr ändern auch wir die Richtung, ebener Weg gegen Süden, bis an einer Kreuzung von Straßen im Wald, wo von rechts eine blaue Markierung einmündet. Hier wenden wir uns gegen Osten und steigen ins Tal des Baches *Kokotínský potok* hinab und den Bach entlang zu einem Plateau mit Einzelgehöften und einem Forsthaus. Von da auf einer Straße durch Wald und später offenes Terrain zum Bahnhof und weiter in die Ortschaft *Zlatá Koruna,* die im romantischen Tal der Vltava (Moldau) liegt.

26 Třeboň – Teich Svět – Spolský rybník

Verkehrsmöglichkeiten Bahn und Bus nach Třeboň; Bus Spolí.
Parkmöglichkeiten Třeboň beim Teich Svět (Schwimmbad Ostende).
Unterkunftsmöglichkeiten Třeboň, Hotels Svět B, Bílý Koníček B, Zlatá Hvězda C; Autocamp: Třeboň-Domanín (beim Teich Opatovický rybník) A, 1. 5.–30. 9.
Wegemarkierungen Die ganze Trasse rot.
Tourenlänge 8 Kilometer.
Wanderkarte Jižní Čechy (Südböhmen) 1 : 100 000.
Anmerkung Eine mit Bademöglichkeiten verbundene Wanderung; für den Hochsommer führen wir für Interessenten noch eine

Reihe weiterer geeigneter Bademöglichkeiten in den Teichen der Umgebung an, die sandigen Grund und einen guten Zugang haben: Teiche Dvořiště (bei Slověnice), Hejtman (bei Chlum u Třeboně), Konýř (bei Lišov, zwei Kilometer in der Richtung České Budějovice, dann links zwei weitere Kilometer Wegs der größte von drei Teichen), Konopný (bei Stráž nad Nežárkou), Dubenský rybník (bei Ševětín).

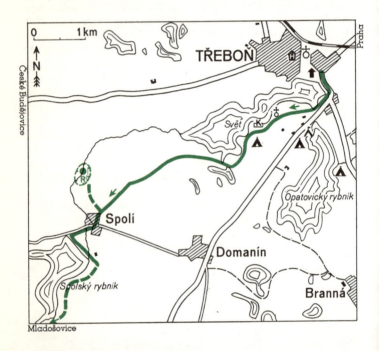

Wissenswertes Třeboň, Stadt und Kurort für Erkrankungen der Bewegungsorgane; das ganze Stadtgebiet unter Denkmalschutz. Die Geschichte der Stadt ist eng mit der Entwicklung der böhmischen Teichwirtschaft verbunden (seit dem 13. Jahrhundert). Třeboň liegt noch heute auf seinem ursprünglichen Grundriß mit erhaltenen Stadtmauern, Toren und Basteien, mit gotischen und Renaissancehäusern (U bílého koníčka – Weißes Roß u.a.); gotische St.-Ägidius-Kirche; Schloß; am Marktplatz Laubengänge und Rathaus mit Arkadenumgang usw. – Beim Teich Svět neugotische Familiengruft des Geschlechts der Schwarzenberg (zu besichtigen von April bis Oktober). – Svět, Teich mit Alleen alter Eichen; Ruderboote, Segelsport und weitere Erholungsmöglichkeiten.

Tourenbeschreibung Vom Julius-Fučík-Platz (náměstí Julia Fučíka) durch die Gasse Rožmberská ulice auf den Žižka-Platz (Žižkovo náměstí), dann auf Rot zur Anlegestelle der Motorboote. Von hier den zweimal gebrochenen, 1500 Meter langen, von bis 400 Jahre alten Eichen bestandenen *Damm des Teiches Svět* entlang, dann Parkweg am Ufer zum Autoparkplatz und weiter zur *Schwarzenberggruft*, die in den Jahren 1874–1877 errichtet wurde. Danach zur ursprünglich gotischen, im Jahr 1776 im Barockstil umgebauten Friedhofskirche. (Variante: Bei der Kirche nach rechts zum Schwimmbad Ostende und mit Motorboot des lokalen Verkehrssystems zurück in die Stadt.) Der weitere Weg führt in etwa südwestlicher Richtung auf den Damm des kleinen Teichs *Cirkvičný rybník*, dann etwa 1 Kilometer nach Westen zum Wald, im Wald wiederum etwa 1 Kilometer südwestlich und dann durch freie Landschaft nach *Spolí*. Vor der Ortschaft zweigt von unserer Markierung ein Weg in das malerische Naturschutzgebiet *V rájích* ab, wo eine Reihe von geschützten Pflanzen wächst (seltene Knabenkrautarten u.a.). Durch die Ortschaft auf einer Straße, die sich dann nach links auf den Damm des Teichs *Spolský rybník* wendet (gegründet 1574, über 120 ha), wo gute Bademöglichkeiten sind. Rückkehr mit Bus aus *Spolí*. (Variante: weiter auf Rot gegen Süden bis Mladošovice – gotische Kirche mit Barockinterieur. Zusätzliche Tourenlänge 5 Kilometer, vorwiegend durch Wald, zum Teil am Ufer des Spolský rybník. Rückkehr mit Bus von Mladošovice nach Třeboň.)

27 Kdyně – Rýzmberk – Nový Herštejn – Koráb

Verkehrsmöglichkeiten Bahn und Bus nach Kdyně.
Parkmöglichkeiten Kdyně, Marktplatz.
Unterkunftsmöglichkeiten Domažlice, Hotels Chodský hotel B, Slavia C; Kdyně, Hotel Bílý lev B; Touristenbaude Koráb; Autocamps: Kdyně, Na Hájovně (etwa 2,5 km oberhalb der Stadt, beim Wald an der Straße nach Koráb) B, 1. 6.–30. 9.; Hotels: Babylon, Interhotel Praha B, Magda C, Čerchov B; Autocamps: Babylon, hinter dem Interhotel Praha A, hinter dem Erholungsheim ROH Čakan B, 15. 5.–15. 9.
Wegemarkierungen Kdyně-Podzámčí gelb; Podzámčí – Rýzmberk und zurück grün; Podzámčí – Příkopy – Nový Herštejn, Sattel, rot; Nový Herštejn, Sattel – Koráb grün; Koráb – Branišov gelb; Branišov – Kdyně blau.

Tourenlänge 13,5 Kilometer – Kdyně, Marktplatz: 3 km (+100 m); Podzámčí: 0,5 km (+50 m); Rýzmberk, Ruine: 0,5 km (–50 m); Podzámčí: 1,5 km (+100 m); Příkopy: 1,5 km (–50 m); Nový Herštejn, sedlo: 1,5 km (+150 m); Koráb, Berghütte: 1,5 km (–150 m); Branišov, Aussichtspunkt: 3,5 km (–150 m); Kdyně, Marktplatz.
Höhenunterschiede +400 Meter, –400 Meter.
Wanderkarte Šumava (Böhmerwald) 1:100000.
Anmerkung Auf Spuren der Geschichte im Böhmerwaldvorland.

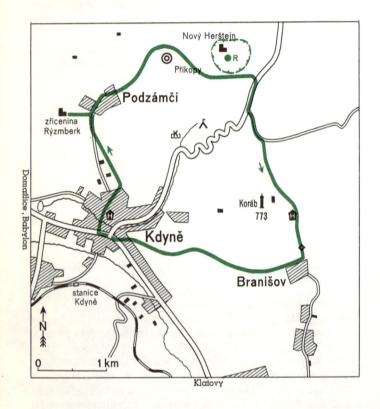

Wissenswertes Kdyně, Stadt und Erholungszentrum. Am Marktplatz Rathaus vom Beginn des 17. Jahrhunderts und das 150 Jahre alte Gebäude einer Textilfabrik mit Empire-Eingangstor. – Rýzmberk, Ruine einer gotischen Burg aus der zweiten Hälfte des 13. Jahrhunderts, Aussichtsturm, Freilichttheater. –

Příkopy, slawische Burgstätte aus dem 11.–12. Jahrhundert. – Nový Herštejn, Ruine einer frühgotischen Burg vom Ende des 13. Jahrhunderts auf Dreieckgrundriß.

Tourenbeschreibung Von der Nordwestecke des Marktplatzes in *Kdyně* zum Nordrand der Stadt. Hier links gegen Nordwesten auf einem Feldweg mit einer Hraběnka genannten Allee und aufwärts am Waldrand in das Dorf *Podzámčí* und in den Sattel unterhalb *Rýzmberk*. Nach links, gegen Westen, Aufstieg zur Burgruine Rýzmberk, nach Besichtigung zurück zum Sattel. Von hier auf Rot steiler Aufstieg in nordöstlicher Richtung zur Burgstätte *Příkopy*, dann Abstieg gegen Osten auf einem Waldweg zur Burgruine *Nový Herštejn*. Von hier auf Rot Abstieg in den Sattel auf eine Straße, die gegen Süden abbiegt. Dann etwa 1 Kilometer auf Rot gemeinsam mit Grün, dann verläßt uns die rote Markierung in nordöstlicher Richtung auf der Straße gen Hora und Suchá Hora, wogegen wir der grünen Markierung folgen und auf einem Pfad steil auf den Kamm und dann zum Gipfel des Bergs *Koráb* (773 m) hochsteigen. Vom Gipfel etwa 200 Meter mäßig geneigt (auf Gelb) und dann etwa 1 Kilometer steilerer Abstieg in südöstlicher Richtung zum Aussichtspunkt *Branišovská vyhlídka*. Von hier auf Blau Abstieg in westlicher Richtung über den Kamm, dann auf einem steileren Waldweg zur Allee Na šibenici. Hier befinden wir uns bereits auf einem langgezogenen Bergrücken, der uns zur Straße nach Klatovy führt, auf der wir zum Marktplatz in Kdyně zurückkehren.

28 Babylon – Výhledy – Klenčí

Verkehrsmöglichkeiten Bahn nach Babylon und Klenčí, Bus Klenčí, Babylon.
Parkmöglichkeiten Babylon, beim Schwimmbad, an der Stelle, wo unsere grüne Markierung von der Hauptstraße abzweigt.
Unterkunftsmöglichkeiten Hotels: Babylon, Interhotel Praha B, Magda C, Čerchov B; Domažlice, Chodský hotel B, Slavia C, Koruna C; Autocamps: Babylon, hinter dem Interhotel Praha A, hinter dem Erholungsheim ROH, Čakan B, 15. 5.–15. 9.
Wegemarkierungen Die ganze Trasse grün.
Tourenlänge 9,5 Kilometer – Babylon, Schwimmbad: 2,5 km (+100 m); Pec pod Čerchovem: 3 km (+150 m); Výhledy: 4 km (−250 m); Klenčí, Bahnhof.
Höhenunterschiede +250 Meter, −250 Meter.
Wanderkarte Šumava (Böhmerwald) 1:100000.

Anmerkung Wanderung ins Herz des Chodenlandes. – Aus Klenčí Rückfahrt mit Bahn bis Haltestelle Újezd-Pila (hier Bademöglichkeit), dann zu Fuß in südlicher Richtung nach Babylon oder nach Havlovice und von da südwestlich nach Babylon; dritte Möglichkeit: mit Bahn nach Domažlice, dort Stadtbesichtigung und mit Bus nach Babylon.

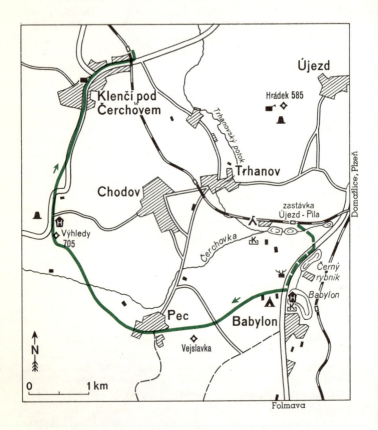

Wissenswertes Babylon, bekanntes Erholungs- und Touristenzentrum. – Výhledy, ein Ort, der an den populären, volkstümlichen Schriftsteller und Priester J. Š. Baar (1869–1925) erinnert, dessen Schaffen aus dem Leben der Bewohner des Chodenlandes schöpft. – Klenčí pod Čerchovem, alte Siedlung der Choden, der Bewacher der Grenze; Spitzen-, Stickerei- und Keramikerzeugung.

Tourenbeschreibung Vom Schwimmbad in *Babylon* Waldweg gegen Westen mit mäßiger Steigung über den kleinen Bergrücken *Vejslavka* (Aussicht) nach *Pec*. Von hier biegt unser Weg gegen Nordwesten ab, die erste Hälfte eben ins Tal des Baches *Čerchovka*. Von hier auf einem ziemlich steilen Pfad zum Aussichtspunkt *Výhledy* (705 m), wo vom Denkmal des Schriftstellers J. Š. Baar ein schöner Ausblick auf einen Teil des Chodenlandes und des ganzen Westböhmischen Bezirks ist. Wenn man einer Biegung der Straße hinter dem Denkmal folgt, erreicht man einen weiteren Aussichtspunkt, diesmal gegen Süden, auf den Čerchov (1042 m), den höchsten Berg des Böhmischen Waldes, der unweit der Grenze liegt. Vom Denkmal Abstieg auf Grün bis zum Bahnhof *Klenčí* auf dem sogenannten Baar-Pfad.

29 Františkovy Lázně – Komorní Hůrka

Verkehrsmöglichkeiten Bahn und Bus Františkovy Lázně.
Parkmöglichkeiten In der Gasse Chebská ulice (unweit der Glauberova dvorana – Glauberhalle); beim Bahnhof.
Unterkunftsmöglichkeiten Františkovy Lázně, Hotels Bajkal B, Slovan B, Tatran C; Autocamp U Jezera A, 1. 5.–30. 9.
Wegemarkierungen Františkovy Lázně – Komorní Hůrka rot; Komorní Hůrka – Horní Rybárna blau; Horní Rybárna – Františkovy Lázně grün.
Tourenlänge 9 Kilometer – Františkovy Lázně: 3 km (+ 60 m); Komorní Hůrka: 2,5 km (–40 m); Horní Rybárna: 3,5 km; Františkovy Lázně.
Höhenunterschiede + 60 Meter, –60 Meter.
Wanderkarte Západočeské lázně (Westböhmische Bäder) 1 : 100 000.
Anmerkung Auf den Spuren J. W. Goethes zum jüngsten böhmischen Vulkan.
Wissenswertes Františkovy Lázně (Franzensbad), bekannter Kurort, Stadt unter Denkmalschutz wegen ihrer einheitlichen klassizistischen Architektur; zu den Kurgästen zählten einst auch Johann Wolfgang Goethe, Ludwig van Beethoven usw. – Komorní Hůrka (503 m), der jüngste Quartärvulkan in der ČSSR. Einer Anregung Goethes folgend wurde nach seinem Tod, in den Jahren 1834–1837, in das Innere des Vulkans ein Stollen vorgetrieben, der den Basaltkrater freilegte und dadurch einen langjährigen Streit der entsprechenden Fachleute entschied. – Amerika, städtischer Teich mit Autocamp und Schwimmbad.

Tourenbeschreibung Von der *Franzensquelle* (Františkův pramen) zuerst auf der Hauptstraße in Richtung Cheb. Hinter der Brücke über den Bach *Slatinný potok* gegen Süden in die Ortschaft *Slatina*. Wir lassen die Abzweigung zum Teich Amerika rechts liegen und wandern weiter auf der Straße in Richtung Klest, stets in südlicher Richtung. Hinter den letzten Häusern der Ortschaft *Sla-*

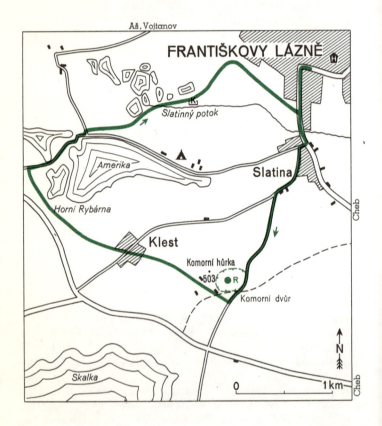

tina Abzweigung nach links gegen Südwesten. Nach 1 Kilometer erreicht man das erste Ziel der Wanderung: links gegenüber dem Gut Komorní dvůr ist der bewaldete Gipfel *Komorní Hůrka*, der nur um etwa dreißig Meter höher ist als das umliegende Terrain. Nach Besichtigung des Naturschutzgebiets (im Basaltfelsen ist ein Portrait J. W. Goethes ausgehauen) abwärts auf Rot. Unweit kreuzt die blaue Markierung, der man in nordwestlicher Richtung auf einem Feldweg in die Ortschaft *Klest* und zum Rand des Waldes Komorní les bis *Horní Rybárna* folgt. Von hier auf Grün auf der Straße zum Nordufer des Teichs Amerika mit dem Schwimmbad Jadran. Dann durch den vorwiegend bewaldeten Kurpark an Tennisplätzen und einem Freilichttheater vorbei ins Zentrum der Stadt.

30 Františkovy Lázně – Torfmoor Soos

Verkehrsmöglichkeiten Bahn und Bus Františkovy Lázně.
Parkmöglichkeiten In der Gasse Chebská ulice (unweit der Glauberova dvorana – Glauberhalle); beim Bahnhof.
Unterkunftsmöglichkeiten Františkovy Lázně, Hotels Bajkal B, Slovan B, Tatran C; Autocamp U Jezera A, 1. 5.–30. 9.
Wegemarkierungen Františkovy Lázně – Hájek (Soos) rot; Hájek (Soos) – Vonšov rot; Vonšov – Žírovice grün; Žírovice – Františkovy Lázně nicht markiert.
Tourenlänge 14 Kilometer – Františkovy Lázně: 5 km; Nový Drahov: 2 km; Hájek (Soos): 2 km; Vonšov: 3 km; Žírovice: 2 km; Františkovy Lázně.
Höhenunterschiede +40 Meter.
Wanderkarte Západočeské lázně (Westböhmische Bäder) 1:100 000.
Anmerkung Ausflug in ein einzigartiges Naturschutzgebiet.
Wissenswertes Františkovy Lázně, siehe Wanderung 29; Naturschutzgebiet Hájek (Soos), ein einzigartiges Torfmoor mit sogenannten Sumpfvulkanen (Mofetten) und seltener Salzbodenflora; das Naturschutzgebiet zeugt unter anderem von abklingender vulkanischer Tätigkeit. – Der Teich Žírovický rybník; nordwestlich vom Teich eine slawische Begräbnisstätte.
Tourenbeschreibung Vom Stadtzentrum durch die Gasse Ruská ulice am Božena-Němcová-Theater vorbei. An der Kreuzung beim Kurhaus Windsor nach links, unter einen Bahnviadukt und dann durch einen Park zur Straße bei *Horní Ves* (in nordöstlicher Richtung). Von dort links ab gegen Nordwesten auf einem Feldweg und nach etwa einer Viertelstunde nach rechts, gegen Osten, auf der am Bach *Stodolský potok* entlangführenden Straße in das Dorf *Nový Drahov*. In der Ortschaft an einem kleinen Teich vorbei, dann in nordöstlicher Richtung auf einen Feldweg, der uns zu einem Bahnviadukt bringt. Gleich hinter dem Viadukt ist beim Zugang zum

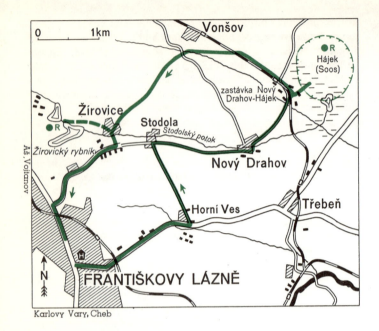

Karlovy Vary, Cheb

Naturschutzgebiet *Hájek* (Soos) eine Orientierungstafel. Nach Besichtigung am Waldrand entlang gegen Nordwesten. Wir folgen einer Schmalspurbahn in das Dorf *Vonšov*. Hier stoßen wir auf eine grüne Markierung, die uns durch eine offene Landschaft in südwestlicher Richtung nach *Žírovice* führt. Wir umgehen die Ortschaft an ihrem Ostrand und wandern weiter in südwestlicher Richtung. Dann verlassen wir den markierten Weg, überqueren den Bach *Stodolský potok* und gelangen auf einem Feldweg zur Straße, die aus der Ortschaft *Stodola* nach Františkovy Lázně führt.

31 Karlovy Vary, Rundwanderung

Verkehrsmöglichkeiten Bahn, Bus und Flugverbindung Karlovy Vary.
Parkmöglichkeiten Karlovy Vary, Leninovo náměstí; nábřeží Zápotockého; in den Gassen Libušina, Petra Velikého und Polská.
Unterkunftsmöglichkeiten Karlovy Vary, Hotels: Grand Hotel Moskva A*, Thermal A, Atlantik B*, Central B*, Slavia B, Adria B, Jizera B u.a.; Autocamp: Karlovy Vary-Březová A, 15. 6.–30. 9.

Wegemarkierungen Die ganze Rundwanderung gelb.
Tourenlänge 15 Kilometer – Karlovy Vary: 2,5 km (+170 m); Výšina přátelství: 2 km (–40 m); Karlova vyhlídka: 1,5 km (–130 m); Poštovní dvůr: 2,5 km (+270 m); Vítkův vrch: 2 km; Hůrky: 1,5 km; Goethova rozhledna: 1,5 km (–100 m); Tři kříže: 1,5 km (–170 m); Karlovy Vary.
Höhenunterschiede +440 Meter, –440 Meter.
Wanderkarte Západočeské lázně (Westböhmische Bäder) 1:100 000, oder Karlovy Vary, plán města a okolí (Plan der Stadt und Umgebung).
Anmerkung Rundwanderung durch die weitere Umgebung der Stadt. Die Wanderung kann nach Belieben verkürzt, in zwei Teile aufgeteilt werden usw. Die Výšina přátelství auch mit Seilbahn (von der Gasse Mariánská ulička) erreichbar; andere Abschnitte Busmöglichkeiten; in der nächsten Umgebung der Stadt sind außerdem 18 interessante Spaziergänge (2,5–6 km lang) markiert.
Wissenswertes Karlovy Vary (Karlsbad), weltbekannter Kurort und Kreisstadt (44 000 Einwohner). Zwölf warme Mineralquellen, einige Kolonnaden, Barockkirche, der klassizistische Poštovní dvůr (Posthof) usw. Die Dominanten der Stadt sind das Sanatorium Imperial im Jugendstil und das moderne Hotel Thermal. Dutzende von Kurhäusern, Kunstgalerie. Bekannte Industrieerzeug-

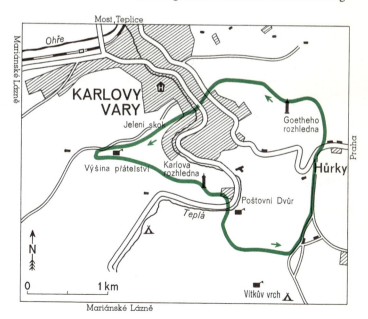

nisse: Karlsbader Porzellan, Glaswaren der Marke Moser. Die Stadt trägt ihren Namen nach ihrem Gründer Karl IV. Zu den Kurgästen zählten viele bekannte Persönlichkeiten, z. B. Fr. Schiller, J. W. Goethe, R. Wagner, L. van Beethoven, Chateaubriand, der Zar Peter der Große u.a. – Aussichtspunkte: Jelení skok (Hirschensprung), Výšina přátelství (Freundschaftshöhe), Karlova vyhlídka, Goethova rozhledna, Tři kříže (Drei Kreuze).

Tourenbeschreibung Die Wanderung beginnt in der Gasse Dukelských hrdinů. Zwischen Kurhäusern Treppen hoch zum *Jelení skok* (Hirschensprung), dann steil aufwärts zur *Vyhlídka Petra Velikého* (Aussicht Peters des Großen – Teilansicht der Stadt Karlovy Vary am rechten Ufer des Flüßchens Teplá). Von dort mäßige Steigung zur *Výšina přátelství* (Freundschaftshöhe). Dort Ausblick auf die Stadt, auf das Erzgebirge (Krušné hory) und die Bergkette Doupovské vrchy. Hier ist auch die Endstation der Seilbahn. Weiter in südöstlicher Richtung zur *Karlova rozhledna* auf dem Berg Jižní vrch (Blick auf die Stadt und in das Teplá-Tal). Dann durch Wald abwärts zum *Poštovní Dvůr* (Posthof) in der Stadt, über den Fluß Teplá, dann ansteigend durch Wald auf den Berg *Vítkův vrch*. In nördlicher Richtung, teilweise auf einer Landstraße, in die Ortschaft *Hůrky*, wo man die Fernstraße Praha – Karlovy Vary überquert, und auf einem Weg am Waldrand zur *Goethova rozhledna* (schöner Blick auf das Erzgebirge, auf die Umgebung von Karlovy Vary, auf den Berg Andělská hora und den Bergzug Doupovské vrchy). Dann abwärts auf Waldweg gegen Westen zum Aussichtspunkt *Tři kříže* (Drei Kreuze) mit Ausblick auf die Stadt und schließlich über steil abwärts führende Serpentinen und durch einen Park zurück in die Stadt zum *Sprudel* (Vřídlo) und zum Ausgangspunkt unserer Wanderung.

32 Doubí – Svatošské skály (Felsenstadt)

Verkehrsmöglichkeiten Bus nach Doubí oder Hory.
Parkmöglichkeiten Doubí, vor dem Schloß; Hory.
Unterkunftsmöglichkeiten Doubí, Hotel Beseda C; Karlovy Vary, Hotels: Grand Hotel Moskva A*, Thermal A, Atlantik B*, Central B*, Slavia B, Adria B, Jizera B u. a.; Autocamp: Karlovy Vary-Březová A, 15. 6.–30. 9.
Wegemarkierungen Die ganze Trasse ist als Naturlehrpfad markiert (weißes Quadrat mit grüner Diagonale).
Tourenlänge 10 Kilometer – Doubí: 5 km (+150 m, –150 m); Svatošské skály: 5 km (+150 m); Hory.

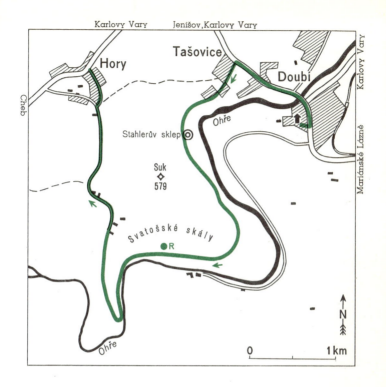

Höhenunterschiede +300 Meter, −150 Meter.
Wanderkarte Západočeské lázně (Westböhmische Bäder) 1:100 000.
Anmerkung Interessante naturwissenschaftliche Erkenntnisse, insbesondere auf dem Gebiet der Geologie.
Wissenswertes Doubí, Schloß und Porzellanfabrik. Heutiges Aussehen des Schlosses aus dem Jahr 1884; die Porzellanfabrik wurde 1849 gegründet (heute Möbelerzeugung). – Tašovice, ursprünglich eine altslawische Siedlung unterhalb der Burgstätte Starý Loket. Im 19. Jahrhundert Braunkohlenförderung. – Starý Loket, Felsenvorsprung, auf dem Menschen der mittleren Steinzeit siedelten, im 10.–12. Jahrhundert slawische Burgstätte. – Svatošské skály, eine Gruppe bizarrer Granitwände, bereits vom Beginn des 19. Jahrhunderts Ausflugsort der Karlsbader Kurgäste. Naturschutzgebiet. Oft Sujet literarischer Werke (Goethe, Gebrüder Grimm u.a.). – Karlovarská dvojčata (Karlsbader Zwillinge), originelle Formation von Feldspatkristallen. J. W. Goethe beschrieb sie 1807 in seiner Abhandlung über die Mineralien der

Karlsbader Umgebung. – Suk (579 m), ausdrucksvollste Dominante der Landschaft westlich von Karlovy Vary.

Tourenbeschreibung Ausgangsstelle der Wanderung im Park vor dem Schloß Doubí. Auf der Straße über den Fluß Ohře gegen Nordwesten in Richtung Jenišov. Nach nicht ganz einem Kilometer zweigt man links nach *Tašovice* ab (unterwegs Erdsenkungen als Folgen ehemaligen Bergbaus). Im Bogen nach dem Süden bis Südosten, an einem ziemlich steilen Hang bis zum sogenannten *Venediger-Stollen* (štola Benátčanů, auch Stahlerův sklep genannt), ebenfalls ein Zeuge einer früheren Eisenerzförderung. Der weitere Weg entfernt sich vom Fluß, wendet sich gegen Südwesten, dann aufwärts auf einen kleinen Bergrücken und wiederum steil abwärts zum Fluß *Ohře*. Dort stoßen wir auf eine blaue Markierung. Flußabwärts gegen Osten, nach 10 Minuten gelangt man ins Zentrum der Felsen *Svatošské skály* und zu einer Brücke über die Ohře. Wir bleiben jedoch am linken Flußufer und kehren auf demselben Weg zur Kreuzung der Markierungen zurück, dann flußaufwärts (die Ohře bildet hier eine Mäanderlinie) bis zu einem mittelalterlichen Stollen (ehemalige Zinnförderung). Hier verlassen wir den Flußlauf in etwa nördlicher Richtung durch Wald, an dessen Ende wir ein kahles Hochplateau erreichen und auf eine Straße stoßen. Zwischen Feldern findet man die sogenannten Karlsbader Zwillinge. Rechts von unserer Trasse ist ein auffallender Orientierungspunkt, der Berg *Suk*. Mäßig abwärts zum Ziel unserer Wanderung, der Ortschaft *Hory*, an deren nordwestlichem Rand die Straße von Loket nach Karlovy Vary verläuft und wo sich auch die Bushaltestelle befindet.

33 Hřensko – Pravčická brána (Felsenbrücke) – Engpässe von Kamenice

Verkehrsmöglichkeiten Hřensko: Bahn, Bus und Elbeschiffahrt Děčín-Hřensko, in der Saison bis sechsmal täglich.
Parkmöglichkeiten Hřensko, am Anfang der Klammen; beim Hotel Mezní Louka.
Unterkunftsmöglichkeiten Hotels: Děčín, Grand Hotel B, Sport B, Pošta C usw.; Hřensko, Národní dům C, Beseda C, Labe C, Mezní Louka B; Autocamp: Děčín, koupaliště B, 1. 4.–31. 10.
Wegemarkierungen Die ganze Trasse ist als Naturlehrpfad markiert (weißes Quadrat mit grüner Diagonale).
Tourenlänge 16 Kilometer – Hřensko: 4,5 km (+ 330 m); Prav-

čická brána: 1,5 km; Křídelní stěny: 3 km (−200 m); Mezní Louka: 1,5 km (−80 m); Mezná: 5,5 km (−50 m); Hřensko.
Höhenunterschiede +330 Meter, −330 Meter.
Wanderkarte Českosaské Švýcarsko (Böhmisch-Sächsische Schweiz) 1:50 000.
Anmerkung Wanderung zu den anziehendsten Punkten der Böhmisch-sächsischen Schweiz.
Wissenswertes Hřensko (115 m), Grenzort mit der DDR, Sommerfrische. Bereits mehr als hundert Jahre wichtiges Zentrum des Tourismus in Böhmen. − Kamenice, rechter Nebenfluß der Elbe bei Hřensko, strömt durch drei Engpässe (von der Mündung: Dolní soutěska, Divoká soutěska und Srbskokamenická soutěska), durch die seit 1890, nach anspruchsvollen Arbeiten, Wanderwege führen. − Pravčická brána (415 m), die größte Sandsteinfelsenbrücke

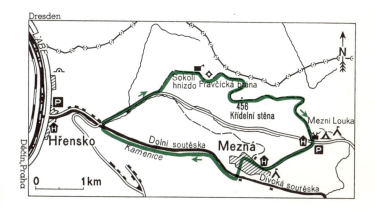

Europas. Höhe 21 Meter, Länge 30 Meter. An ihrem Fuß stand bereits im Jahr 1833 eine Touristengaststätte. − Křídelní stěny (456 m), mächtige Sandsteinwand, mit wabenartigen Verwitterungserscheinungen. − Dolní soutěska, ein tiefer Felscañon mit einem in den Felsen gehauenen Pfad. Oberhalb des Wasserfalls mit Booten befahrbar.
Tourenbeschreibung Ausgangspunkt ist eine Bushaltestelle, an der die Straße den Lauf der *Kamenice* verläßt und der Naturlehrpfad endet. Die Straße führt mäßig aufwärts gegen Nordosten. Nach etwa zwei Kilometern beginnt der Naturlehrpfad. Er steigt nach links hoch zur Pravčická brána. Bei der Tafel Nr. 6 biegt man rechts zu Nr. 7, einer ziemlich großen Pseudokarsthöhle (in Quarz- und nicht in Kalksandstein) ab. Kurz darauf erreicht man die Gast-

stätte Sokolí hnízdo. Zum Felstor *Pravčická brána* führen schmale Treppen. Dann Rückkehr zur Gaststätte und weiter in Richtung Mezní Louka. Ein ebener Weg führt unterhalb der *Křídelní stěny*, einer ausgedehnten Gruppe von Felsen, Türmen und Wänden in einer Länge von mehr als 1,5 Kilometern. Am Ende dieses Abschnitts ist ein schöner Aussichtspunkt. Dann scharf rechts in südlicher Richtung und abwärts über die Anhöhe Kozí hřbety zu einer Wegkreuzung, an der eine *Mezní Louka* (272 m) genannte Gebäudegruppe liegt, zu der auch das gleichnamige Hotel gehört. Von hier im Bogen gegen Südwesten zur Sommerfrische *Mezná* und über steile Serpentinen durch die Schlucht eines kleinen Bachs hinab zu den Klammen des Flusses *Kamenice*. Am Grund der Klamm führt eine Brücke. Weiter durch die Klamm *Dolní soutěska* mit steilen, stellenweise senkrechten Wänden. Dann absolvieren wir mit lokalen Führern eine Bootfahrt auf dem schmalen See oberhalb des Wehrs. Wir beenden unsere Wanderung am Ausgangspunkt, wo auch der Naturlehrpfad endet.

34 Košťál – Boreč

Verkehrsmöglichkeiten Bahn und Bus nach Lovosice oder Třebenice.
Parkmöglichkeiten Radostice, etwa 30 Meter oberhalb der Kapelle; auf der Europastraße zwischen Bílinka und Lovosice (von dort insgesamt etwa 2 Kilometer erst auf Blau, dann auf Grün bis Radostice).
Unterkunftsmöglichkeiten Lovosice, Hotel Lev C; Litoměřice, Hotels Labuť B/C, Rak C; Autocamps: Litoměřice B, 15. 4.–6. 10.; Brozany A, 1. 5.–30. 9.
Wegemarkierungen Radostice – Kreuzung unterhalb Košťál grün; Kreuzung unterhalb Košťál – Ortschaft Boreč gelb; dann ohne Markierung.
Tourenlänge 12,5 Kilometer – Radostice: 2,5 km (+ 140 m); Kreuzung unterhalb Košťál: 1 km (+ 80 m); Košťál: 1 km (– 80 m); Kreuzung unterhalb Košťál: 2,5 km (– 100 m, + 20 m); Ortschaft Boreč: 1,5 km (+ 120 m); Berg Boreč: 1,5 km (– 120 m); Ortschaft Boreč: 2,5 km (– 60 m); Radostice.
Höhenunterschiede + 360 Meter, – 360 Meter.
Wanderkarte České středohoří (Böhmisches Mittelgebirge) 1:100 000.
Anmerkung Wanderung durch eine typische Landschaft des

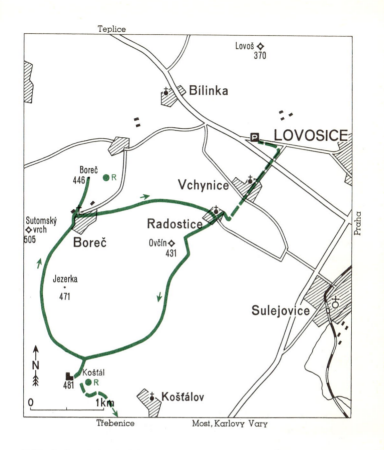

Böhmischen Mittelgebirges. Einzigartige Beobachtungen bei starkem Frost. – Gute Touristen-Fußbekleidung notwendig.

Wissenswertes Košťál, Reste einer bereits im 14. Jahrhundert erwähnten Burg, die seit der Mitte des 16. Jahrhunderts verlassen blieb. An den Hängen Naturschutzgebiet auf Basaltböden. – Boreč, Naturschutzgebiet mit Mikroexhalationen warmer und feuchter Luft. Der Dampf ist insbesondere bei Frost sichtbar. Am Gipfel verschieden große Flächen, auf denen auch im Winter ein reges Leben herrscht (Flora und Insekten).

Tourenbeschreibung Aus der Ortschaft *Radostice* führt von oberhalb der Kapelle auf Grün ein Wagenweg, der etwa 10 Minuten lang in südwestlicher Richtung durch einen Obstgarten steil hochsteigt, dann nach links gegen Süden abbiegt. Weiter mäßig aufwärts erst am Waldrand, später durch Mischwald. Ein kurzer

Waldweg bringt uns zum höchsten Punkt des ersten Abschnitts unserer Wanderung, einer Wegekreuzung. Hier geradeaus mäßig absteigend durch dichtes Unterholz eines Fichtenwalds. Im Bogen nach rechts, dann Steigung. Nach etwa einer Stunde vom Beginn der Wanderung kommt man zu einer Kreuzung markierter Wege. Von hier auf Gelb steil aufwärts über Serpentinen durch ein Naturschutzgebiet bis zur Burgruine *Košťál*. Zurück zur Kreuzung, dort in etwa nördlicher Richtung Waldweg auf Gelb etwa 1,5 Kilometer abwärts. Am Waldrand nach rechts, etwa 300 Meter mäßige Steigung zum Sattel unterhalb des Bergs Sutomský vrch. Von hier weitere 500 Meter abwärts ins *Dorf Boreč*. Kurz hinter einer Kapelle verlassen wir die Markierung auf der linken Seite und steigen in nördlicher Richtung hinauf zum *Berg Boreč*, dessen Gipfel mit seiner bemerkenswerten Naturschutzregion wir in etwa einer halben Stunde erreichen. Dann zurück zur Kapelle, unterhalb welcher wir wiederum die Markierung verlassen und nach rechts abbiegen. Bis Radostice führt ein Fahrweg erst mäßig abwärts durch Obstgärten, dann eben durch Wald. (Variante: Kleine Abzweigungen bringen uns auf die Gipfel der Berge Ovčín und Sutomský vrch; schöner Ausblick).

35 Liberec – Ještěd – Hlubocký hřeben

Verkehrsmöglichkeiten Bahn und Bus Liberec; Endstation der Straßenbahn in Horní Hanychov.
Parkmöglichkeiten Liberec – Horní Hanychov, unterhalb der Endstation der Drahtseilbahn auf den Ještěd; in Liberec auf den Plätzen Zámecké náměstí, Sokolovské náměstí, náměstí Bojovníků za mír u.a.
Unterkunftsmöglichkeiten Liberec, Hotels Imperial A/B, Zlatý lev A/B, U jezírka B/C u.a.; Autocamp: Liberec, Pavlovice B, 15. 5.–31. 8.
Wegemarkierungen Horní Hanychov – Ještěd blau; Ještěd – Pláně pod Ještědem rot; Pláně pod Ještědem – Wegekreuzung U Šámalů blau; Kreuzung U Šámalů – Horní Hanychov grün.
Tourenlänge 14,5 Kilometer – Horní Hanychov: 4 km (+500 m); Ještěd: 2,5 km (–230 m); Pláně pod Ještědem: 3 km (–50 m); U Šámalů: 5 km (–220 m); Horní Hanychov.
Höhenunterschiede +500 Meter, –500 Meter.
Wanderkarte Jizerské hory (Isergebirge) 1:100 000.
Anmerkung Wanderung auf einen der schönsten Aussichtsberge

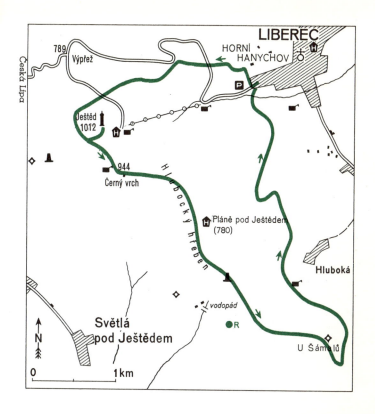

der ČSR. Aufstieg ziemlich anspruchsvoll, kann auch mit der Drahtseilbahn absolviert werden.

Wissenswertes Liberec, siehe Wanderung 36 – Ještěd (1012 m), einer der besuchtesten Berge der ČSR; Kabinendrahtseilbahn aus dem Jahr 1933; neues einzigartiges Hotel; heute wichtiges Wintersportzentrum.

Tourenbeschreibung Vom Knotenpunkt markierter Wege bei der Endstation der Straßenbahn in *Horní Hanychov* Aufstieg auf Blau vorerst gegen Nordwesten etwa 10 Minuten durch freies Terrain. Ausblicke auf Liberec. Über die Straße und schräg rechts auf einem Waldweg, der sich nach etwa einer Viertelstunde wiederum der Straße nähert. Hier bereits steilerer Anstieg durch Wald. Im Bogen gegen Südwesten, dann überquert man erneut die Bergstraße und gelangt auf einem Kamm zu einer Kreuzung mit roter Markierung, die von rechts, aus *Výpřež* (Bushaltestelle, Parkplatz), kommt. Beide Markierungen führen kurz gegen Südosten, dann an der Straße auf den *Ještěd* auf einem nach links abbiegenden Pfad über ein Steinmeer etwa 10 Minuten zum Gipfel. Nach Erholungspause vorsichtiger Abstieg zur Zufahrtsstraße, dort in südöstlicher Richtung auf Rot und Blau mäßige Steigung zum Berg *Černý vrch* (944 m). Ein Aussichtsweg führt uns links zum oberen Ende eines Skilifts und auf ein kleines Plateau mit schöner Aussicht. Auf Rot abwärts zur Bergbaude Na Pláních (780 m). Von dort auf Blau stets in südöstlicher Richtung auf dem Kamm *Hlubocký hřeben*. Zuerst Waldweg mäßig aufwärts zur Kote 828 Meter (Ausblick gegen Südwesten auf das Vorland des Ještěd und das sog. Mácha-Gebiet), dann mäßig abwärts (Aussicht gegen Norden auf die Jizerské hory – Isergebirge und gegen Osten auf das sogenannte Böhmische Paradies – Český ráj) bis zur *U Šámalů* genannten Kote 731 Meter, einer Kreuzung markierter Wege. Scharf links auf Grün mäßig abwärts durch offenes Terrain erst in nördlicher, dann nordwestlicher Richtung. Nach etwa 2 Kilometern erreicht man die Bergbaude in Hluboká, wo man eine blaue Markierung überquert. Weiter auf Grün ebener Waldweg nach Norden und später nach Nordwesten, dann steil abwärts zu einem Kalkbruch. Bald nachher kommt von links die direkt von der Bergbaude Na Pláních herabführende rote Markierung. Beide Farben (Grün und Rot) führen dann auf Waldwegen zur Endstation der Straßenbahn in *Horní Hanychov*.

36 Liberec – Královka – Krásný – Lučany

Verkehrsmöglichkeiten Bahn und Bus Liberec und Lučany.
Parkmöglichkeiten Liberec, beim Park Lidové sady oder in den Gassen pplk. Rumjanceva, Jablonecká oder Liliová u.a.
Unterkunftsmöglichkeiten Liberec, Hotels Imperial A/B, Zlatý lev A/B, U jezírka B/C u.a.; Autocamp: Liberec, Pavlovice B, 15. 5.–31. 8.
Wegemarkierungen Liberec, Lidové sady – Královka rot; Královka – Slovanka grün; Slovanka – Lučany n.N. rot.
Tourenlänge 18 Kilometer – Liberec, Lidové sady: 8 km (+460 m); Královka: 4 km (–100 m, +60 m); Slovanka: 2,5 km (–100 m, +70 m); Krásný (Bramberk): 3,5 km (–220 m); Lučany.
Höhenunterschiede +590 Meter, –420 Meter.
Wanderkarte Jizerské hory (Isergebirge) 1 : 100 000.

Anmerkung Wanderung in den südlichen, ziemlich stark besiedelten Teil des Isergebirges (Jizerské hory).

Wissenswertes Liberec, Kreisstadt, (75 000 Einwohner), wichtiges wirtschaftliches und kulturelles Zentrum des Nordböhmischen Bezirks, Ausgangspunkt des Tourismus in die Jizerské hory. – Královka (859 m), auch Nekras oder Königova výšina genannt, bekanntester Aussichtsturm der Jizerské hory (Holzbau seit 1888, Steinbau seit 1907). – Außerordentlich schöne Ausblicke, typische Siedlungsformen dieses Bezirks.

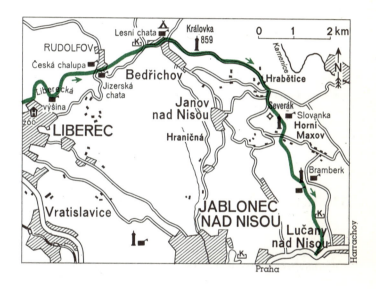

Tourenbeschreibung Von der Endstation der Straßenbahn in *Liberec*, Lidové sady, zuerst in nordöstlicher Richtung, am Freilichttheater im Kultur- und Erholungspark vorbei, quer über eine Bobbahn, einen Waldpfad aufwärts. Nach etwa 1 Kilometer erreicht man die *Liberecká výšina* (520 m) mit Gaststätte und Aussichtsturm und nach weiteren 10 Minuten den Granitfelsen Kovadlina (Teilausblicke). Weiter in östlicher Richtung. In Rudolfov verläßt man den Wald, dann kurz auf einer Straße an der Gaststätte *Česká chalupa* und der Berghütte *Jizerská chata* vorbei. Dort links abbiegen, aufwärts gegen Nordosten in den Sattel unter dem Berg Malinový vrch. Von dort abwärts auf Straße durch bereits weniger bewaldete Landschaft nach *Bedřichov*. Bei der Bushaltestelle in der Ortschaft links zur *Lesní chata* und dann auf einer kleinen Straße am Hang zur Berghütte und zum Aussichtsturm auf dem Berg *Královka*. Von dort mäßig abwärts auf einem bewaldeten Bergkamm gegen Osten und Südosten. Zuerst auf einer kleinen Bergstraße, die am Anfang der Ortschaft *Hrabětice* in eine Straßenkreuzung mündet. Durch die Ortschaft auf der Straße, im Bogen bis gegen Süden, ständig mäßig abwärts. Am niedrigsten Punkt der Straße links abbiegen und auf Bergwiesen den Berg *Severák* mit Skilift umgehen. Dann links in den Wald, aufwärts in erst südöstlicher, dann kurz südlicher Richtung auf den Gipfel des Bergs *Slovanka* mit einem Betriebserholungsheim und einem Aussichtsturm. Nach einem etwa 1 Kilometer langen steileren Abstieg in südwestlicher, später südöstlicher Richtung zwischen den Häusern der Ortschaft *Horní Maxov* wieder kurz aufwärts auf einem Kammweg im Wald auf den Berg *Krásný* (Bramberk) mit Berghütte und Aussichtsturm. Von dort ständig abwärts in südöstlicher Richtung, zuerst auf einem Waldweg, dann über Wiesen, an einem Schwimmbad vorbei, zum Ziel der Wanderung, der Ortschaft *Lučany nad Nisou*. Dort folgt man der Hauptstraße nach links, auf der man kurz nachher die Bushaltestelle und etwa einer weiteren Viertelstunde den Bahnhof erreicht.

37 Hejnice – Štolpich – Černý potok – Bílý Potok

Verkehrsmöglichkeiten Bahn und Bus Hejnice und Bílý Potok.
Parkmöglichkeiten In den Ortschaften Hejnice und Bílý Potok.
Unterkunftsmöglichkeiten Frýdlant, Hotel Valdštejn C; Hejnice, Hotel Perun C; Lázně Libverda, Hotels Park und Zelený strom C; Autocamp: Liberec, Pavlovice B, 15. 5.–31. 8.
Wegemarkierungen Hejnice – Sloupský potok grün; Sloupský potok – Černý potok gelb; Černý potok – Ortschaft Bílý Potok grün.
Tourenlänge 13,5 Kilometer – Hejnice, Bahnhof: 2 km (+70 m); Ferdinandov: 3 km (+380 m); Wasserfall am Bach Sloupský potok: 2,5 km (+200 m, –30 m); Černý potok: 6 km (–550 m); Ortschaft Bílý Potok.
Höhenunterschiede +650 Meter, –580 Meter.
Wanderkarte Jizerské hory (Isergebirge) 1:100 000.
Anmerkung Ziemlich anspruchsvoller Ausflug zu den Naturschönheiten des nördlichen Teils des Isergebirges.
Wissenswertes Hejnice, Stadt und Sommerfrische, früher bedeutsamer Wallfahrtsort. – Besichtigung der schönsten Wasser-

fälle des Isergebirges an den Bächen Sloupský potok (Štolpich) und Černý potok. – Die am Ende der Tourenbeschreibung angeführte Variante ermöglicht den Besuch des Torfmoors Na Čihadle, eines der interessantesten Naturschutzgebiete des Isergebirges.

Tourenbeschreibung Vom Bahnhof *Hejnice* durch die Ortschaft in südwestlicher Richtung, an der Kirche vorbei, über den kleinen Fluß Smědá und weiter, in Richtung *Ferdinandov*. Hier über den Bach *Sloupský potok* und auf einer Bergstraße bachaufwärts. Nach der ersten, noch mäßigen Steigung zweigt links die grüne Markierung ab. Wir verfolgen jedoch weiter unseren Weg dem Bach entlang, an kleinen Stromschnellen und Wasserfällen vorbei, bis zu einem mächtigen, 30 Meter hohen Wasserfall. Hier erreichen wir die

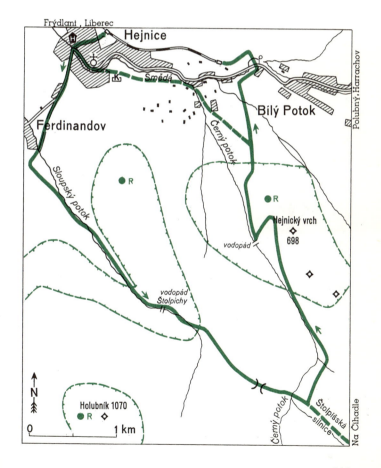

rote Markierung. Hinter dem Wasserfall zurück auf die Straße, mäßige Steigung zum Sattel unter dem Berg *Holubník* (von dem die grüne Markierung herabführt) und dann etwa 500 Meter abwärts zum Bach *Černý potok*. Dort über eine kleine Brücke und links ab auf Grün. Ein abwärts führender Waldpfad zuerst gegen Nordosten, dann Nordwesten. Links, unter einem großen Felsüberhang (Nase – Nos) sieht man den oberen Wasserfall des Černý potok. Von rechts kommt eine gelbe Markierung, der man steil abwärts auf einem Pfad, später Waldweg, folgt. Dann Abzweigung nach rechts auf den Aussichtsfelsen Hejnický vrch (etwa 700 m); links, gegen Süden, führt ein schmaler Weg zum unteren Wasserfall des Černý potok. Weiter abwärts auf Waldweg und später über Wiesen und an einem Schwimmbad vorbei in die Ortschaft *Bílý Potok*. Unweit der Kreuzung der markierten Wege ist die Bushaltestelle, etwa 1 Kilometer nordwestlich ist der Bahnhof. (Varianten: 1. Ende der Wanderung: weiter am Bach Černý potok entlang auf Gelb zurück zum Bahnhof in Hejnice. Verlängerung der Trasse um etwa 1,5 Kilometer; 2. Die Gipfelpartie von der Brücke über den Černý potok kann wie folgt verlängert werden: man folgt weiter der gelben Markierung und gelangt auf der Straße Sloupská silnice in südöstlicher Richtung zum Torfmoor Na Čihadle. Naturschutzgebiet, viele kleine Torfseen, reiche Flora. Verlängerung der Wanderung um etwa 3,5 Kilometer.)

38 Šmědava – Jizera

Verkehrsmöglichkeiten Bahn Bílý Potok; Bus Šmědava.
Parkmöglichkeiten Bei der Berghütte Šmědava (Zufahrt über Frýdlant oder Tanvald).
Unterkunftsmöglichkeiten Liberec, Hotels Imperial A/B, Zlatý lev A/B, U jezírka B/C u.a.; Frýdlant, Hotel Valdštejn C; Hejnice, Hotel Perun C; Autocamp: Liberec, Pavlovice B, 15. 5.–31. 8.
Wegemarkierungen Šmědava – Gipfel des Bergs Jizera und Rundwanderung um den Berg gelb; dann zurück Šmědava blau.
Tourenlänge 6 Kilometer – Šmědava: 2 km (+270 m); Gipfel des Bergs Jizera: 1,5 km (–150 m); Straße rund um den Berg Jizera: 2,5 km (–120 m); Šmědava.
Höhenunterschiede +270 Meter, –270 Meter.
Wanderkarte Jizerské hory (Isergebirge) 1:100 000.
Anmerkung Ausflug in das staatliche Naturschutzgebiet Jizera mit typischen Fichtenbeständen mit Urwaldcharakter.

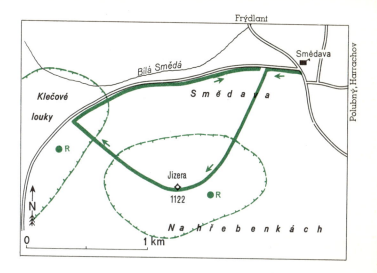

Tourenbeschreibung Von der Berghütte *Šmědava* über die Straße und dann auf einem nicht gepflegten, stellenweise sumpfigen, stellenweise steinigen Weg in südwestlicher Richtung zum Gipfel des Bergs *Jizera* (1122 m). Vom Gipfelfelsen schöner Ausblick. Abwärts durch den Wald rechts gegen Nordwesten bis zur Kreuzung mit der blauen Markierung, die an den Hängen des Bergs Jizera entlangführt. Dort wiederum Abzweigung nach rechts, mäßig abwärts auf Blau und Gelb, dann gegen Osten auf Blau bequeme Straße im Wald zurück zur Berghütte Šmědava.

39 Bukovec – Jizerka – Malá jizerská louka (Torfmoor)

Verkehrsmöglichkeiten Bus nach Kořenov, von dort 6 Kilometer durch das Tal Martinské údolí auf Rot auf den Berg Bukovec und in die Ortschaft Jizerka, oder Bahn nach Kořenov, von dort erst auf Gelb, dann auf Rot 8 Kilometer.

Parkmöglichkeiten Am Südrand der Ortschaft Jizerka am Ausgangspunkt der Wanderung, oder in der Ortschaft bei der Gaststätte Pyramida.

Unterkunftsmöglichkeiten Tanvald, Hotel Koruna B; Harrachov, Hotels Hubertus B*, Krakonoš C, Praha C, Sporthotel Ryžoviště C, Berghütte Diana B u.a.; Autocamps: Liberec, Pavlovice B,

15. 5.–31. 8.; drei Camps in Vrchlabí, Vejsplachy oder Sukova ulice oder letiště (Flugplatz), alle B und 15. 6.–30. 9.
Wegemarkierungen Weißes Quadrat mit grüner Diagonale, an den einzelnen interessanten Stellen mit der entsprechenden Zahl.
Tourenlänge 10 Kilometer – Ausgangspunkt am Südrand der Ortschaft Jizerka bei der Straße aus Polubný: 1,5 km (+ 60 m);

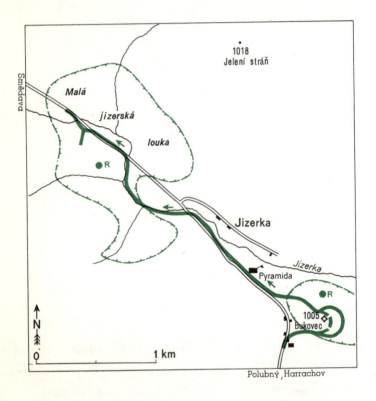

Berggipfel Bukovec: 2,5 km (–150 m); Ortschaft Jizerka: 2 km; Torfmoor Jizerka (sogenannte Malá jizerská louka): 4 km (+ 90 m); zurück zum Ausgangspunkt.
Höhenunterschiede + 150 Meter, –150 Meter.
Wanderkarte Jizerské hory (Isergebirge) 1 : 100 000.
Anmerkung Naturlehrpfad, das ganze Areal hat den Charakter einer skandinavischen Landschaft mit Torfmooren. Günstigste Wanderzeit: Juni.

Wissenswertes Bukovec (1005 m), einer der höchsten Basaltkegel Mitteleuropas, genannt »Gärtchen des Isergebirges«, mit schöner Aussicht. – Jizerka (850 m), seit dem 15. Jahrhundert Sitz tschechischer Kohlenbrenner, im 16. Jahrhundert von Goldgräbern und Edelsteinsuchern besucht, im 19. Jahrhundert zwei Glashütten, heute Erholungszentrum. – Torfmoor Jizerka, zweitgrößtes Torfmoor des Isergebirges, Torfwiesen mit Tümpeln und kleinen Seen, Knieholz und Zwergfichten. Der Name eines der dort verlaufenden Bäche – Safírový Potok (Saphirbach) – deutet an, daß hier einst Edelsteine gefunden wurden.

Tourenbeschreibung Diesmal folgen wir einem Naturlehrpfad, der am Südrand der Ortschaft *Jizerka* (an der Straße aus Polubný) beginnt. Vom Haltepunkt Nr. 1 über eine sogenannte Urwiese (d.h. eine ursprüngliche, nicht durch Rodung des Waldes entstandene Wiese) gegen Osten in das Areal des Naturschutzgebiets *Bukovec*. Man umgeht auf Rot den Berggipfel im Süden, an einem alten Steinbruch vorbei und dann zur Aussicht auf einem Felsen. Auf dem Berg Bukovec kann man eine einzigartige Erscheinung beobachten: auf einem kleinen Raum verschiedene Waldtypen, von den kälteliebenden Fichtenbeständen bis zu den wärmeliebenden Ulmen und Ahornen. Vom Gipfel des Bukovec abwärts gegen Nordwesten durch dichten Fichtenwald, dann weiter in gleicher Richtung über ausgedehnte Wiesen mit Blumen (Ausblick auf die Ortschaft Jizerka) hinab in eben diese Ortschaft. An der Gaststätte *Pyramida* vorbei führt die Straße am Waldrand bis zu einer kleinen Brücke, vor der wir, ständig dem Waldrand folgend, links abbiegen zum Haltepunkt Nr. 12 beim *Safírový Potok* (Saphirbach). Der Pfad biegt gegen Norden ab, überquert das Flüßchen Jizerka und führt am rechten Rand des Naturschutzgebiets *Torfmoor Jizerka* (Malá jizerská louka) zurück zur Straße (Haltepunkt Nr. 13). Die Besonderheiten des Naturschutzgebietes kann man auch noch weiter, beim Haltepunkt Nr. 14 am Rand des Hochmoors, beobachten, den man erreicht, wenn man beim Waldgrenzstein 53/68/69 von der Straße links abzweigt. Dann weiter auf der Straße zum letzten Haltepunkt Nr. 15, wo einst Moor für den Bedarf des Kurorts Lázně Libverda gestochen wurde. Zum Ausgangspunkt der Wanderung kehren wir auf derselben Straße zurück, die uns hergeführt hat.

40 Náchod – Dobrošov – Peklo

Verkehrsmöglichkeiten Bahn und Bus Náchod.
Parkmöglichkeiten Náchod, Marktplatz.
Unterkunftsmöglichkeiten Náchod, Hotels Beránek B, Hron C, U zastávky C, Vyhlídka C; Autocamp: Náchod-Běloves A, 1. 5.–30. 9.
Wegemarkierungen Náchod – Dobrošov – Peklo rot; Peklo – Náchod gelb.

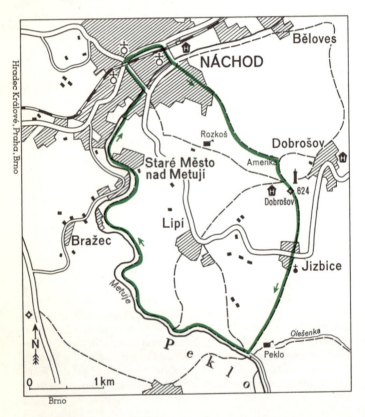

Tourenlänge 14 Kilometer – Náchod: 4 km (+ 230 m); Dobrošov: 3 km (−270 m); Peklo: 7 km (+ 40 m); Náchod.
Höhenunterschiede + 270 Meter, −270 Meter.
Wanderkarte Orlické hory (Adlergebirge) 1:100 000.
Anmerkung Beliebter Ausflug auf einen schönen Aussichts-

punkt. – In der zweiten Hälfte der Wanderung Bademöglichkeiten im Fluß Metuje.

Wissenswertes Náchod, Kreisstadt (19 000 Einwohner), Textilindustrie und weitere Industriezweige. Oberhalb der Stadt ein Renaissanceschloß, das im Barockstil erweitert wurde, mit wertvollen Sammlungen. In Staré Město (einem Stadtteil Náchods) frühgotische Friedhofskirche. – Dobrošov, Ortschaft südöstlich von Náchod und gleichnamiger Berg mit der Berghütte Jiráskova chata (Jugendstil) und einem Aussichtsturm. – Peklo, ein 12 Kilometer langes, romantisches Tal des Flusses Metuje und eine gleichnamige Touristenbaude in volkstümlichem Stil.

Tourenbeschreibung Vom Marktplatz in *Náchod* durch die Gasse Palackého ulice, dann über den Bahnkörper und über den Fluß Metuje in die Gasse Dobrošovská ulice. Von dort auf einer Waldstraße in südöstlicher Richtung abwechselnd durch Wald und offene Landschaft in die Ortschaft Amerika, dann gegen Süden zur Berghütte *Jiráskova chata* auf dem Berg *Dobrošov*. Abwärts in gleicher Richtung in die Ortschaft Jizbice. Hinter ihr Laubwald, dann steiler Abstieg links zur Brücke über den Fluß Olešenka und zur Touristenbaude im Tal *Peklo*. Von dort stets flußaufwärts an der Metuje, die hier ein romantisches, gewundenes Tal durchfließt, am linken Flußufer, zuerst in nordwestlicher, später in nördlicher Richtung, über die Ortschaft Bražec nach Staré Město, einem Stadtteil Náchods. Dort durch die Gasse Na strži bis zur Brücke unterhalb des Krankenhauses, am Gebäude des Kreis-Nationalausschusses (Okresní národní výbor) vorbei und durch das Zentrum der Stadt zum Marktplatz.

41 Brněnská přehrada (Stausee von Brno) – Veveří (Burg)

Verkehrsmöglichkeiten Straßenbahn- und Busnetz der Stadt Brno.

Parkmöglichkeiten In Bystrc; am Staudamm.

Unterkunftsmöglichkeiten Brno, Hotels International A Lux, Grandhotel A*, Continental A*, U Jakuba B*, Avion B, Evropa B, Metropol B, Morava B, Slavia B, Slovan B; Autocamps: Obora u Brněnské přehrady B; Bobrava (südlich von Brno) A, 1. 3.–31. 10; Jedovnice (nordöstlich von Brno) B, 1. 5.–15. 10.

Wegemarkierungen Bystrc, Endstation der Straßenbahn – Brněnská přehrada (Stausee), Anlegestelle, gelb; Veveří, Anlege-

stelle – Veveří, Burg, und zurück rot; Zouvalka, Anlegestelle – Brněnská přehrada, Anlegestelle, rot.
Tourenlänge 11,5 Kilometer – Bystrc, Straßenbahnhaltestelle: 2 km; Brněnská přehrada, Anlegestelle: . . . Veveří, Anlegestelle: 1 km (+70 m); Burg Veveří: 1 km (–70 m); Veveří Anlegestelle: . . . Zouvalka, Anlegestelle: 5,5 km; Brněnská přehrada, Anlegestelle: 2 km; Bystrc, Straßenbahnhaltestelle.
Höhenunterschiede +70 Meter, –70 Meter.
Wanderkarte Okolí Brna (Umgebung von Brno) 1:100 000.
Anmerkung Halbtagsausflug, städtisches Erholungsgebiet.

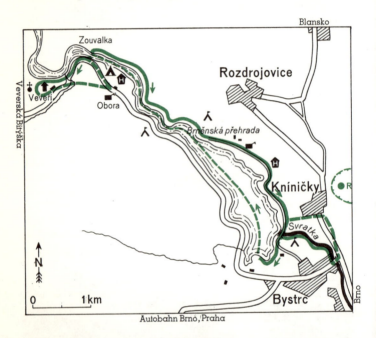

Wissenswertes Brno, 340 000 Einwohner, Bezirksstadt mit hochentwickelter Industrie (Maschinenbau-Messe) und vielen Denkwürdigkeiten: Rathaus (ursprünglich aus dem 14. Jahrhundert), eine Reihe von Renaissancehäusern (Haus der Herren von Kunštát, Haus der Herren von Lipá, das Adelige Damenstift), die Kirche Na Petrově, gotische St.-Jakobs-Kirche, Dominikanerkirche mit Kloster (Kreuzgang), der Špilberk – die Burg der Stadt u.a. – Veveří, erhaltene Burg aus der zweiten Hälfte des 13. Jahrhunderts, viele Umbauten, unweit eine gotische Kapelle aus dem 13. Jahrhundert.

Tourenbeschreibung Die Wanderung beginnt bei der Endstation der Straßenbahn in *Bystrc* hinter der Brücke. Von dort Fußweg am rechten Ufer des Flusses *Svratka* bis zum Staudamm, den man über Treppen besteigt, und dann auf einer Straße links zur Anlegestelle, von wo ein regelmäßiger Schiffsverkehr auf dem Stausee unterhalten wird. Mit Schiff zur Anlegestelle *Veveří* und auf der Straße nach rechts hinauf zur Burg. Quer durch die Burg und durch eine Allee zur Kapelle der Jungfrau Maria. Dann zurück zur Anlegestelle Veveří. (Variante: von der Burg auf Grün gegen Osten in das Erholungsgebiet Obora mit Gaststätte und Autocamp. Dann Straße in nordwestlicher Richtung zur Anlegestelle Veveří. Länge der Abzweigung etwa 2 Kilometer.) Mit Schiff ans gegenüberliegende Ufer zur Anlegestelle *Zouvalka*. Von dort zurück in südöstlicher Richtung am Ufer des Stausees, zuerst auf einem Waldweg, dann auf einem breiteren Weg nach *Osada* (Gaststätte) und schließlich an Wochenendhäusern entlang bis zum Staudamm und zur Straßenbahnhaltestelle in Bystrc. (Variante: Von der Gaststätte U lva links nach Kníničky und dort rechts bis zum Eingang in den Zoologischen Garten. Von hier rechts über eine schmale Brücke über den Fluß zur Endstation der Straßenbahn. Länge der Abzweigung etwa 1,5 Kilometer.)

42 Líšeň – Říčky-Tal – Bílovice

Verkehrsmöglichkeiten Städtischer Bus Brno-Líšeň; Bus Bílovice nad Svitavou.
Parkmöglichkeiten Brno, in der Nähe des Busbahnhofs.
Unterkunftsmöglichkeiten Brno, Hotels International A Lux, Grandhotel A*, Continental A*, U Jakuba B*, Avion B, Evropa B, Metropol B, Morava B, Slavia B, Slovan B; Autocamps: Obora u Brněnské přehrady B; Bobrava (südlich von Brno) A, 1. 3.–31. 10.; Jedovnice (nordöstlich von Brno) B, 1. 5.–15. 10.
Wegemarkierungen Líšeň – Muchova bouda gelb; Muchova bouda – Ochozská jeskyně blau; Ochozská jeskyně – Bílovice nad Svitavou gelb.
Tourenlänge 12,5 Kilometer – Líšeň, städtischer Bus: 2 km (−80 m); Muchova bouda: 1,5 km; Říčky, Schwimmbad: 3 km; Ochozská jeskyně, Wegekreuz: 6 km (+ 200 m, −140 m); Bílovice, Bushaltestelle.
Höhenunterschiede + 200 Meter, −220 Meter.
Wanderkarte Okolí Brna (Umgebung von Brno) 1:100 000.

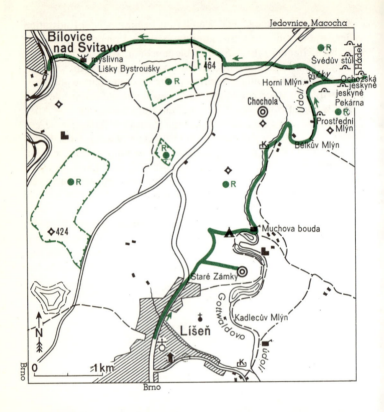

Anmerkung Halbtagswanderung in den südlichen Teil des Mährischen Karstes (Moravský kras). Erholungsgebiet, im Tal des Baches Říčka eine Reihe von Schwimmbädern.

Wissenswertes Líšeň, Ortschaft mit Schloß aus dem 19. Jahrhundert. – Staré Zámky u Líšně, alte Burgstätte oberhalb des Říčka-Tals. – Pekárna, Grotte mit reichen archäologischen Funden. – Ochozská jeskyně, größtes Grottensystem im Südteil des Mährischen Karsts mit Tropfsteinformationen. – Švédův stůl, Grotte, in der Spuren des Aufenthaltes des Neandertalers (z.B. ein Unterkiefer) gefunden wurden.

Tourenbeschreibung Durch die Ortschaft *Líšeň* auf der Hauptstraße gegen Nordosten. Richtung auch außerhalb der Ortschaft einhalten, auf Gelb zur Burgstätte *Staré Zámky* und dann abwärts ins Tal des zum Teil unterirdisch fließenden Baches *Říčka* (Muchova bouda). Dort auf Blau in etwa nördlicher Richtung an drei ehemaligen Mühlen vorbei zu einer Stelle, an der der Bach Říčka wieder zutage tritt, und einer Kreuzung von Markierungen, wo wir uns bereits im Zentrum des Karstgebiets unterhalb der Grotte *Pekárna* befinden. Zur Grotte auf markiertem Pfad, dann zurück zum Bach, von wo man nach drei Minuten gegen Nordosten auf die Grotte *Ochozská jeskyně* stößt (hier hat vor allem der rechte Teil, die sogenannte Nová ochozská jeskyně einen herrlichen Tropfsteinschmuck) und gegenüber, am anderen Ufer des Baches Říčka die Grotten Netopýrka und *Švédův stůl*. (Variante: Von hier noch etwa 1 Kilometer weiter zum Erholungszentrum Hádek, wo ein weiterer Teich gute Bademöglichkeiten bietet, dann zurück zur Kreuzung der Markierungen.) Hier auf Gelb zur Bushaltestelle *Říčka* auf der Straße Ochoz u Brna – Brno. Die Straße überqueren, weiter der gelben Markierung folgen, die uns in etwa westlicher Richtung zuerst mäßig aufwärts, dann steil abwärts führt. Den letzten Teil der Wanderung absolviert man auf der Straße nach *Bílovice*.

43 Kateřinská jeskyně (Grotte) – Macocha (Schlucht) – Punkevní jeskyně (Grotten)

Verkehrsmöglichkeiten Bus zum Hotel Skalní Mlýn.
Parkmöglichkeiten Skalní Mlýn; Kateřinská jeskyně; Punkevní jeskyně.
Unterkunftsmöglichkeiten Hotel Skalní Mlýn C; Brno, Hotels International A Lux, Grandhotel A*, Continental A*, U Jakuba B*, Avion B, Evropa B, Metropol B, Morava B, Slavia B, Slovan B; Autocamps: Obora u Brněnské přehrady B; Bobrava (südlich von Brno) A, 1. 3.–31. 10.; Jedovnice (nordöstlich von Brno) B, 1. 5.–15. 10.; Blansko, Hotel Macocha B.
Wegemarkierungen Die ganze Trasse als Naturlehrpfad, weißes Quadrat mit grüner Diagonale, markiert; Abzweigung Punkevní jeskyně – Blansek gelb.
Tourenlänge 8 Kilometer – Skalní Mlýn: 0,5 km; Kateřinská jeskyně: 2,5 km (+ 150 m); Macocha, obere Brücke (zur unteren Brücke und zurück –50 m, + 50 m): 2 km (–120 m); Pustý žleb, Weggabelung: 0,5 km; Punkevní jeskyně: 0,5 km (+ 100 m); Ruine Blansek: 0,5 km (–100 m); Punkevní jeskyně: 1,5 km (–30 m); Skalní Mlýn.
Höhenunterschiede + 300 Meter, –300 Meter.
Wanderkarte Moravský kras (Mährischer Karst) 1:50000.
Anmerkung Ausflug in den schönsten Teil des Mährischen Karstes. Ausflugsdauer 4½ bis 5½ Stunden, einschließlich Besichti-

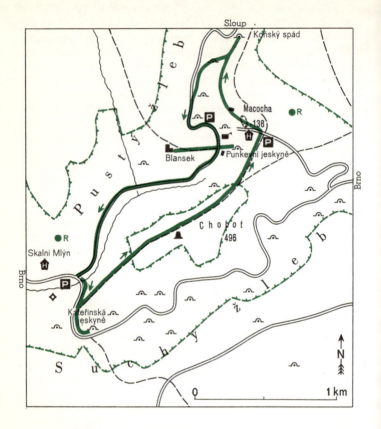

gung der Grotten Kateřinská jeskyně, Macocha, Punkevní jeskyně und der Burgruine Blansek. – Markierung respektieren, Serpentinen nicht abkürzen! Unfallgefahr! Gutes Schuhwerk nötig. – Am Grund der Schlucht Temperatur etwa 10 °C. – Es ist zu empfehlen, sich im Büro (Dispatcher) des Mährischen Karsts in Skalní Mlýn die Möglichkeit der Besichtigungen zu sichern.

Wissenswertes Kateřinská jeskyně, ursprünglich eine Grotte am Austritt eines unterirdischen Bachs. Hier wurden Spuren der prähistorischen Menschen gefunden. – Pustý žleb, trockenes Tal zwischen den Ortschaften Sloup und Skalní Mlýn. Ursprünglich das Bett des nunmehr unterirdisch fließenden Flusses Punkva. – Macocha, eine 138,4 Meter tiefe Schlucht, deren Name Macocha (Stiefmutter) mit einer Sage von einer bösen Stiefmutter zusammenhängt. Ursprünglich eine große Grotte, deren Decke eingestürzt ist. Am Grund der Schlucht zwei kleine Seen. – Punkevní jeskyně, besuchteste Grotte des Mährischen Karstes, entdeckt 1909, ursprünglich Flußbett der unterirdischen Punkva. – Blansek, Ruine einer Burg, die wahrscheinlich Ende des 13. Jahrhunderts gegründet wurde. Verfiel bereits im 17. Jahrhundert.

Tourenbeschreibung Von der Informationstafel in *Skalní Mlýn* der Trasse des Naturlehrpfads folgend nach rechts durch das Tal Suchý žleb zur Grotte *Kateřinská jeskyně*. Nach Besichtigung einige Dutzend Meter zurück und auf dem Pfad Křenkova stezka auf den sogenannten *Chobot,* einen schmalen Kamm, der zwischen den Tälern Suchý žleb und Pustý žleb liegt, und auf ihm gegen Nordosten in das Areal der Schlucht Macocha. Zu Beginn dieses Abschnitts Talaussicht gegen Süden. Am höchsten Punkt des Kamms das Křenek-Denkmal, am Ende dieses Teils ein schöner Aussichtspunkt Beraní roh. Dann zur Schlucht *Macocha*. Erst einen Blick vom Oberen Steg, dann über Treppen hinunter zum Unteren Steg und wieder zurück. Dann weiter am oberen Rand des Pustý žleb zu einem *Koňský spád* genannten Aussichtspunkt, von wo man gut das hufeisenförmige, von einer kleinen Asphaltstraße durchzogene Tal wie aus der Vogelperspektive sehen kann. Zurück in Richtung Macocha, rechts über die Serpentinen des Touristenpfads Salmova stezka hinunter zur Straße, die durch das Tal Pustý žleb führt. Auf der Straße links in Richtung Punkevní jeskyně. Bevor man die Grotten erreicht, passiert man im Tal eine verengte, *Čertova brána* (Teufelstor) genannte Stelle. Nach etwa weiteren 10 Minuten ist man dann bei den Grotten *Punkevní jeskyně*. Mit Führer durch die Grotten bis zum Grund der Macocha-Schlucht und von dort Bootfahrt durch die Wasserdome der Punkva. Vor oder besser nach der Besichtigung der Grotten (falls noch gewünscht) steiler Aufstieg zur Burgruine *Blansek*. Zurück nach Skalní Mlýn auf der Straße.

44 Kralice – Mohelnská step (Steppe)

Verkehrsmöglichkeiten Bahn und Bus Kralice nad Oslavou, Bus Mohelno.
Parkmöglichkeiten Kralice nad Oslavou, Mohelno.
Unterkunftsmöglichkeiten Brno, siehe Wanderung 41; Moravský Krumlov, Hotel Jednota B; Rosice, Hotel Cristal B; Třebíč, Hotel Zlatý kříž B; Autocamps: Třebíč A, 1. 5.–30. 9.; Brno-Bobrava A, 1. 3.–31. 10.
Wegemarkierungen Die ganze Trasse blau.

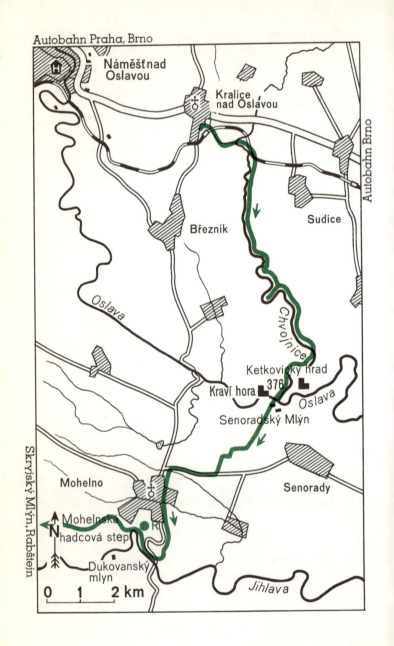

Tourenlänge 20,5 Kilometer – Kralice nad Oslavou: 9,5 km (–180 m); Senoradský mlýn: 5 km (+150 m); Mohelno: 3 km (–150 m); Dukovanský mlýn: 3 km (+150 m); Mohelno.
Höhenunterschiede +300 Meter, –330 Meter.
Wanderkarte Okolí Brna (Umgebung von Brno) 1:100000.
Anmerkung Besonders anziehend für Touristen mit naturwissenschaftlichen Interessen (Spätfrühling und Beginn des Sommers).
Wissenswertes Kralice nad Oslavou, alte tschechische Ortschaft, die in der Hussitenzeit eine wichtige Rolle spielte, da hier eine geheime Druckerei der Böhmischen Brüder war (Druck der Kralická bible – Bibel von Kralice); auf einer Anhöhe eine ursprünglich romanische Kirche, in deren Nachbarschaft Überreste einer Feste. – Kraví hora, Ruine einer Burg aus dem 14. Jahrhundert, Aussichtspunkt. – Ketkovický hrad, Ruine einer Burg aus dem 13. Jahrhundert, in der Umgebung wärmeliebende Flora. – Mohelno, alte Ortschaft (Name nach einem heidnischen Grabhügel, im Tschechischen »mohyla«, auf einer Anhöhe oberhalb der Stadt) mit spätgotischer Kirche, Renaissancepfarrhaus und einem später umgebauten Renaissancerathaus. – Mohelnská hadcová step (Serpentin-Steppe von Mohelno), weltbekanntes Naturschutzgebiet (an 90 Arten von Ameisen, etwa 300 Arten von Spinnen, interessante Flora).
Tourenbeschreibung Vom Bahnhof in fast nördlicher Richtung in die Ortschaft und dann rechts zum Bach *Jinošovský potok*. Etwa eine Viertelstunde am Bach entlang in südöstlicher Richtung in das sehr romantische Tal des Flusses *Chvojnice*. Flußabwärts zuerst nach Süden, später Südosten, an einer ehemaligen Mühle, einem Forsthaus und zahlreichen Wochenendhäuschen vorbei. Nach etwa zweistündiger Wanderung biegt der Weg nach Südwesten ab und führt zwischen den Ruinen der Burgen *Kraví hora* (rechts) und *Ketkovický hrad* (links). Von beiden Ruinen interessanter Ausblick, bei der letzteren wärmeliebende Flora. Dort mündet auch die Chvojnice in den Fluß Oslava. Über eine Brücke an das andere Ufer zur ehemaligen Mühle *Senoradský mlýn*, dort Kreuzung der gelben, roten und blauen Markierung. Aufwärts auf Blau in südwestlicher Richtung bis zum Waldrand und weiter auf einem Feldweg zur Straße. Dort recht gegen Westen bis *Mohelno*. Durch die Ortschaft, an der Kirche vorbei gegen Süden, hinter Mohelno auf eine Anhöhe mit einer Martersäule aus dem 17. Jahrhundert und schönem Ausblick ins malerische Tal des Flusses Jihlava. Von hier steil abwärts in die Steppe zu einer Serpentine der Straße und am linken Ufer des Flusses *Jihlava* gegen Nordwesten und in das Naturschutzgebiet. Rückkehr nach Mohelno auf demselben Weg.

(Variante: besonders gewiegte Touristen können noch weiter flußaufwärts bis zur romantisch gelegenen Mühle Skryjský mlýn und
von dort links steil hoch zur Ruine der Burg Rabštejn – Abzweigung links – aus dem 14. Jahrhundert wandern. Zurück denselben
Weg. Tourenverlängerung um etwa 8 Kilometer.)

45 Dolní Věstonice – Děvín – Mikulov

Verkehrsmöglichkeiten Bahn Popice und Mikulov, Bus Dolní
Věstonice und Mikulov.
Parkmöglichkeiten Dolní Věstonice und Mikulov.
Unterkunftsmöglichkeiten Mikulov, Zámecký hotel C; Lednice,
Zámecký hotel C; Autocamps: Lednice, Apollo, beim Teich
Mlýnský rybník B, 1. 5.–15. 9.; Břeclav B, 1. 5.–30. 9.; Hustopeče
B, 1. 5.–30. 9.
Wegemarkierungen Die ganze Trasse rot.
Tourenlänge 12 Kilometer – Dolní Věstnice: 2,5 km (+ 250 m);
Dívčí hrady: 2 km (–150 m); Soutěska, pramen: 2 km (–100 m);
Klentnice: 0,5 km (+ 100 m); Sirotčí hrádek: 1 km; pod Tabulo-
vou horou: 3 km; Turold: 1 km (–100 m); Mikulov.
Höhenunterschiede + 350 Meter, –350 Meter.
Wanderkarte Pavlovské vrchy 1 : 100 000.
Anmerkung Besonders geeignet für Touristen, die Interesse für
Archäologie, aber auch für Naturwissenschaften haben.
Wissenswertes Dolní Věstonice, Ortschaft, bekannte Siedlung
des Menschen der älteren Steinzeit (Mammutjäger), bekannte
Frauenplastik die sogenannte Venus von Věstonice; ständige Ausstellung von archäologischen Funden aus Südmähren. – Pavlovské
vrchy, mehrere Naturschutzgebiete (wärmeliebende Felsenflora)
und archäologische Fundstätten, hier auch die Ruinen der gotischen Burgen Dívčí hrady und Sirotčí hrádek. – Mikulov, unter
Denkmalschutz stehende Stadt, Zentrum einer Weinbaugegend.
Eine, im 17. und 18. Jahrhundert in ein Schloß umgebaute, ursprünglich gotische Burg; Renaissance- und Barockhäuser, Stadt-
kirche aus dem 15. Jahrhundert, Piaristenkirche aus dem 17. Jahrhundert. Aus der ehemaligen Judenstadt ist eine wertvolle Syna-
goge erhalten geblieben.
Tourenbeschreibung Die ganze Trasse verläuft in ungefähr südlicher Richtung. In *Dolní Věstonice* von der Kirche die nach rechts
führende Gasse aufwärts auf einen Feldweg. An der ersten Kreuzung links, kurz darauf wieder rechts ab, zum Wald und an seinem

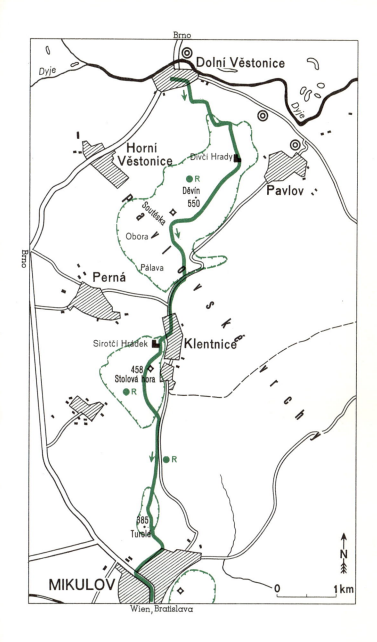

Rand links etwa 10 Minuten, dann in den Wald rechts steil aufwärts bis zur Burgruine *Dívčí hrady*, dem ersten Gipfel des Berglands Pavlovské vrchy. Von dort führt der Weg an der linken Seite des Kamms weiter (rechts ist eine Abzweigung zum höchsten Punkt dieses Berglands, zum 550 Meter hohen *Děvín* mit Aussicht), bis an den Rand der *Soutěska* (auch Klauza genannt), einer Klamm, die den Děvín von den niedrigeren Gipfeln der Berge Obora und Pálava trennt. Steil abwärts bis auf den Grund der Klamm und dann zur Straße (rechts ist nun der Berg Pálava), auf ihr etwa 500 Meter zu einer Gabelung und dort etwa weitere 500 Meter in die Ortschaft *Klentnice*. Man verläßt sie rechts durch eine Gasse, dann einen Fußweg aufwärts, der am Waldrand zum *Sirotčí hrádek* führt, wo sich eine schöne Aussicht bietet. Weiter der Markierung nach auf dem Kamm über einen Sattel auf den Berg *Tabulová* (auch Stolová) *hora*, erneut schöne Aussicht, dann Abstieg zum Südfuß des Berges. Dort links auf Feldweg, der in eine Straße mündet, auf ihr rechts bis zum Wald unterhalb des Bergs Turold, den man rechts am Waldrand umgeht. An einem verlassenen Steinbruch vorbei, dann auf einem Feldweg abwärts in eine Allee. Rechts ab zu einem Turm auf dem *Kozí vrch* (Teil der Stadtbefestigung). Am jüdischen Friedhof vorbei in die Gasse Brněnská ulice, die zum Stadtzentrum von Mikulov führt.

46 Lednice – Valtice

Verkehrsmöglichkeiten Bahn und Bus Lednice und Valtice.
Parkmöglichkeiten Lednice, beim Schloß oder beim Autocamp Apollo; Valtice, bei der Kirche.
Unterkunftsmöglichkeiten Lednice, Zámecký hotel C; Valtice, Hotel Hubertus B*; Břeclav Hotels Grand B und Slavia B; Autocamps: Břeclav, beim Schloß B, 1. 5.–30. 9.; Lednice, Apollo beim Teich Mlýnský rybník B, 1. 5.–15. 9.; Hustopeče B, 1. 5.–30. 9.
Wegemarkierungen Die ganze Trasse rot.
Tourenlänge 14,5 Kilometer – Lednice: 3 km; Autocamp Apollo: 3 km; U tří grácií: 2 km; Svatý Hubert: 3 km; Rendezvous: 3,5 km; Valtice.
Wanderkarte Pavlovské vrchy 1:100 000.
Anmerkung Wanderung zu architektonischen und naturwissenschaftlichen Denkwürdigkeiten Südmährens. Für ältere Teilnehmer: zum höchsten Umgang des Minarets in Lednice führen 300 Stufen!

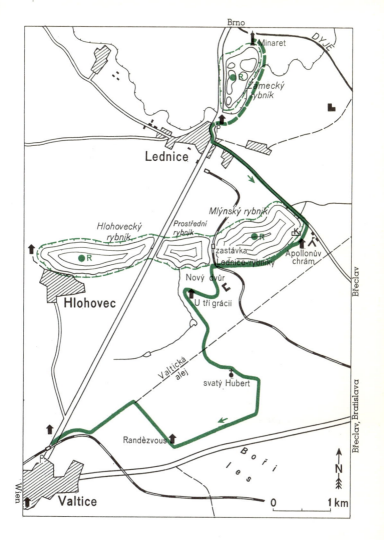

Wissenswertes Lednice, ein kleines Städtchen mit einem, in den Jahren 1847 und 1858 im neugotischen Stil umgebauten, aber ursprünglich barocken Schloß vom Ende des 17. Jahrhunderts. Im Schloß ein Museum des Jagdwesens, wertvolle Inneneinrichtung (Schnitzereien, Wendeltreppe u. a.). Beim Schloß ein Glashaus mit tropischer Vegetation (1843–1845). Englischer Schloßpark mit Teich und Aussichtsminaret, französischer Garten. Fünf Teiche in der Umgebung von Lednice sind zu einem Naturschutzgebiet zusammengefaßt (Wasservögel, Blumen). Zwischen Lednice und Valtice liegt der Bořf les, ein wichtiger gepflegter Waldkomplex. – Valtice, Stadt und Zentrum einer Weinbaugegend. Großes Barockschloß mit Kirche. Im ehemaligen Kloster war einst ein berühmtes Krankenhaus. In der parkartigen Landschaft zwischen Valtice und Lednice eine Reihe von Empirepavillons.

Tourenbeschreibung Vom Haupteingang in den Schloßpark führt eine Straße südöstlich in Richtung Břeclav. Links am Teich *Mlýnský rybník* vorbei (an der linken Straßenseite liegt auch das Autocamp Apollo), dann rechts abzweigen und nunmehr in südwestlicher Richtung am Teich entlang, wo ein Schwimmbad und gleich daneben das romantische klassizistische Schlößchen *Apollonův chrám* liegen. Wenn man die Eisenbahnlinie überquert hat, wendet man sich gegen Süden zum ausgedehnten Wirtschaftsgebäude im Empirestil *Nový dvůr*. Von da rechts zum klassizistischen gedeckten Säulengang *U tří grácií*. Dann Waldweg gegen Süden oberhalb eines Baches bis zur breiten Allee Valtická alej. Die Allee überqueren und weiter gegen Südosten an einem Forsthaus und der *St.-Hubertus-Kapelle* vorbei. Hier verläßt uns die gelbe Markierung. Der Weg biegt allmählich gegen Westen ein, bis man einen kleinen Teich erreicht, bei ihm rechts an einem weiteren Pavillon vorbei *(Rendezvous)* zum Waldrand und aufs neue zur Allee (Valtická alej), in der wir diesmal gegen Südwesten weiterwandern. Kurz darauf überquert man eine Bahnlinie und gelangt zum Bahnhof *Valtice*. (Varianten: Als Trasse eines ähnlichen, vom naturwissenschaftlichen Standpunkt besonders interessanten Ausflugs kann man auch den 6 Kilometer langen, durch das Naturschutzgebiet führenden Aussichtsweg um Lednice wählen. Die Trasse ist mit Hinweisschildern im Terrain gekennzeichnet. – Eine noch kürzere Variante ist eine Besichtigung der wertvollen Baumbestände im Park des Schlosses von Lednice, wo außerdem der ebenfalls geschützte Teich Zámecký rybník liegt, verbunden mit einer Besteigung des bereits erwähnten Minaretts.)

47 Bítov – Peksův mlýn

Verkehrsmöglichkeiten Bus nach Bítov.
Parkmöglichkeiten Bítov, Nordrand der Bucht u. a.
Unterkunftsmöglichkeiten Bítov, Hotel Jednota C; Vranov nad Dyjí, Hotel Dyje C, Hotel Zámecký hotel C; Autocamps: Bítov, Horka B, 1. 5.–30. 9.; Vranov nad Dyjí, Strand, 1. 5.–30. 9.

Wegemarkierungen Bítov – Burg Bítov rot (lokale Markierung); Burg Bítov – Peksův mlýn blau.
Tourenlänge 9 Kilometer – Bítov: 2 km (−80 m, +80 m); Burg Bítov: 2,5 km (−80 m); Peksův mlýn (Mühle): 2,5 km +80 m); Burg Bítov: 2 km (+80 m, −80 m); Bítov.
Höhenunterschiede +240 Meter, −240 Meter.
Wanderkarte Třebíčsko a Znojemsko 1:100 000.
Anmerkung Das Gebiet des Stausees von Vranov bietet gute Angelmöglichkeiten. Dies gilt insbesondere für Bítov und Umgebung (Karpfen, Hechte, Welse). Die Gegend ist insbesondere bei

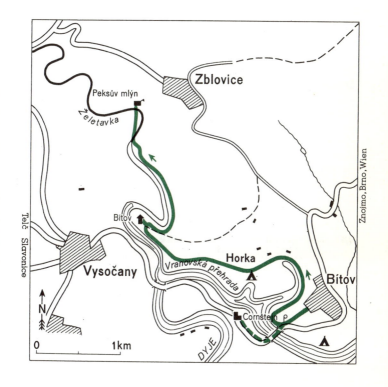

stabilem warmem Wetter empfehlenswert, da hier optimale Bademöglichkeiten geboten werden.
Wissenswertes Bítov, neugotische (ursprünglich romanische) Burg mit, unter anderem, einer großen Waffensammlung. – Staubecken von Vranov mit vielen Gelegenheiten zur Erholung. – Cornštejn, Ruine einer gotischen Burg.

Tourenbeschreibung Aus der Ortschaft *Bítov* auf Rot (lokale Markierung) gegen Südwesten bis auf das Niveau des Staudamms von Vranov (Vranovská přehrada). Vor einer Lebensmittelverkaufsstelle biegt unser Weg scharf gegen Norden ab und verläuft am Ufer der Bucht von Bítov (Bítovská zátoka) an Zeltplätzen, einem Parkplatz, einer Gaststätte und weiteren Objekten vorbei. Dann wieder gegen Westen und Südwesten, am Autocamp Horka vorbei, später nordöstlich entlang der Anlegestelle zur Burg *Bítov*. Vom Burgeingang auf Blau nach rechts, zuerst den Hang entlang, dann auf einem Pfad steil abwärts zum Flüßchen Želetavka. Im Tal Waldweg flußaufwärts. Links sind größere Wiesen, der Fluß macht eine größere Biegung. Schräg links quer über die Wiesen bis zu einer Stelle, wo von rechts ein Bach einmündet. Dort überquert man den Fluß, an seinem anderen Ufer wiederum flußaufwärts. Von links mündet eine gelbe Markierung, dann überquert man den Fluß nochmals und erreicht an seinem linken Ufer *Peksův mlýn*. Auf demselben Weg zurück zur Burg Bítov, von dort mit Schiff zur Haltestelle Bítov und zurück in die Stadt. (Variante: Von der Anlegestelle beim Städtchen Bítov gegen Süden auf die Brücke des Stausees und auf der anderen Seite etwa 1 Kilometer gegen Nordwesten auf einer zur Ruine der gotischen Burg Cornštejn führenden Straße. Von der Burg schöner Ausblick auf die ganze Bucht von Bítov. In der Umgebung der Burg interessante wärmeliebende Flora. Auf demselben Weg zurück nach Bítov. Zusätzlich etwa 4 Kilometer.)

48 Karolinka – Soláň – Velké Karlovice

Verkehrsmöglichkeiten Bahn und Bus Karolinka und Velké Karlovice.
Parkmöglichkeiten Karolinka oder Velké Karlovice.
Unterkunftsmöglichkeiten Velké Karlovice, Hotels Razula B, Kratochvíl C, Na výsluní C, Potocký C; Vsetín, Hotel Vsacan B; Rožnov pod Radhoštěm, Hotels Koruna C, Rožnov C; Autocamps: Prostřední Bečva, Kněhyně B, 1. 6.–30. 9.; Rožnov pod Radhoštěm, zwei Camps A, 10. 5.–15. 9.; Velké Karlovice B, 15. 5.–30. 9.
Wegemarkierungen Karolinka – Weggabelung beim Čarták gelb; Weggabelung beim Čarták – Pálenice rot; Pálenice – Velké Karlovice blau.
Tourenlänge 15,5 Km – Karolinka, Bahnhof: 5 km (+ 400 m); Weggabelung beim Čarták: 5,5 km; Pálenice: 5 km (–400m); Velké Karlovice.

Höhenunterschiede +400 Meter, −400 Meter.
Wanderkarte Beskydy (Beskiden) 1:100 000.
Anmerkung Wanderung besonders anziehend für Liebhaber von Volksarchitektur und weiter Ausblicke.
Wissenswertes Radkov, Gruppe von 21 Objekten schöner Volksbaukunst aus dem 19. Jahrhundert, eine für die mährische Region Valašsko typische Familiensiedlung. – Čarták, höchster Punkt der Straße Rožnov pod Radhoštěm – Velké Karlovice. Čarták ist ein türkisches Wort und bedeutet Gaststätte. Einst ein wichtiger Wachort. – Velké Karlovice, Ortschaft und Erholungszentrum, Holzkirche aus dem Jahr 1754 und viele erhaltene Volksbauten vom Ende des 18. und vom Beginn des 19. Jahrhunderts, unter anderen auch die Vogtei.
Tourenbeschreibung Vom Bahnhof *Karolinka* etwa fünf Minuten auf der Straße westwärts, dann rechts über eine Brücke und wiederum rechts zur Mündung des Baches Radkovský potok. Von dort führt der Weg nach links durch das Tal *Radkov* und hinauf auf dem Kamm des Bergzugs Vsetínské vrchy. Dort auf Rot rechts in

nordöstlicher Richtung zum *Čarták*. Hinter dem Sattel überquert man eine Straße und steigt mäßig. Die gelbe Markierung rechts führt zur Berghütte Soláň, unser Weg führt jedoch hinauf auf den kahlen Kamm und auf dem Kammweg an vereinzelten Berghütten vorbei zuerst gegen Osten, dann fast nördlich und schließlich in südöstlicher Richtung auf den Berg *Pálenice*. Unterwegs stoßen wir zuerst auf eine Kreuzung mit Grün und Gelb, später mit Blau. Dieser ganze Abschnitt der Wanderung (etwa 6 km) bietet eine Reihe von schönen Ausblicken. Abstieg nach *Velké Karlovice* auf Blau. (Variante: An der Kreuzung mit Blau weiter auf Rot bis Benešky, etwa 2 km, mit schönen Aussichtspunkten auf dem Kamm, dann zurück. Verlängerung um etwa 4 km.) Nach etwa 5 Minuten zweigt der Weg links ab hinunter in das *Miloňov* genannte Tal, dort an Bauernhäuser und einer Schule vorbei bachabwärts. Von links mündet eine gelbe Markierung ein. Unser Weg erreicht die Straße am Ostrand der Ortschaft. Bahnhof und Busstation sind rechts flußabwärts (der Fluß heißt Vsetínská Bečva).

49 Baraní – Bumbalka

Verkehrsmöglichkeiten Bahn Ostravice, Bus Bílá-Baraní und Bílá-Bumbalka.
Parkmöglichkeiten Bílá-Baraní, im Areal der Hüttensiedlung bei der Gaststätte oder links hinter dem Grenzstein zur Slowakei.
Unterkunftsmöglichkeiten Bílá-Baraní, Gaststätte Tomek, Hütten; Bílá-Bumbalka, Touristenbaude; Bílá-Třeštík, Hütten; Bílá-Beskyd, Touristenbaude; Staré Hamry, Hotel Ostravačka C; Autocamps: Frýdlant nad Ostravicí A, 15. 5.–30. 9.; Rožnov pod Radhoštěm A, 10. 5.–15. 9., zwei Camps; freie Campingplätze südwestlich der Ortschaft Bílá am Ufer des Flüßchens Bílá.
Wegemarkierungen Die ganze Trasse rot.
Tourenlänge 13 Kilometer – Baraní, Gasthaus, Bushaltestelle: 4 km (+120 m); Bobek: 3 km (–110 m); Hluchanka: 1 km (+120 m); Janošec: 3 km; Beskyd: 2 km; Bumbalka, Touristenbaude, Bushaltestelle.
Höhenunterschiede +240 Meter, –110 Meter.
Wanderkarte Beskydy 1:100 000.
Anmerkung Die Wanderungen 49 und 50 auf dem Gebirgskamm der Beskydy gehören zu den schönsten in diesem Bergland. Kombinationen mit Hilfe der Buslinien Bílá – Turzovka, Bečva – Makov und weiterer möglich.

Wissenswertes Salajka, Urwaldnaturschutzgebiet, siehe Varianten am Ende der Tourenbeschreibung.

Tourenbeschreibung Die ersten drei Viertel der Wanderung führen in südwestlicher Richtung. Die ganze Trasse hat abwechselnd mäßige Steigungen und abfallende Partien. – Von der Ortschaft *Baraní* führt der Weg steil aufwärts zwischen Häusern, später links an einem Erholungsheim vorbei, dann Aufstieg auf einem Waldweg bis auf den Kamm (links der Gipfel des Bergs Konečná, 867 m, schöne Aussicht). Ständig an den Grenzsteinen der mährisch-slowakischen Grenze entlang, an einzelnen Häusern (heute meist Erholungsheimen) vorbei, über Lichtungen und durch kleine Wälder.

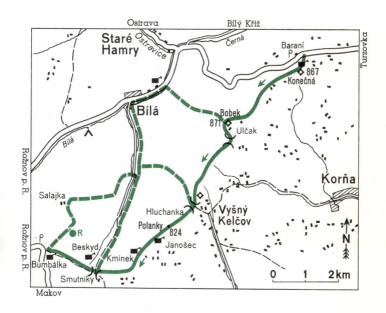

Nach einem langgezogenen mäßigen Abstieg und einem kurzen steileren Aufstieg erreicht man den Gipfel des Bergs *Bobek* (871 m) mit einer schönen Aussicht. Von dort führt eine blaue Markierung in Richtung Bílá. Wir folgen jedoch weiter schräg links der roten Markierung bis zu den Gebäuden der kleinen Ortschaft *Ulčák*, dann in einen Bergsattel und dort kurz aufwärts zu einem Grenzstein. Von dort rechts auf Waldweg über eine Bergwiese und Lichtungen zu einem weiteren Aussichtspunkt (Ausblick vor allem gegen Osten, in die Slowakei), dann abwärts zum Sattel *Kelčovské sedlo*. Dort zweigt wiederum eine blaue Markierung nach Bílá ab, wir folgen jedoch der roten zum Wald und umgehen auf einem Waldweg den Gipfel des Bergs *Polanky*. Kurz darauf an der Touristenbaude *Janošec* vorbei und über Lichtungen in die kleine Ortschaft Dibalka mit weiteren schönen Ausblicken, dann hinauf auf den Kamm und wieder abwärts in einen Sattel mit der Berghütte *Kmínek*. Von dort schräg über einen bewiesten Hang auf den Grenzkamm und auf ihm mäßig und kurz abwärts nach rechts in einen weiteren Sattel mit der Ortschaft *Smutníky* (Kreuzung mit Grün und Blau). Dann knickt unser Weg gegen Westen, später gegen Nordwesten ab, steil aufwärts zur Touristenbaude *Beskyd*. Von da auf einem mit Pkw befahrbaren Weg zur Touristenbaude *Bumbalka*. (Varianten: Abkürzung der Wanderung möglich, entweder auf Blau vom Bobek nach Bílá, oder von Hluchanka auf Blau und später Grün ebenfalls nach Bílá. Verlängerungsmöglichkeiten entweder um 8 Kilometer auf Grün auf der Trasse Beskyd – Bílá, unterwegs im Tal nach etwa 2,5 Kilometern das sogenannte Maxsche Wasserreservoir, das der Holzflößerei diente, nach weiteren zwei Kilometern rechts über Bach Schwefelwasserstoffquellen, oder um 10 Kilometer aus Bumbalka auf Rot, Blau und Grün nach Bílá, 2 Kilometer unter dem Grenzkamm ein Urwald, das Naturschutzgebiet Salajka.)

50 Baraní – Bílý Kříž – Grúň – Staré Hamry

Verkehrsmöglichkeiten Bahn Ostravice; Bus Staré Hamry, Wasserscheide der Bäche Bílá und Černá; Bus Bílá-Baraní.
Parkmöglichkeiten Staré Hamry, Wasserscheide der Bäche Bílá und Černá (frei am Waldrand); Baraní, im Areal der Hüttensiedlung bei der Gaststätte Tomek oder links hinter dem Grenzstein zur Slowakei.
Unterkunftsmöglichkeiten Bílá – Baraní, Gaststätte Tomek, Hütten; Staré Hamry, Hotel Ostravačka C; Ostravice, Hotels Ostravice C und Na Mýtě C; Autocamps: Frýdlant nad Ostravicí A, 15. 5.–30. 9.; Rožnov pod Radhoštěm A, 10. 5.–15. 9. (zwei Camps); freie Campingplätze südwestlich der Ortschaft Bílá am Ufer des Flüßchens Bílá.
Wegemarkierungen Baraní – Bílý Kříž rot; Bílý kříž – Grúň, Weggabelung unterhalb Janikula gelb; Grúň, Weggabelung – Staré Hamry, Wasserscheide blau.
Tourenlänge 17,5 Kilometer – Baraní, Gaststätte, Bushaltestelle: 5,5 km (+ 120 m, –120 m, + 120 m); Bílý Kříž, Súlov: 1 km; Bílý Kříž, Markierungskreuz: 8 km (–150 m); Grúň, Weggabe-

lung unter Janikula: 3 km (−280 m); Staré Hamry, Wasserscheide der Bäche Bílá und Černá.
Höhenunterschiede +240 Meter, −550 Meter.
Wanderkarte Beskydy 1:100 000.
Anmerkung Die Wanderungen 49 und 50 auf dem Gebirgskamm der Beskydy gehören zu den schönsten in diesem Bergland. Kombinationen mit Hilfe der Buslinien Bílá – Turzovka, Bečva – Makov und weiterer möglich. Kleines Schwimmbad am Bílý Kříž.
Wissenswertes Bílá, Ortschaft und Gebirgserholungszentrum im Gebirge Beskydy, Holzkirchlein im schwedischen Stil. – Bílý Kříž, Zentrum von Gewerkschaftserholungsheimen, wichtige Kreuzung

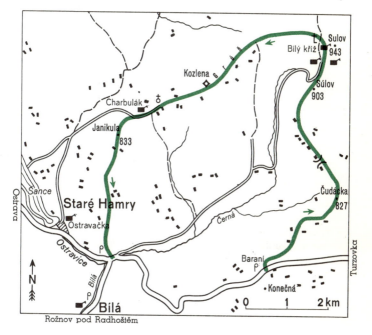

von Touristentrassen. – Grúň (im lokalen Dialekt allgemeine Bezeichnung für einen Bergkamm mit Viehweiden), ein für das Gebirge Beskydy typischer Bergkamm, Durchschnittshöhe etwa 850 Meter, Aussichtspunkte. Die alte ehemalige Gaststätte auf dem Grúň wurde im Jahr 1908 zur ersten Bergbaude dieses Gebirges umgebaut (Švarná Hanka) und dient heute als Betriebserholungsheim.
Tourenbeschreibung Von der Bushaltestelle bei der Gaststätte Tomek etwa 100 Meter auf der Straße ostwärts. Bei der Grenztafel

zwischen der ČSR und der SSR links zwischen Häusern gegen Nordosten. Unser Weg führt etwa 6 Kilometer lang an der mährisch-slokwakischen Grenze in etwa nordöstlicher bis nördlicher Richtung. Er ist gut markiert und bietet schöne Ausblicke auf die für die Beskydy typische Landschaft. Kurze Waldpartien wechseln mit Wiesen und einzelnen Häuschen der Bergbewohner ab (manche sind heute Erholungsobjekte). Die ersten drei Kilometer gegen Nordosten; dort, wo es größere Höhenunterschiede gibt, führt uns unsere Markierung ausgleichend an den Hängen der Berge und dann wieder zurück zu den Grenzsteinen, die uns fast die ganze Trasse lang begleiten. Nach den erwähnten drei Kilometern erreicht man den Berg *Čudácka* (827 m). Dann bei mäßig abfallender Tendenz durch offene Landschaft gegen Nordwesten, vor dem Berg Súlov aufwärts zur Kote 903 und schließlich auf dem *Bílý Kříž* zum Fuß der Kote 943 Meter. Hier liegt das Sommer- und Wintererholungszentrum Bílý Kříž mit einigen Hotels (Erfrischungen nur im Hotel Kysuca). Unsere Markierung verläßt nun den Grenzweg und verbindet sich u.a. mit Gelb. Bald darauf biegt man im rechten Winkel nach links, gegen Westen, ab, später wendet sich der Weg nach und nach gegen Südwesten. Nach etwa einem Kilometer verläßt man den Wald und gelangt auf sonnenbeschienene Hänge und einen nicht bewaldeten, mäßig gewellten Bergrücken. Der Weg ist hier schon breiter und (zwar schlecht) für Pkw befahrbar. Vom Berg *Kozlena* ist ein herrlicher Ausblick gegen Norden und Süden. Und dann weiter, an Betriebserholungsbauden vorbei (eine von ihnen, die sogenannte Švarná Hanka) zu einer Schule, einem Holzkirchlein und zur Gaststätte und Unterkunft *Charbulák*. Von da mäßig abwärts durch Wald. Nach etwa zwei Kilometern kommt man, unter dem Gipfel des Berges *Janikula*, zur Kreuzung mit Blau. Die gelbe Markierung biegt nach rechts, ins Zentrum der Ortschaft Staré Hamry, ab, wir folgen jedoch jetzt der blauen Markierung, die steil abwärts auf Südwesthängen über Wiesen und durch Wald bis zur Straßengabelung beim Zusammenfluß der Bäche Bílá und Černá führt.

51 Pustevny – Radhošť

Verkehrsmöglichkeiten Bus nach Pustevny (Zufahrt durch das Bečva-Tal aus Rožnov pod Radhoštěm); Bahn und Bus nach Frenštát pod Radhoštěm, weiter mit Bus zum Hotel Ráztoka und von dort mit Sessellift.
Parkmöglichkeiten Pustevny, vor den Hotels; Trojanovice, beim Hotel Ráztoka.
Unterkunftsmöglichkeiten Pustevny, Hotel Tanečnice B; Frenštát pod Radhoštěm, Hotel Vlčina B*; Rožnov pod Radhoštěm, Hotels Koruna C, Rožnov C; Autocamps: Frýdlant nad Ostravicí A, 15. 5.–30. 9.; Rožnov pod Radhoštěm A, 10. 5.–15. 9. (zwei Camps); freie Campingplätze südwestlich der Ortschaft Bílá am Ufer des Flüßchens Bílá.
Wegemarkierungen Die ganze Trasse rot.
Tourenlänge 8 Kilometer – Pustevny: 4 km (+ 150 m); Radhošť, Kapelle und zurück.
Höhenunterschiede + 150 Meter, – 150 Meter.
Wanderkarte Beskydy 1:100 000.
Anmerkung Wanderung auf dem für das Gebirge Beskydy typischen Kamm; beliebte Trasse.

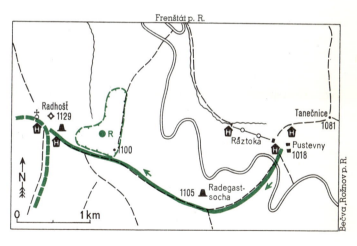

Wissenswertes Pustevny (im Tschechischen abgeleitet vom Wort »poustevník«, d.h. Einsiedler, eben nach den Einsiedlern, die dort noch im vorigen Jahrhundert siedelten), Zentrum des Gebirgstourismus, dessen malerische Gebirgsbauden eng mit der Geschichte der Pohorská jednota Radhošť verbunden sind, einer Organisation, die vom Ende des vorigen Jahrhunderts an zu den eifrigsten Propagatoren des tschechischen Tourismus gehörte. – Radhošť (1129 m), ein von vielen Sagen umsponnener Berg, der im 19. Jahrhundert, in der Zeit des Wiederentstehens des nationalen Selbstbewußtseins, eine wichtige Rolle spielte. – Radegast, slawischer Gott der Ernte und der Fruchtbarkeit. – Cyril und Metoděj, zwei Mönche aus Saloniki, die im 9. Jahrhundert als Missionäre in das Großmährische Reich entsandt wurden. Sie führten dort die slawische Schrift und die slawische Liturgie ein.

Tourenbeschreibung Von der Gruppe der Gebirgsbauden in *Pustevny* (1018 m) auf dem breiten Kammweg auf Rot gegen Südwesten. Nach einem kurzen steilen Aufstieg kommt man zur Statue des heidnischen Gottes *Radegast*, der heute zu einem Symbol dieser Gebirgsgegend geworden ist. Nun gegen Nordwesten auf einem abwechselnd leicht ansteigenden oder abfallenden Weg ohne nennenswerte Höhenunterschiede. Der mit nur lichten Wäldern bedeckte oder stellenweise kahle Gebirgskamm bietet schöne Ausblicke. Einer der schönsten Aussichtspunkte der Beskydy erwartet uns jedoch auf dem Gipfel des *Radhošť*. Der Weg von Pustevny zum Radhošť war einst von zahlreichen Schafherden belebt. Von der Kapelle auf dem Radhošť auf demselben Weg zurück nach Pustevny. (Variante: Abstieg zum Autocamp in Rožnov auf einem Waldweg, rote Markierung, über Černá hora. Dritte Variante: vom Radhošť auf Gelb über Horní Rozpití nach Dolní Bečva und von dort zu Fuß oder mit Bus nach Rožnov.)

52   Ostravice – Smrk – Čeladná

Verkehrsmöglichkeiten Bahn und Bus Ostravice und Čeladná; Bus zur Gaststätte Kněhyně.
Parkmöglichkeiten Ostravice, vor dem gleichnamigen Hotel oder beim Hotel Na Mýtě; Čeladná, bei der Gaststätte Kněhyně.
Unterkunftsmöglichkeiten Ostravice, Hotels Ostravice C, Sokolská chata C; Staré Hamry, Hotel Ostravačka C; Čeladná, Gaststätte Kněhyně C; Frýdlant nad Ostravicí, Hotel Beskyd C, Solárka C (4 km); Autocamps: Frýdlant nad Ostravicí A, 15. 5.–30. 9.; Frenštát pod Radhoštěm B, 1. 5.–30. 9.
Wegemarkierungen Die ganze Trasse rot.
Tourenlänge 18 Kilometer   –   Ostravice, Bahnhof: 8 km (+ 700 m); Smrk, Sattel: 4,5 km (+ 120 km, –340 m); Polana, Weggabelung: 5 km (–340 m); Horní Čeladná, Kapelle: 0,5 km (–40 m); Horní Čeladná, Gaststätte Kněhyně.

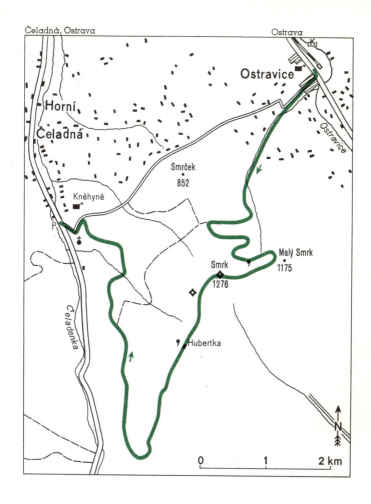

Höhenunterschiede + 820 Meter, −720 Meter.
Wanderkarte Beskydy 1:100 000.
Anmerkung Typisches, sehr stilles Berggelände. Bademöglichkeiten: in Ostravice, Stromschnellen gegenüber dem Hotel Smrk; in Čeladná im Flüßchen Čeladenka zwischen Kapelle und Gaststätte Kněhyně oder im Schwimmbad gegenüber der Kirche. – Im voraus Busverbindungsmöglichkeiten zwischen der Gaststätte Kněhyně und dem Bahnhof in Čeladná, respektive dem Bahnhof in Frýdlant nad Ostravicí feststellen!
Wissenswertes Ostravice, Ortschaft und Sommerfrische, Säge-

werk. Ausgangspunkt für Ausflüge auf die Berge Lysá hora, Smrk u.a. Häuschen des Dichter Petr Bezruč (1867–1958). – Smrk (1276 m), Berg im Nordteil des Gebirges Beskydy, früher erzbischöfliches geschütztes Gehege, still und einsam, ohne Touristenbaude, reich an Wild (auch Luchse); Nord- und Osthänge sehr steil, Südhang mäßig zur Ortschaft Podolanky (Camping) abfallend. – Čeladná, Ortschaft der Partisanen im Zweiten Weltkrieg, schwere Kämpfe in der Umgebung, insbesondere auf dem unweiten Berg Kněhyně (1257 m).

Tourenbeschreibung Vom Bahnhof *Ostravice* (Bahnstation und Busbahnhof sind dicht nebeneinander) etwa 100 Meter auf der Straße in südöstlicher Richtung. Dann auf Rot nach rechts mäßiger Aufstieg auf einer Gebirgsstraße (asphaltiert), die Ostravice und Horní Čeladná (6 km) verbindet. Nach 500 Metern über eine Brücke und nach weiteren 500 Metern wendet sich die Straße im Bogen nach rechts. Die rote Markierung führt uns bachaufwärts und dann auf langen Serpentinen am Nordosthang des Smrk mit bereits etwas steilerer, aber regelmäßiger Steigung. Hochwald wechselt mit abgeholzten Stellen ab. Nach 5 Kilometern stoßen wir auf eine Quelle (rechts vom Weg). Von hier bis in den Sattel zwischen den Bergen *Smrk* und *Malý Smrk* (1175 m) sind es nur mehr 300 Meter. Aus dem Sattel steigt der Weg mäßig auf einem bewaldeten Bergrücken etwa einen Kilometer westwärts, bis man den langgezogenen, mit Zirbelkiefern bewachsenen Kamm des stillen, verlassenen Bergs Smrk erreicht. Von vielen Stellen dieses Kamms schöne Ausblicke. Unser Weg biegt nach und nach gegen Südwesten ab, und bevor die etwas steiler absteigende Partie beginnt und wir wieder die Hochwaldzone erreichen, genießen wir noch die Aussicht beim letzten Aussichtspunkt, einem einsamen Felsen etwa 100 Meter rechts vom Weg (Blick auf die tiefen Wälder des Bergs Kněhyně). Dann weiter in fast südlicher Richtung, nach etwa einer halben Stunde Abstiegs erreicht man eine unbewohnte Jagdhütte *(Hubertka)* und bei ihr eine Quelle mit Trinkwasser. Die Wegrichtung und der Charakter der Landschaft bleibt weitere zwei Kilometer unverändert, die bewaldeten Südosthänge des Bergmassivs kann man nur hier und da von abgeholzten Lichtungen erblicken. Dann Kreuzung mit Blau, dort breiter bequemer Weg gegen Norden auch weiterhin durch Wald einen steilen Hang entlang. Im letzten Wegabschnitt einige Biegungen und steiler hinab zur blauen Markierung, die uns gemeinsam mit Rot auf einer Straße (siehe Beginn der Trasse) ins Tal des Flüßchens *Čeladenka* und an ihm entlang nach weiteren etwa 500 Metern zur Gaststätte *Kněhyně* führt. Dort Bushaltestelle entweder zum Bahnhof in Čeladná oder nach Frýdlant nad Ostravicí.

53 Štramberk – Šipka

Verkehrsmöglichkeiten Bahn und Bus Štramberk.
Parkmöglichkeiten Štramberk, Marktplatz oder beim Eingang in den Nationalpark Šipka.
Unterkunftsmöglichkeiten Štramberk, Hotel Šipka C; Nový Jičín, Hotel Praha B; Frenštát pod Radhoštěm, Hotel Vlčina B*; Autocamps: Frenštát pod Radhoštěm B, 1. 5.–30. 9.; Frýdlant nad Ostravicí A, 15. 5.–30. 9.; Rožnov pod Radhoštěm A, 10. 5.–15. 9. (zwei Camps).
Wegemarkierungen Die ganze Trasse rot.

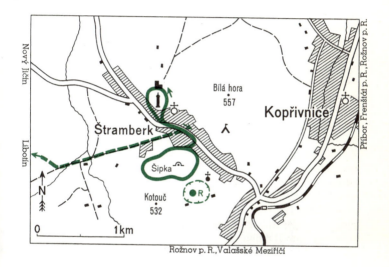

Tourenlänge 3,5 Kilometer – Štramberk, Marktplatz: 0,5 km (+ 60 m); Štramberk, »trúba«: 1 km (– 80 m); Eingang in den Nationalpark: 1 km (+ 60 m) Rundwanderung durch den Park: 1 km (– 40 m); zurück zum Marktplatz.
Höhenunterschiede + 120 Meter, – 120 Meter.
Wanderkarte Beskydy 1 : 100 000.
Anmerkung Wanderung insbesondere für Liebhaber von Volksarchitektur, aber auch Interessenten für prähistorische Siedlungen des Menschen. – Etwa 2 Kilometer westlich der Stadt liegt Libotín mit Gaststätte und Freibad.
Wissenswertes Štramberk, Stadt unter Denkmalschutz wegen ihrer wertvollen Volksarchitektur und der ursprünglichen, bis heute erhaltenen Anlage. – Kotouč, Kalksteinberg südlich der Stadt, be-

reits in der jüngeren Steinzeit besiedelt; in der Grotte Šipka an den Hängen des Bergs wurden Kieferknochen des Neandertalers gefunden.

Tourenbeschreibung Unsere Halbtagswanderung beginnt auf dem Marktplatz in *Štramberk*. Auf Treppen zu den Resten einer gotischen Burg und dann hinauf auf den Umgang des Turms *Štramberská trúba*, von wo ein schöner Ausblick auf die ganze Stadt und ihre weite Umgebung, sowie auch auf die Moravská brána (Porta Moravica – Mährische Pforte) ist. Ein zweiter Ausgang bringt uns an einer Gruppe gut erhaltener Häuschen (lachische Volksarchitektur) vorbei zurück zum Marktplatz. Von hier hinunter in das Gäßchen *K baště*, wo weitere dieser typischen Häuschen zu finden sind. Der kleinste Typ, bestehend aus einer Stube, Flur und einer Kammer, wird von den Häuschen Nr. 298, 297, 264, 295 und 292 repräsentiert. Ein zweiter, bereits etwas größerer Typ dieser Dorfbauten hat eine größere Kammer und außerdem auch einen Stall. Solche Häuschen findet man z.B. gleich am Anfang der zum Bahnhof führenden Hauptstraße (Nr. 337, 196, 96 u.a.). Nach etwa einem Kilometer auf dieser Straße biegt man rechts zum Eingang in den Nationalpark ein, der an den felsigen Hängen des Kalksteinbergs *Kotouč* gelegen ist. Durch den Park führen Wege in einer Gesamtlänge von etwa 2 Kilometern, die uns z.B. auch zur bekannten Grotte *Šipka* (etwa 300 Meter vom Eingang) bringen, wo ein Kiefer des Neandertalers, Knochen von pleistozänen Tieren (Renen), steinerne Werkzeuge, und vor dem Eingang in die Höhle eine Feuerstätte gefunden wurden. Im Park sind zwei Aussichtspunkte, eine lachische Weihnachtskrippe usw. Vom Park dann zurück zum Marktplatz in Štramberk oder weiter in südöstlicher Richtung zum Bahnhof.

54 Mionší (Urwald)

Verkehrsmöglichkeiten Bahn Jablunkov; Bus Dolní Lomná.
Parkmöglichkeiten Dolní Lomná.
Unterkunftsmöglichkeiten Třinec, Hotels Slovan B, Beseda C, Kozinec C; Jablunkov, Hotel Jablunkov C; Mosty u Jablunkova, Hotel Beskyd C; Autocamps: Komorní Lhotka B, ganzjährig; Frýdlant nad Ostravici A, 15. 5.–30. 9.
Wegemarkierungen Dolní Lomná – Mionší gelb; im Urwald die grüne Markierung des Naturlehrpfads.
Tourenlänge 8 Kilometer – Dolní Lomná: 2,5 km (+ 250 m); Beginn des Urwalds Mionší: 3 km Rundwanderung (+ 150 m,

−150 m); Beginn des Urwalds Mionší: 2,5 km (−250 m); Dolní Lomná.
Höhenunterschiede +400 Meter, −400 Meter.
Wanderkarte Beskydy 1:100 000.
Anmerkung Ausflug in den Urwald Mionší im Gebirgszug Beskydy. Der Urwald ist derzeit nur mit Führer (Forsthaus dicht über dem Tal) vom 1. 6. bis 31. 8. in den Tagen Donnerstag bis Sonntag zugänglich. Photoapparat mitnehmen, die schönsten Aufnahmen in der Velká Polana genannten Gipfelpartie.

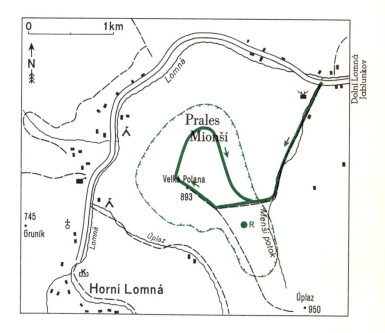

Wissenswertes Im 19. und zu Beginn des 20. Jahrhundert war das Betreten dieses Raums von seinem damaligen Besitzer (dem Erzherzog Friedrich von Habsburg) verboten, da er hier mit seinen Freunden auf die Jagd ging. Und das war der Anfang des heutigen Urwald-Naturschutzgebiets, das von gemischten Tannen- und Buchenwäldern bestanden ist, die ursprünglich den ganzen Gebirgszug Beskydy bedeckten. In Ausnahmsfällen werden hier Bäume bis 400 Jahre alt und erreichen eine Höhe von bis 60 Metern.
Tourenbeschreibung Ausgangspunkt der Wanderung im Tal des Flüßchens *Lomná* dort, wo von rechts der Bach *Menší potok* mündet. Oberhalb des Baches im Forsthaus Führer durch den Urwald.

Der Weg führt bachaufwärts, nach etwa einer halben Stunde erreicht man das Naturschutzgebiet (zwei rote Streifen). Die erste Hälfte unserer Wanderung im Naturschutzgebiet steigt in südwestlicher Richtung an und führt an einer Jagdhütte vorbei über zwei Lichtungen (örtlich »polana« genannt). Dieser Abschnitt zeigt den erhaltendsten Teil des Urwalds. Dann aufwärts auf eine große Gipfellichtung mit schöner Aussicht *(Velká Polana)*. Dort biegt unser Weg gegen Norden ab. Zu den bemerkenswertesten Exemplaren auf der Lichtung gehört ein Baumstumpf (der sogenannten Veleher-Tanne), 450 Jahre alt, und weitere lebende oder abgestorbene Tannen, die die Lichtung säumen. Weiter gegen Norden und dann östlich auf einem bewaldeten Rücken auf die Lichtung *Nižní Polana*. Von dort steil abwärts, dann wieder in südlicher Richtung zurück zur Jagdhütte und zum Forsthaus und zum Ausgangspunkt unserer Wanderung in Dolní Lomná.

55 Rejvíz (Torfmoor)

Verkehrsmöglichkeiten Bahn Zlaté Hory; Bus Rejvíz, Haltestelle U Noskovy chaty.
Parkmöglichkeiten Rejvíz, bei der Berghütte Noskova chata.
Unterkunftsmöglichkeiten Šumperk, Hotels Sport B, Grand B, Moravan B; Jeseník, Hotels Slovan B, Jeseník C, Slunný dvůr C, Staříč C, Praděd C; Karlova Studánka, Hotels Džbán C, Hubertus C, Kurzovní chata und Barborka pod Pradědem; Malá Morávka (Karlov), Hotel Praděd C; Autocamps: Lipová-Lázně A, ganzjährig; Vrbno pod Pradědem A, 15. 5.–15. 10.
Wegemarkierungen Rejvíz, Noskova chata – Velké mechové jezírko blau; Velké mechové jezírko – Bleskovec gelb; Bleskovec – Rejvíz rot.
Tourenlänge 5,5 Kilometer – Rejvíz, Noskova chata:1½ km; Velké mechové jezírko: 1 km; Pod Bleskovcem: 1 km (+ 100 m); Bleskovec: 2 km (–100 m); Rejvíz, Noskova chata.
Höhenunterschiede + 100 Meter, –100 Meter.
Wanderkarte Jeseníky (Gesenke) 1 : 100 000.
Anmerkung Halbtagswanderung in die Welt der Torfmoore.
Wissenswertes Rejvíz (757 m), Gebirgsdorf, in dessen Umgebung sich das größte, unter Naturschutz stehende Torfmoor Mährens befindet. – Velké mechové jezírko, Zentrum des Torfmoors und Ziel des Naturlehrpfads, der bei der Noskova chata beginnt. Sagenumsponnener kleiner See.

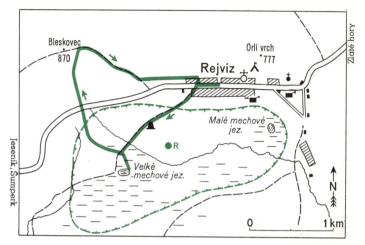

Tourenbeschreibung Von der *Noskova chata* westwärts zur Kreuzung von Markierungen. Dort links ab auf einen Waldweg, der dann nach rechts in einen mit Holz und Reisig ausgelegten Weg übergeht (Naturlehrpfad bis zum *Velké mechové jezírko* – dem Großen Moossee). Von einer Weggabelung auf Gelb nach links etwa 300 Meter direkt zum See. Von dort zurück zur Kreuzung und weiter in nordwestlicher Richtung auf einen Verbindungsweg, der (gelbe Markierung) durch Wald erst zur Straße Jeseník-Rejvíz führt und dann auf den *Bleskovec* hinaufsteigt, auf dessen Gipfel ein Quarzfelsen aufragt. Von dort mäßig abwärts in südöstlicher Richtung nach Rejvíz zur Hütte Noskova chata.

56 Lázně Jeseník – Medvědí – Jeskyně (Grotte) Na Pomezí

Verkehrsmöglichkeiten Bahn und Bus Lázně Jeseník und Lipová Lázně, jeskyně.
Parkmöglichkeiten Lázně Jeseník und Na Pomezí.
Unterkunftsmöglichkeiten Lipová Lázně, Hotel Lípa C; Šumperk, Hotels Sport B, Grand B, Moravan B; Jeseník, Hotels Slovan B, Jeseník C, Slunný dvůr C, Staříč C, Praděd C; Karlova Studánka, Hotels Džbán C, Hubertus C, Kurzovní chata und Barborka pod Pradědem; Malá Morávka (Karlov), Hotel Praděd C; Autocamps: Lipová-Lázně A, ganzjährig; Vrbno pod Pradědem A, 15. 5.–15. 10.

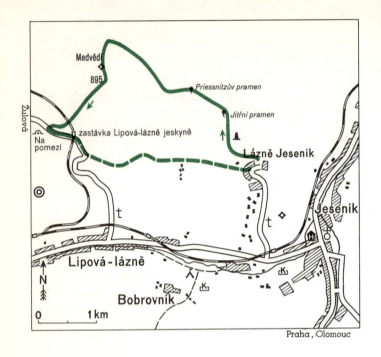

Wegemarkierungen Die ganze Trasse grün.
Tourenlänge 7 Kilometer – Lázně Jeseník: 1,5 km (+ 200 m); Jitřní pramen: 0,5 km (+ 50 m); Priessnitzův pramen: 2,5 km (+ 50 m); Medvědí: 2,5 km (–350 m); Grotte Na Pomezí.
Höhenunterschiede + 300 Meter, –300 Meter.
Wanderkarte Jeseníky (Gesenke) 1 : 100 000.
Anmerkung Anspruchsvoller Halbtagsausflug in die Umgebung des bekannten Kurorts.
Wissenswertes Lázně Jeseník (Gräfenberg), weltbekannter, von W. Priessnitz gegründeter Kurort, wo heute vor allem Nervenkrankheiten und psychische Erkrankungen behandelt werden. Dreißig Heilquellen, schöne Spaziergänge, Priessnitz-Mausoleum. – Die Stadt Jeseník (vormals Frývaldov) hat eine einzigartige bauliche Denkwürdigkeit, eine Wasserburg aus dem 13. Jahrhundert, ein anschauliches Beispiel eines mittelalterlichen Befestigungssystems. Später Umbau in ein Renaissanceschloß, heute Museum der Geologie, Mineralogie und des Kurwesens (auch Exponate über Hexenprozesse im 17. Jahrhundert). – Na Pomezí, Tropfsteingrotte, entdeckt erst im Jahre 1936.

Tourenbeschreibung Unsere grüne Markierung führt zuerst gemeinsam mit Rot aufwärts gegen Norden, oberhalb eines Wasserreservoirs am Enthuber-Denkmal vorbei zur Heilquelle *Jitřní pramen*. Hier biegt der Weg von Rot nach links ab an der Priessnitz-Quelle und weitere Heilquellen vorbei rechts hinauf auf einen Bergkamm. Dort scharf rechts gegen Süden. Nach 10 Minuten erreicht man den Gipfel des Bergs *Medvědí* (895 m), zu dem bei einem auffallenden Stein eine Abzweigung nach rechts führt. Von diesem Stein steil abwärts auf einem Waldweg oberhalb des Bahnhofs. Eine scharfe Biegung nach rechts, dann wiederum nach links, über die Eisenbahnlinie zur Straße und von dort zur Grotte. Zurück mit Bus oder Bahn.

(Variante: von der Grotte kann man auch zu Fuß auf Gelb auf einem Weg am Waldrand nach Lázně Jeseník zurückkehren, schöne Ausblicke, etwa 4 Kilometer, Höhenunterschied dieses Abschnitts etwa 150 Meter.)

57 Malá Morávka – Praděd – Karlova Studánka

Verkehrsmöglichkeiten Bus Malá Morávka, Karlov, und Karlova Studánka (oder direkt Praděd-Ovčárna); Bahn Malá Morávka.
Parkmöglichkeiten Malá Morávka und Karlova Studánka.
Unterkunftsmöglichkeiten Lipová Lázně, Hotel Lípa C; Šumperk, Hotels Sport B, Grand B, Moravan B; Jeseník, Hotels Slovan B, Jeseník C, Slunný dvůr C, Staříč C, Praděd C; Karlova Studánka, Hotels Džbán C, Hubertus C, Kurzovní chata und Barborka pod Pradědem; Malá Morávka (Karlov), Hotel Praděd C; Autocamps: Lipová-Lázně A, ganzjährig; Vrbno pod Pradědem A, 15. 5.–15. 10.
Wegemarkierungen Malá Morávka – Wegkreuzung unterhalb des Praděd (U Barborky) blau; von der Kreuzung zum Praděd und zurück rot; Kreuzung U Barborky – Ovčárna grün; Ovčárna – Karlova Studánka gelb.
Tourenlänge 22,5 Kilometer – Malá Morávka: 4 km (+ 100 m); Karlov: 5 km (+ 350 m); Velká Kotlina: 2,5 km (+ 300 m); Petrovy kameny: 1 km (– 130 m); Wegkreuzung U Barborky: 1,5 km (+ 180 m); Praděd: 1,5 km (– 180 m); Wegkreuzung U Barborky: 1 km; Ovčárna: 6 km (– 540 m); Karlova Studánka, Džbán.
Höhenunterschiede + 930 Meter, – 850 meter.
Wanderkarte Jeseníky (Gesenke) 1 : 100 000.

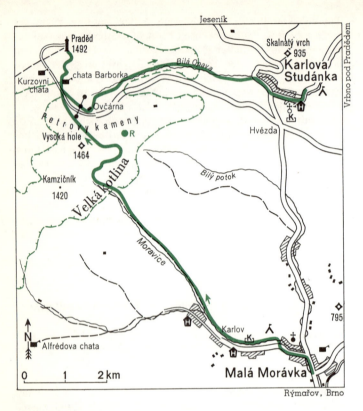

Rýmařov, Brno

Anmerkung Anspruchsvolle Wanderung ins Innere des Jeseníky-Gebirges mit zwei bedeutsamen Naturschutzgebieten. – Auf den Praděd (Ovčárna, Kote 1320 Meter) dürfen Pkw nur in vorgeschriebenen Intervallen hinauffahren, dürfen dort jedoch nicht parken! – Abstieg vom Hauptkamm ziemlich anstrengend.

Wissenswertes Malá Morávka (Ortschaft, zu der auch die Siedlung Karlov gehört), besuchtestes Erholungszentrum (auch im Winter) des Jeseníky-Gebirges. – Velká Kotlina (Velký Kotel), gegliederter Talabschluß des Flusses Moravice an den Süd- und Südosthängen des Bergs Vysoká hole (1464 m), Naturschutzgebiet mit Quellgebietsflora. – Petrovy kameny (1448 m), Naturschutzgebiet zwei Kilometer südlich vom Praděd, Gipfelfelsblock mit reicher Flora, Flechten u.a. Alten Sagen zufolge Schauplatz mittelalterlicher Hexenumtriebe. – Praděd (1492 m), höchster Gipfel des Gebirges Hrubý Jeseník und ganz Mährens. Weite Fernsicht. – Bílá Opava, Gebirgsbach, der bei der Bergbaude Barborka unterhalb des Praděd entspringt. Der felsige Oberlauf hat eine Reihe von Kaskaden und Wasserfällen. – Karlova Studánka, Kurort und Sommerfrische im Hrubý Jeseník, gegründet etwa 1780. Architektonisch vereinheitlicht zu Beginn des 19. Jahrhunderts. Hier werden Krankheiten der Atemwege und Berufskrankheiten behandelt.

Tourenbeschreibung Vom Bahnhof *Malá Morávka* führt unsere blaue Markierung (gemeinsam mit Rot und Grün) zur Gaststätte Na Rychtě, wo man links auf die Straße nach *Karlov* abbiegt, die über den Bach Bělokamenný potok und den Fluß Moravice (rechts am Hang Kapelle mit Ausblick) führt. An einer Sauna und einem Schwimmbad vorbei zum Hotel Praděd, von dort in nordwestlicher Richtung. Nach zehn Minuten überquert man rechts den Fluß Moravice, dann mäßige Steigung am linken Flußufer, an einem Forsthaus vorbei, hinter dem man ein bewaldetes Tal betritt, das in etwa einer Stunde das Naturschutzgebiet *Velká Kotlina* erreicht. Gemeinsam mit Blau markiert den Weg nunmehr auch das bekannte Zeichen eines Naturlehrpfades. Der Weg biegt zuerst gegen Westen ab, stets durch Wald und ziemlich eben. Dann erreicht man den Grund des malerischen *Velký Kotel*, über dem der etwa 300 Meter höhere, unbewaldete Kamm der Berge Kamzičník und Vysoká hole hochragt. Unser Weg knickt nun gegen Nordosten ab und macht im felsigen Areal des Bergs *Vysoká hole* einen Bogen gegen Nordwesten bis zum Fuß des Berges *Petrovy kameny*. Links von den Gipfelfelsen steiler Abstieg in nördlicher Richtung in einen Sattel, in dem sich unweit der Berghütte *Barborka* eine Wegkreuzung befindet. Der letzte Abschnitt unseres Wegs auf den *Praděd* steigt in Serpentinen gegen Norden auf. Auf dem Gipfel schöner Ausblick, dann Abstieg zur Kreuzung und von dort auf Grün mäßig abwärts zum Erholungsheim *Ovčárna*. Hier auf Gelb zuerst kurz gegen Norden, dann in östlicher Richtung, immer dicht am Bach *Bílá Opavice*, der hier Wasserfälle bildet, bis *Karlova Studánka* (Variante: Da der schwerste Teil des Abstiegs sehr steinig ist und an die Touristen große Ansprüche stellt, kann man ihn auslassen und mit Bus vom Kamm herab zur Kreuzung Hvězda oder bis nach Karlova Studánka fahren.)

58 Ovčárna – Vysoká hole – Břidličná hora – Skřítek

Verkehrsmöglichkeiten Bus Ovčárna und Skřítek.
Parkmöglichkeiten Karlova Studánka, Straßenkreuzung Hvězda; Skřítek.
Unterkunftsmöglichkeiten Lipová Lázně, Hotel Lípa C; Šumperk, Hotels Sport B, Grand B, Moravan B; Jeseník, Hotels Slovan B, Jeseník C, Slunný dvůr C, Staříč C, Praděd C; Karlova Studánka, Hotels Džbán C, Hubertus C, Kurzovní chata und Barborka pod Pradědem; Malá Morávka (Karlov), Hotel Praděd C; Autocamps: Lipová-Lázně A, ganzjährig; Vrbno pod Pradědem A, 15. 5.–15. 10.
Wegemarkierungen Ovčárna – Wegkreuzung unter dem Praděd grün; Wegkreuzung unter dem Praděd – Jelení studánka rot; Jelení Studánka – Skřítek grün.
Tourenlänge 14,5 Kilometer – Ovčárna: 1 km; Wegkreuzung unter dem Praděd: 1,5 km (+130 m); Petrovy kameny: 5,5 km (−80 m); Jelení studánka: 3,5 km (−220 m); Ztracené skály: 3 km (−250 m); Skřítek.
Höhenunterschiede +130 Meter, −550 Meter.
Wanderkarte Jeseníky (Gesenke) 1:100000.
Anmerkung Nicht sehr anspruchsvolle Wanderung auf dem Hauptkamm des Jeseníky-Gebirges; eine der schönsten Aussichtsstraßen in Mähren; nur bei beständigem Wetter zu empfehlen. – Pkw-Verkehr zur Ovčárna – siehe Wanderung 57.
Wissenswertes Siehe Wanderung 57. – Skřítek, Gebirgssattel und Gaststätte. – Links vor dem Ziel der Wanderung Naturschutzgebiet (großes Torfmoor) mit Tundracharakter.
Tourenbeschreibung Vom Erholungsheim *Ovčárna* auf einer zum Praděd führenden Gebirgsstraße bis zur Wegkreuzung bei der Bergbaude Barborka und der Kurzovní chata (Kote 1315 m). (Variante: Gute Touristen können von der Kreuzung aus auf gegen Norden führenden Serpentinen den Praděd besteigen und wieder zurückkehren, rote Markierung, etwa 1,5 km, +180 m.) An der Kreuzung um fast 180° zurück gegen Süden auf Rot, durch einen Streifen Wald und dann aufwärts auf den Berg *Petrovy kameny*. Etwa 600 Meter links von uns bleibt der Berg Vysoká hole, dann am Westrand des Naturschutzgebiets Velká kotlina (siehe Wanderung 57) vorbei auf den Berg *Kamzičník* und weiter zum Berg *Velký Máj*, der etwa fünf Minuten Wegs rechts vom Kammweg liegt. Von seinem Gipfel außerordentlich schöne Aussicht. An den Hängen des Berges hält sich oft Hochwild auf. Das nächste Ziel unserer Wanderung auf dem Kamm ist *Jelení studánka* (1345 m) mit einer Kreuzung markierter Wege. Hier verlassen wir die rote Mar-

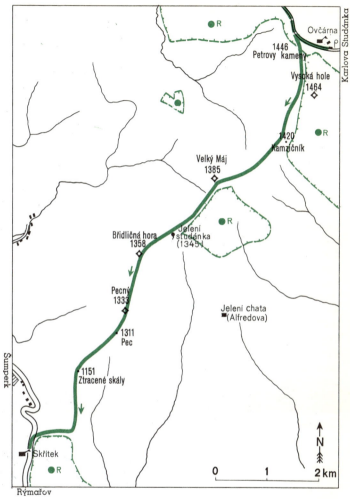

kierung und folgen der grünen. Bis zum Berg *Břidličná hora* abwechselnd mäßig auf- und abwärts mit ständig schöner Aussicht. Auch der weitere, diesmal bereits abwärts führende Abschnitt (bis *Pec*, 1311 m) hat mehrere Aussichtspunkte. Dann hinab durch Knieholz und später Fichten- und Buchenwald. Der letzte Aussichtspunkt sind die pyramidenförmigen Felsen *Ztracené skály*. Von hier zuerst gegen Süden, dann gegen Westen. Bevor man das Ziel der Wanderung, *Skřítek,* erreicht, links ein großes Torfmoor (Naturschutzgebiet).

59 Červenohorské sedlo – Keprník – Šerák – Ramzová

Verkehrsmöglichkeiten Bus Červenohorské sedlo; Bahn und Bus Ramzová.
Parkmöglichkeiten Červenohorské sedlo und Ramzová.
Unterkunftsmöglichkeiten Lipová Lázně, Hotel Lípa C; Šumperk, Hotels Sport B, Grand B, Moravan B; Jeseník, Hotels Slovan B, Jeseník C, Slunný dvůr C, Staříč C, Praděd C; Karlova Studánka, Hotels Džbán C, Hubertus C, Kurzovní chata und Barborka pod Pradědem; Malá Morávka (Karlov), Hotel Praděd C; Autocamps: Lipová-Lázně A, ganzjährig; Vrbno pod Pradědem A, 15. 5.–15. 10.
Wegemarkierungen Die ganze Trasse rot.
Tourenlänge 14,5 Kilometer – Červenohorské sedlo: 3 km (+ 320 m); Vřesová studánka: 4 km (–50 m, + 130 m); Keprník: 2 km (–100 m); Šerák, Weggabelung: 2,5 km (–150 m); Černava: 1,5 km (–180 m); Dobrá voda: 1,5 km (–130 m); Ramzová.
Höhenunterschiede + 450 Meter, –610 Meter.
Wanderkarte Jeseníky (Gesenke) 1 : 100 000.
Anmerkung Mittelmäßig anspruchsvolle Wanderung über den nördlichen Teil des Jeseníky-Kammes. Naturschutzgebiete, Fernsicht.
Wissenswertes Červenohorské sedlo (1013 m), beliebtes Touristen- und Skifahrerzentrum, Skilifts, Slalomabfahrtstrecke. – Vřesová studánka unterhalb des Bergs Červená hora (1333 m), seit dem 15. Jahrhundert Wallfahrtsort mit angeblich heilkräftigem Wasser. Heute Gebirgsbaude für Touristen. – Keprník (1423 m) und Šerák (1351 m) erheben sich im Zentrum eines ausgedehnten Naturschutzgebiets mit Urwald auf Torfgrund. Von beiden Gipfeln schöne Aussicht. Vor kurzem wurde der Bau einer Sessellift von Ramzová auf den Berg Šerák beendet.
Tourenbeschreibung Von den Gebäuden der Hotels in *Červenohorské sedlo* steigt der Kammweg vorerst mäßig an einem alten Steinbruch vorbei in etwa westlicher Richtung. Kurz nachher biegt er gegen Norden bis Nordosten ab und der Aufstieg ist anstrengender. Dort, wo man den Wald verläßt und einen Hang traversiert, ist die Steigung mäßiger. Von *Vřesová studánka* vorerst leicht abwärts am Westhang des Bergs *Červená hora* in nordwestlicher Richtung bis in einen Sattel mit einer Kreuzung markierter Wege, dann wieder aufwärts bis zur Kreuzung *Trojmezí*. Von dort gegen Norden auf den Gipfel des *Keprník*.

(Variante: Ein vom Gipfel gegen Norden führender Pfad, – 30 Meter, endet bei einer Žalostná genannten Felsengruppe. Ža-

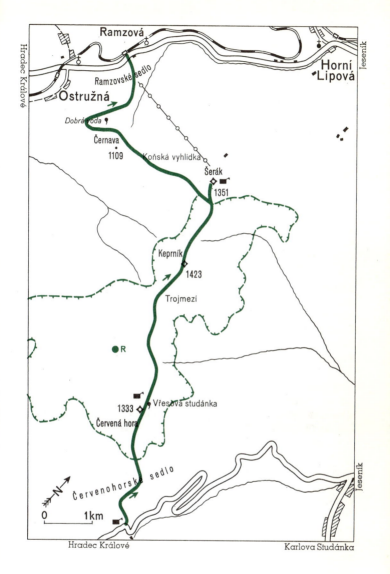

lostná bedeutet »Die Wehmütige«, da bei starkem Wind seufzende Töne zu hören sind.)

Der Abschnitt Keprník – Šerák führt mäßig abwärts. Am Hang des *Šerák* Berghütte, von ihr nach etwa fünf Minuten Aufstieg in nordwestlicher Richtung erreicht man den Gipfel des Šerák mit herrlichem Rundblick. Dann wieder hinab zur Berghütte und steil abwärts, erst auf einem steinigen Weg, dann durch Wald, immer auf Rot. Unterwegs schöner Aussichtspunkt, die sogenannte *Koňská vyhlídka*, und eine Quelle Dobrá voda (Gutes Wasser). Weiter abwärts am Hang des Bergs *Černava*, die letzten 15 Minuten durch freie Landschaft, vor allem Wiesen im Sattel Ramzovské sedlo, nach Ramzová.

(Variante: Wer der Besichtigung des Gipfelurwalds und den schönen Ausblicken mehr Zeit widmen will, oder bei Wetterverschlechterung, kann Sessellift benützen, die uns vom Šerák in 12 Minuten nach Ramzová befördert.)

60 Nové Město na Moravě – Sykovec – Medlov – Fryšava

Verkehrsmöglichkeiten Bahn und Bus Nové Město na Moravě; Bus Fryšava.
Parkmöglichkeiten Nové Město na Moravě und Fryšava.
Unterkunftsmöglichkeiten Nové Město na Moravě, Hotels Ski B, Musil C, Německý C; Žďár nad Sázavou, Hotels Bílý lev B/C, Na Smíchově C, Tálský mlýn B; Autocamps: Žďár nad Sázavou B, 15. 6.–31. 8.
Wegemarkierungen Nové Město na Moravě – Sykovec blau; Sykovec – Medlov gelb; Medlov – Fryšava grün.
Tourenlänge 11 Kilometer – Nové Město na Moravě: 6,5 km (+175 m, −50 m); Teich Sykovec: 2,5 km; Teich Medlov: 2 km; Fryšava.
Höhenunterschiede +175 Meter, −50 Meter.
Wanderkarte Žďárské vrchy 1:100000.
Anmerkung Halbtagswanderung durch die typische Landschaft der Českomoravská vrchovina (Böhmisch-mährische Höhe), Bademöglichkeit in den Teichen Medlov und Sykovec.
Wissenswertes Nové Město na Moravě, gegründet im 13. Jahrhundert, Renaissanceschloß aus dem 16. Jahrhundert, später umgebaut. Zentrum des Tourismus und des Wintersports. – Sykovec (724 m), 17 ha, der am höchsten gelegene Erholungsteich des Berglands. – Medlov, ein 28 ha großer Teich, beliebteste Schwimmgelegenheit, in der Umgebung Torfwiesen. – Fryšava, Gebirgsdorf und Erholungszentrum. Im 16.–18. Jahrhundert Glashütte. Volksarchitektur. Im Zweiten Weltkrieg Partisanenwiderstandszentrum.

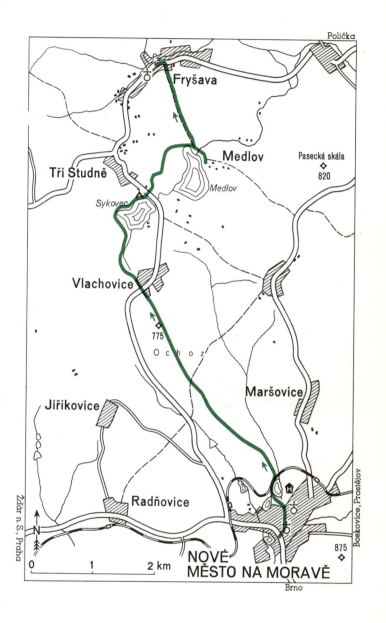

Tourenbeschreibung Vom Marktplatz in *Nové Město na Moravě* auf Blau in etwa nördlicher Richtung durch das Wäldchen Koruna auf den Damm des Teichs *Cihelský rybník* und zu einem Bahnviadukt. Hinter ihm Feldweg gegen Nordwesten in den Wald Ochoz. Hier auf bequemen Wegen aufwärts, bis man an seinem Ende die Aussichtskote 775 Meter erreicht, dann mäßig abwärts Feldweg nach *Vlachovice*. In der Ortschaft sind einige erhaltene alte Fachwerkhäuser. Weiter am linken Rand der Ortschaft auf einem Feldweg in einen Wald, wo links vom Teich *Sykovec* die gelbe Markierung kreuzt. Hier auf Gelb nach rechts und am Teich entlang auf seinem Damm, über den die Straße Tři Studně – Vlachovice führt. Wir überqueren diese Straße und folgen einer Straße im Wald gegen Nordosten. Der Weg biegt im Bogen nach rechts ab und bringt uns zum Teich *Medlov*. Von dort wiederum nordwärts auf der grünen Markierung, auf die wir beim Teich gestoßen sind, auf einem Feldweg, der nach etwa einer halben Stunde auf eine Straße mündet. Dort links in etwa 5 Minuten zur Bushaltestelle in *Fryšava*.

61 Zbrašovské aragonitové jeskyně (Grotten) – Hranická propast (Schlucht)

Verkehrsmöglichkeiten Bahn und Bus Hranice und Teplice nad Bečvou.
Parkmöglichkeiten Bei der Europastraße E 85 zwischen Hranice und Teplice nad Bečvou (unweit einer Fußgängerbrücke über den Fluß Bečva), auch in den beiden erwähnten Städten.
Unterkunftsmöglichkeiten Hranice, Hotels Sokolovna B, Brno C; Valašské Meziříčí, Hotels Apollo B, Panáček C; Olomouc, Hotels Národní dům B*, Palace B*, Družba B, Morava B; Autocamp: Hranice A, 1. 5.–30. 9.
Wegemarkierungen Der größte Teil der Wanderung hat die Markierung des Naturlehrpfads.
Tourenlänge 4 Kilometer.
Höhenunterschiede +100 Meter, –100 Neter,
Wanderkarte Hostýnské a Vizovické vrchy 1:100 000.
Anmerkung Halbtagswanderung, Besichtigung des Kurorts Teplice nad Bečvou, der einzigartigen Aragonitgrotten und des Naturschutzgebiets Hůrka, und in ihm der sogenannten Hranická propast, einer tiefen Schlucht.
Wissenswertes Teplice nad Bečvou, Stadt und Kurort (Herz- und Gefäßerkrankungen) mit einer bis ins 16. Jahrhundert zurückgehenden Geschichte. Beim Kurhaus Eingang in die einzigartigen

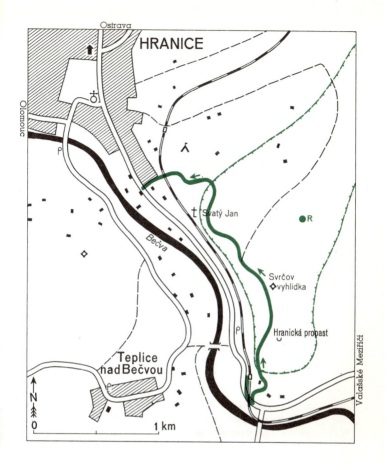

Aragonitgrotten, deren Drusen vorwiegend weißen Aragonits auf die warmen Mineralquellen zurückzuführen sind (die sog. Gasseen). In den Grotten ist deshalb die Temperatur verhältnismäßig hoch, 15–42 °C. – Hranická propast, eine 70 Meter tiefe Schlucht, mit einem tiefen kleinen See, die in einer Kalkstein-»Scholle« am rechten Ufer des Flusses entstanden ist. – Das Naturschutzgebiet Hůrka hat eine reiche Kalkstein- und wärmeliebende Flora. – Hranice, eine Stadt im sogenannten Mährischen Tor (Moravská brána – Porta Moravica) mit archäologischen Fundstätten.

Tourenbeschreibung Die Wanderung durch das Naturschutzgebiet beginnt bei der Eisenbahnhaltestelle *Teplice-lázně*, von wo man in Serpentinen aufwärts, der Markierung des Naturlehrpfads folgend, in etwa 15 Minuten durch Eichenbestände eine Schlucht

(Haltepunkt Nr. 2) erreicht. Eine kleine Abzweigung nach rechts führt zu einem schönen Aussichtspunkt. Weiter in etwa nördlicher Richtung bis zu einer *Vyhlídka* genannten Stelle, wo einst die Burg Svrčov gestanden hat (Haltepunkt Nr. 4). In den natürlichen Steingärten unterhalb der Vyhlídka findet man eine Reihe seltener Pflanzenarten. Der Haltepunkt Nr. 5 (U sv. Jana) und Nr. 6 (Westrand des Naturschutzgebiets) haben einen spärlicheren Pflanzenwuchs. Die Wanderung endet an der Straße nach Hranice (Busverbindung).

Variante: Zurück durch das Naturschutzgebiet bis zur Gabelung der roten und grünen Markierung, dann auf Grün zur Eisenbahnhaltestelle Teplice-lázně.

Von dort nochmals über die bereits erwähnte Fußgängerbrücke über die *Bečva*. In drei Minuten sind wir dann beim Hauptkurhaus und beim Eingang in die Aragonitgrotten *(Zbrašovské aragonitové jeskyně)*. Die Besichtigung dauert etwa ¾ Stunden.

62 Devín – Devínska Kobyla – Dúbravka

Verkehrsmöglichkeiten Devín und Dúbravka, städtischer Busverkehr.
Parkmöglichkeiten Devín, bei der Gaststätte am Quai (nördlich der Ruine).
Unterkunftsmöglichkeiten Bratislava, Hotels Devín, de luxe, Kyjev A*, Carlton A*, Bratislava B*, Krym B*, Clubhotel B*, Dukla B*, Spoločenský dom B*; Motel Zlaté Piesky A*; Autocamps: Bratislava-Zlaté Piesky I A, 1. 5.–30. 9., Zlaté Piesky II A, 15. 4.–15. 10., Bratislava-Petržalka, Zrkadlový háj B, 1. 5.–30. 9.; Senec, Slnečné jazera-juh A, 1. 5.–31. 10., Senec, Slnečné jazera-sever B, 1. 5.–31. 10.
Wegemarkierungen Devín – Kreuzung mit der gelben Markierung, rot; von dort auf Gelb bis Dúbravka.
Tourenlänge 2½ Std. – Devín: ¼ Std. (+ 50 m); Devín, Ruine: ¼ Std. (– 50 m); Devín: 1 Std. (+ 350 m); Devínska Kobyla: ½ Std. (– 200 m); Kreuzung mit Gelb: ½ Std. (+ 50 m); Dúbravka.
Höhenunterschiede + 450 Meter, –250 Meter.
Wanderkarte Malé Karpaty 1 : 100 000 oder Bratislava, Stadtplan 1 : 20 000.
Anmerkung Beliebte Ausflugstraße der Bewohner Bratislavas, insbesondere für Interessenten für Archäologie und Flora.

Wissenswertes Devín, Ortschaft (Teil von Bratislava) und slowakische Grenzburg, deren Existenz bereits seit dem 9. Jahrhundert belegt ist. Traditioneller slowakischer Wallfahrtsort. Heute werden hier archäologische Forschungen durchgeführt. – Devínska Kobyla (514 m), Berg mit Burgstätte, südlichster Ausläufer der Malé Karpaty (Kleinen Karpaten), Wald-Steppen-Charakter, wärmeliebende Flora. Fernblick gegen Süden auf die Donau und den Fluß Morava, sowie auf die Ruine Devín, gegen Nordosten auf den Bergzug der Kleinen Karpaten. – Dúbravka, ein einst von Kroaten besiedeltes Dorf, gehört heute zu Bratislava.

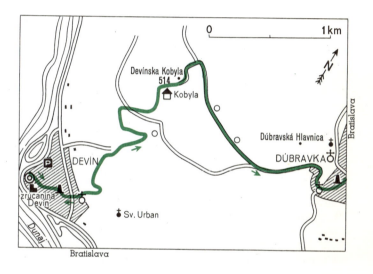

Tourenbeschreibung Von der Bushaltestelle bei der Kirche in *Devín* auf Rot und Gelb hinauf zur *Ruine Devín*. Zurück in die Ortschaft, dann überquert man die Hauptstraße, und an der Kirche vorbei einen Hohlweg aufwärts. Nach etwa 10 Minuten zweigt man von der gelben Markierung, die geradeaus weiterführt, links ab. Die rote Markierung führt nochmals durch einen Hohlweg, der bald gegen Norden einbiegt und zwischen Feldern und Obstgärten mündet. Hinter uns zeigt sich am Horizont die Ortschaft Devín und die gleichnamige Ruine. Weiter bis zum Waldrand (Teil einer Wald-Park-Anlage von Bratislava), wo man scharf links abbiegt. Mäßig ansteigend, mit zwei Richtungsveränderungen, führt der Weg zu einem steileren Aufstieg auf den linken Kamm des Bergs *Devínska Kobyla*. Hier mündet von links die grüne Markierung aus Devínska Nová Ves, wir biegen nach rechts ab und erreichen auf dem Kamm den Gipfel. Hier Ausblick, dann weiter in nordöstlicher Richtung, bis man, nach einer kleinen Abzweigung nach links, einen breiten Waldweg erreicht. Auf ihm nach rechts etwa 1 Kilometer, an einer Quelle vorbei bis zur Kreuzung der roten und gelben Markierung. Unser Weg geht im Bogen nach links, die rote Markierung zweigt bald nach rechts (nach Karlova Ves und Bratislava) ab. Wir folgen der gelben Markierung bis zu einem Sattel rechts vom Berg *Dúbravská Hlavnica* (355 m), von wo eine schöne Aussicht nach Norden ist. Dann abwärts nach *Dúbravka* zur Bus-Endstation, wo auch die Markierung endet.

63 Koliba – Kamzík – Tri duby

Verkehrsmöglichkeiten Koliba, städtischer Trolleybus.
Parkmöglichkeiten Parkplatz Koliba; einige Parkplätze auf dem Gipfel des Kamzík.
Unterkunftsmöglichkeiten Bratislava, Hotels Devín, de luxe, Kyjev A*, Carlton A*, Bratislava B*, Krym B*, Clubhotel B*, Dukla B*, Spoločenský dom B*; Motel Zlaté Piesky A*; Autocamps: Bratislava-Zlaté Piesky I A, 1. 5.–30. 9., Zlaté Piesky II A, 15. 4.–15. 10., Bratislava-Petržalka, Zrkadlový háj B, 1. 5.–30. 9.; Senec, Slnečné jazera-juh A, 1. 5.–31. 10., Senec, Slnečné jazera-sever B, 1. 5.–31. 10.
Wegemarkierungen Die ganze Trasse rot.
Tourenlänge 2½ Std. – Koliba, Trolleybus-Endstation: ½ Std. (+100 m); Skiwiese: ¾ Std. (–50 m); Tri duby: dann zurück.
Höhenunterschiede +150 Meter, –150 Meter.
Wanderkarte Malé Karpaty 1:100 000 oder Bratislava, Stadtplan 1:20 000.
Anmerkung Halbtagswanderung auf einen stark besuchten Kamm der Wald-Park-Anlage von Bratislava mit einer Reihe von möglichen Varianten.
Wissenswertes Kamzík (440 m), höchster Berg bei Bratislava, beliebter Ausflugsort in der unmittelbaren Umgebung der Stadt. Auf seinem Gipfel die Gaststätte Koliba-Expo und ein Fernsehturm, ebenfalls mit Gaststätte. Wintersportmöglichkeiten. Aus dem nahen Tal des Baches Vydrica führt hierher ein Sessellift.
Tourenbeschreibung Von der Endstation des Trolleybusses in etwa nördlicher Richtung vorerst auf einer auf den Berg *Kamzík* führenden Straße. Nach etwa 10 Minuten Abzweigung rechts auf eine Rodelbahn, auf der man bis zur Kreuzung mit der gelben Markierung hochsteigt. Dort schräg rechts und mäßig ansteigend bis

zur Kreuzung mit der blauen Markierung, hinter der ein Skiübungsterrain beginnt. Man überquert die Wiese auf der Schichtenlinie und betritt einen Wald. Hier beginnt die Kammwanderung, die uns in nordöstlicher Richtung, abwechselnd mäßig ansteigend und abfallend zu einer weiteren Kreuzung mit der gelben Markierung bringt. (Variante: Links auf Gelb Abstieg in das Tal des Baches Vydrica und dann links abwärts in westlicher bis südwestlicher Richtung in die Stadt.) Von der Kreuzung aufwärts auf einen kleinen Seitenkamm, von dort hinunter auf die Wiese *Tri duby*, wo Waldwege kreuzen. Entlang diesem letzten Abschnitt

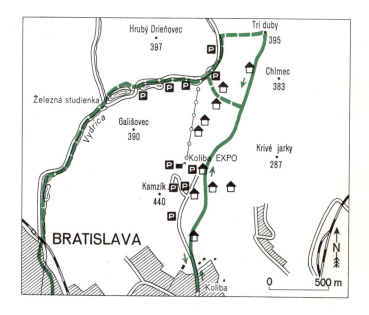

links eine Reihe von Aussichspunkten mit Ausblicken in das *Vydrica*-Tal. – Von der Kote 395 Meter beginnt der Rückweg, der Gelegenheit bietet, das ganze Areal des Bergs Kamzík anzusehen bis hinunter zur Koliba.

(Variante: Vom Endpunkt unserer Aufstiegstraße, dem Berg Tri Duby, auf nicht markierten Pfaden hinunter ins Tal des Baches Vydrica und dort stets in etwa westsüdlicher Richtung nach Belieben durch dieses wichtige Erholungsgebiet der Stadt Bratislava über die Ortschaft Železná Studienka zurück in die Stadt. Nach Bratislava mit Bus, der in der ganzen Länge dieses besuchten Tals verkehrt.)

64 Smolenice – Záruby – Ostrý Kameň – Buková

Verkehrsmöglichkeiten Bahn und Bus Smolenice; Bus Buková.
Parkmöglichkeiten Smolenice, beim Gebäude des Rats der Stadt.
Unterkunftsmöglichkeiten Siehe Wanderung 62; Trnava, Hotel Karpaty B*; Piešťany, Magnolia A*, Eden B*, Victoria Regia B, Lipa B u. a.; Autocamps: Piešťany-Slňava B, 1. 5.–15. 10.; Piešťany, lodenica A, 15. 7.–31. 8.
Wegemarkierungen Smolenice – Vlčiareň blau; Vlčiareň – Záruby grün; Záruby – ehemaliges Jagdschloß rot; ehemaliges Jagdschloß – Staubecken Buková gelb; der letzte Abschnitt blau.

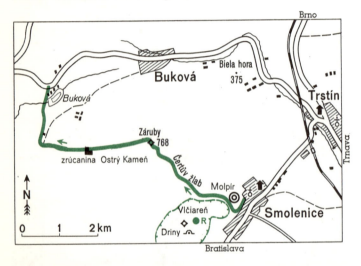

Tourenlänge 3³/₄ Std. – Smolenice: ³/₄ Std. (+100 m); Vlčiareň: 1 Std. (+420 m); Záruby: 1 Std. (–420 m); ehemaliges Jagdschloß: ³/₄ Std. (–50 m); Staubecken Buková: ¹/₄ Std.; Busstation.
Höhenunterschiede +520 Meter, –470 Meter.
Wanderkarte Malé Karpaty 1:100 000.
Anmerkung Mittelmäßig anstrengender Ausflug durch eine der schönsten Gegenden der Kleinen Karpaten, in der Endphase Bademöglichkeit.
Wissenswertes Smolenice, eine bereits im 14. Jahrhundert erwähnte Ortschaft mit einem vom Grafen Pálffy an der Wende vom 19. und 20. Jahrhundert im neuromantischen Stil erbauten Schloß (derzeit im Besitz der Slowakischen Akademie der Wissenschaften). – Molpír, großmährische Burgstätte. – Záruby (768 m),

höchster Berg der Kleinen Karpaten, dessen Gipfel drei Felsengruppen bilden. – Ostrý Kameň, eine im 13. Jahrhundert errichtete und Ende des 18. Jahrhunderts verlassene Burg; reiche Flora.

Tourenbeschreibung Vom Ausgangspunkt beim Rat der Stadt in *Smolenice* etwa 5 Minuten zurück auf der Straße nach Bratislava, dann rechts auf Blau in eine Seitengasse einbiegen. (Ebenfalls rechts, unweit der Kirche von Smolenice liegt die Burgstätte Molpír mit Ausblick auf das Schloß von Smolenice.) An einer alten Fabrik vorbei durch ein schmales Tal in den Wald. Auf einer *Vlčiareň* genannten Wiese überquert man eine gelbe Markierung. Geradeaus zum oberen Rand der Wiese, durch Wald bis zu einer Stelle, wo von links die grüne Markierung einmündet und die blaue endet. Weiter auf Grün entlang einer außer Betrieb stehenden kleinen Schmalspurbahn zu einem tiefen, *Čertův žlab* genannten Tal. Dort links auf einem steinigen Weg steil aufwärts, über große Felsbrocken, bis man einen breiten Waldweg erreicht, auf dem man links in einen Bergsattel aufsteigt. Der letzte Abschnitt ist ziemlich steil, zuerst rechts in Serpentinen durch Wald und später zwischen Felsen auf den Haupkamm. Von dort bereits auf Rot. In fünf Minuten erreicht man den Gipfel des Bergs *Záruby*. Auf dem Kammweg abwärts bis zur Burgruine *Ostrý Kameň* und von dort steil hinunter ins Tal zu einem ehemaligen Jagdschloß. Dann kurz gemeinsam mit der blauen und gelben Markierung, aber bald Feldweg rechts ab gegen Norden (auf Rot), am Waldrand entlang bis zum Wasserbecken *Buková* mit guten Badegelegenheiten. Von dort zur Bushaltestelle, Bus nach Trstín, wo man auf den Bus Bratislava-Myjava umsteigt. Aus dem Bus entweder in Smolenice oder in Bratislava aussteigen.

65 Bezovec – Tematín – Lúka nad Váhom

Verkehrsmöglichkeiten Bahn und Bus Piešťany; Bus Nová Lehota-Bezovec und Lúka nad Váhom.
Parkmöglichkeiten Piešťany; Hotel Bezovec.
Unterkunftsmöglichkeiten Piešťany, Hotels Magnolia A*, Eden B*, Victoria Regia B, Lipa B u. a.; Autocamps: Piešťany-Sĺňava B, 1. 5.–15. 10.; Piešťany-lodenica A, 15. 7.–31. 8. – Siehe auch Wandeerung 62.
Wegemarkierungen Bushaltestelle Nová Lehota-Bezovec – Kreuzung der Markierungen rot; Kreuzung der Markierungen – Lúka nad Váhom blau.

Tourenlänge 3½ Std. – Bushaltestelle Nová Lehota-Bezovec: ¼ Std.: Hotel Bezovec: 1½ Std. (+80 m, –50 m); Tematín: 1¾ Std. (–420 m); Lúka nad Váhom.
Höhenunterschiede +80 Meter, –470 Meter.
Wanderkarte Považský Inovec 1:75000.
Anmerkung Nicht sehr anstrengender Ausflug in das Bergland Povážský Inovec.
Wissenswertes Piešťany, einer der größten und bekanntesten Kurorte der Slowakei. Die Wirkung der Heilquellen auf Erkrankungen der Bewegungsorgane war bereits im 16. Jahrhundert bekannt. Die Heilquellen von Piešťany sind bis 70 °C warm. Klassizistische Bauwerke (Kirche, Kurhäuser, Pranger u.a.). Großes Erholungsgebiet beim See Slňava. – Bezovec (560 m), Sommer- und Wintererholungszentrum im Bergland Povážský Inovec. – Tematín, Ruine einer gotischen Burg, die im Jahr 1710 geschleift wurde. Die Südhänge des Berges sind ein Naturschutzgebiet auf Dolomitbasis mit sowohl wärmeliebender als auch Gebirgsflora.

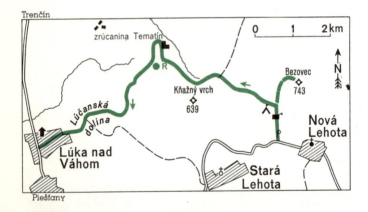

Tourenbeschreibung Von der Bushaltestelle auf Rot Asphaltstraße zu einer zentralen Orientierungstafel mit Wegweisern in einem Areal von Wochenendhäuschen. Von dort aufwärts auf Blau durch die Wochenendhaussiedlung zum oberen Ende eines Skilifts. Dann unbewaldete Kammpartie mit schönen Ausblicken. Mäßig abwärts, zum Teil durch Wald, in einen Sattel und dann kurz steil hoch durch Wald bis auf eine Lichtung mit Aussicht. Von hier führt der Weg vorwiegend durch bewaldete Gegenden. Links Abzweigung auf den Aussichtsberg Kňažný vrch (640 m). Wir erreichen mäßig absteigend über Lichtungen einen Kamm mit Bergwiesen und der Burgruine *Tematín*. Nach Besichtigung der Ruine (von dort auch schöne Ausblicke ins Tal des Flusses Váh und gegen Süden) umgehen wir sie und steigen durch den Wald ab bis auf eine weitere Lichtung. Von dort beginnt ein langer und steiler Abstieg in das Tal *Lúčanská dolina*. Der weitere Weg ist bereits bequemer. An Kalksteinfelsen mit Erosionserscheinungen vorbei auf eine Straße, die uns zur Bushaltestelle führt. (Variante: Am Anfang der Wanderung können sich gewiegtere Touristen für eine um eine Stunde längere Variante mit zusätzlichem Höhenunterschied von + 100 Metern entscheiden. Von der zentralen Orientierungstafel in Bezovec auf einem nicht markierten Weg über Wiesen in nordöstlicher Richtung erst in den Sattel und dann zum Gipfel des Bergs Bezovec, von wo ein schöner Ausblick ist. Auf demselben Weg wieder zurück.)

66 Rajecké Teplice – Skalky

Verkehrsmöglichkeiten Bahn und Bus Rajecké Teplice.
Parkmöglichkeiten Rajecké Teplice, beim Hotel Velká Fatra, beim Kaufhaus Budúcnosť u.a.
Unterkunftsmöglichkeiten Rajecké Teplice, Hotels Velká Fatra B, Encián C; Rajec, Hotel Klak C; Žilina, Hotels Polom B, Metropol B*, Slovan B, Grand B/C, Dukla C; Autocamps: Strečno B, 1. 6.–31. 8.; Turany B, 1. 6.–15. 9.
Wegemarkierungen Die ganze Wanderung (die sogenannte Kur-Trasse) hat lokale rote Markierung.
Tourenlänge 2¼ Std. – Rajecké Teplice: 1¼ Std. (+ 400 m); Skalky: 1 Std. (–400 m); Rajecké Teplice.
Höhenunterschiede + 400 Meter, –400 Meter.
Wanderkarte Strážovské vrchy 1:100 000.
Anmerkung Halbtagswanderung auf der anspruchsvollsten Kur-Trasse.
Wissenswertes Rajecké Teplice, kleiner, ruhiger Kurort in der Nordwestslowakei. Thermalquellen bis 39 °C warm. In der Ortschaft ein modernes Thermalschwimmbad. Behandlung von Rheumatismus und Nervenkrankheiten. – Skalky, unter Naturschutz stehende Kalksteinfelsen mit typischer Flora.
Tourenbeschreibung Ausgangspunkt: Orientierungstafel beim *Hotel Velká Fatra*. Man folgt der lokalen Kurtrassenmarkierung, einem schrägen roten Streifen in weißem Feld, im ersten Abschnitt der Wanderung gemeinsam mit Grün. Zuerst über eine Brücke über das Flüßchen *Rajčianka* und eine Eisenbahnlinie. Bald darauf

beginnt die Steigung. In der ersten Biegung biegen wir von der grünen Markierung nach links ab und steigen auf Serpentinen im Wald etwa ¼ Stunde, bis wir zu einem Altan oberhalb eines Wasserreservoirs kommen. Dort führt eine blaue Markierung nach links. Wir folgen jedoch der roten kurz steil aufwärts. Dann, in der Nähe des Kamms, wird die Steigung mäßiger und unser Weg macht einen Bogen nach rechts, gegen Norden bis Nordosten. Vom Kammweg

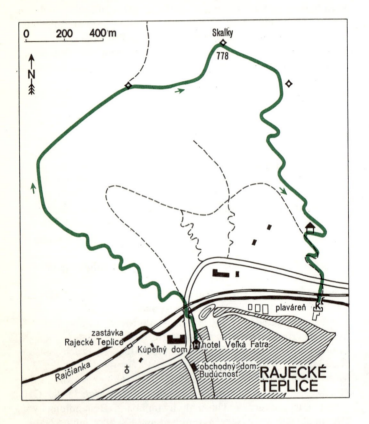

öffnen sich uns schöne Ausblicke gegen Osten, auf den Kamm der Fatra-Berge. Weiter auf dem Kammweg bis knapp unter den Gipfel der Felsen *Skalky*, wo eine grüne Markierung einmündet, die uns den Großteil des Abstiegs begleiten wird. (Unter dem Gipfel ist eine Quelle mit Trinkwasser). Auf dem teilweise bewaldeten Kamm der Skalky zum nächsten Aussichtspunkt, wo drei Kämme zusammenstoßen und wo die grüne und blaue lokale Markierung endet, die von der Eisenbahnhaltestelle Poluvsie heraufführt. Unsere lokale rote, gemeinsam mit der allgemeinen grünen Markierung führt steil abwärts und erreicht in Serpentinen einen Altan, wo die grüne Markierung abzweigt. Auf weiteren Serpentinen folgen wir nun unserer roten Markierung bis auf eine Staatsstraße, wo sie gegenüber einem *Schwimmbad* endet.

67 Štefanová – Podžiar – Dolné diery – Nové diery – Podžiar – Štefanová

Verkehrsmöglichkeiten Bahn Žilina (oder Varín); Bus Terchová oder Vrátna.
Parkmöglichkeiten Štefanová, in der Nová dolina am Rand der Ortschaft oder in der Ortschaft selbst.
Unterkunftsmöglichkeiten Žilina, Hotels Polom B*, Metropol B, Grand B/C, Slovan B; Vrátna, Hotel Boboty B*, Berghütte Pod Sokolím C, Berghütte Vrátna C; Terchová, Hotel Jánošík C; Autocamps: Vrátna B, 1. 5.–30. 9.; Turany B, 1. 6.–15. 9.
Wegemarkierungen Štefanová – Podžiar gelb; Podžiar – Ostrvné blau; Ostrvné – Štefanová gelb.
Tourenlänge 2½ Std. – Štefanová: ½ Std. (+ 120 m); Podžiar: ½ Std. (–90 m); Ostrvné: 1 Std. (+ 200 m, –110 m); Podžiar: ½ Std. (–120 m); Štefanová.
Höhenunterschiede + 320 Meter, –320 Meter.
Wanderkarte Malá Fatra 1:100 000.
Anmerkung Naturlehrpfad durch typisches Kalksteinterrain; Engpässe, Cañons, »Riesentöpfe«, Wasserfälle, Kalksteinflora.
Wissenswertes Štefanová, Teil der Ortschaft Terchová, gegründet in der Zeit der wallachischen Kolonisation dieser Gegend (16. Jahrhundert). Oberhalb der Ortschaft einer der malerischesten Gipfel der Slowakei, der Velký Rozsutec.
Tourenbeschreibung Von *Štefanová* in fast nördlicher Richtung bachaufwärts. Die gelbe Markierung führt uns durch ein verhältnismäßig breites Tal, durch das man in den Sattel *Vrchpodžiar* (770 m) aufsteigt. Dort schöne Aussicht, dann Abstieg nach *Podžiar*. In der Ortschaft überqueren wir den Bach auf einer kleinen Brücke, dann links bachabwärts auf Blau mit einigen weiteren Bachüberquerungen. Dabei kann man einige für diese Gegend typische Erscheinungen beobachten: Erosion der unbewaldeten Hänge, bizarre Formen des Landschaftsreliefs u.ä. Man begegnet

hier auch verschiedenen endemischen Pflanzen, auch solchen, die in das tiefe, kühle Tal aus höheren Lagen herabgestiegen sind. Im letzten Abschnitt dieser *Dolné diery* passieren wir einen richtigen Karst-Cañon. Beim Wegweiser *Ostrvné* mündet in unser Tal von rechts ein weiterer Bach. Vor seiner Mündung rechts ab auf Gelb nach *Nové diery*. Hier muß man zuerst einen engen Felsübergang

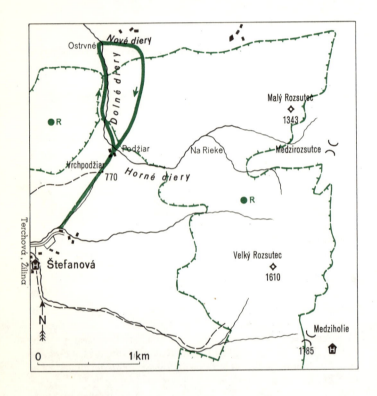

auf einer Reihe von Leitern überwinden und erreicht dann eine Potočisko genannte Stelle, wo der Bachlauf bereits breiter ist. Über eine kleine Brücke aufs linke Bachufer, dann rechts steil aufwärts bis zu einem Aussichtspunkt, der uns aus der Vogelperspektive den Cañon sehen läßt, durch den wir eben hochgestiegen sind. Von dort zuerst fast eben, dann mäßig abwärts nach *Podžiar* und auf dem uns bereits bekannten Weg nach *Štefanová*.

68 Snilovské sedlo – Chleb – Hromové – chata pod Chlebom – Snilovské sedlo

Verkehrsmöglichkeiten Bahn Žilina (oder Varín); Bus Terchová oder Vrátna.
Parkmöglichkeiten Unterhalb der Talstation des Sessellifts Vrátna-Chleb.
Unterkunftsmöglichkeiten Žilina, Hotels Polom B*, Metropol B, Grand B/C, Slovan B; Vrátna, Hotel Boboty B*, Berghütte Pod Sokolím C, Berghütte Vrátna C; Terchová, Hotel Jánošík C; Autocamps: Vrátna B, 1. 5.–30. 9.; Turany B, 1. 6.–15. 9.
Wegemarkierungen Obere Haltestelle des Sessellift – Snilovské sedlo grün; Snilovské sedlo – sedlo Hromové rot; sedlo Hromové – Berghütte unter dem Chleb gelb; Berghütte unter dem Chleb – obere Haltestelle des Sessellift grün.
Tourenlänge 2$^1/_2$ Std. – Obere Haltestelle des Sessellifts: $^1/_2$ Std. (+ 150 m); Chleb: $^1/_4$ Std. (–40 m); Sattel Hromové: 1 Std. (–230 m); Berghütte unter dem Chleb: $^3/_4$ Std. (+ 120 m); obere Haltestelle des Sessellifts.
Höhenunterschiede + 270 Meter, –270 Meter.
Wanderkarte Malá Fatra 1 : 100 000.
Anmerkung Naturlehrpfad, der uns die lebende und tote Natur der Fatra-Berge nahebringt. Die Hälfte des Weg führt auf dem Kamm der Fatra mit permanent schöner Aussicht. Nicht sehr anstrengende Wanderung. Nur bei beständigem Wetter zu empfehlen.
Wissenswertes Vrátna dolina (Vrátna-Tal), eines der anziehendsten Zentren des Tourismus und des Wintersports in der ČSSR. Auf einem verhältnismäßig kleinen Raum (etwa 35 qkm) viele Naturschönheiten: man betritt das Gebiet durch einen Engpaß, der Tiesňavy genannt wird, es dominiert ihm ein mächtiger kahler Bergrücken, der schönste der umgebenden Berge ist der Velký Rozsutec (siehe Wanderung 69). Reiche Kalksteinflora (z.B. im Naturschutzgebiet Pod Chlebom, aber siehe auch Wanderungen 67 und 69). – Der Sessellift beginnt in einer Höhe von 750 Metern über Normal Null und führt weitere 750 Meter hoch.
Tourenbeschreibung Von der oberen Haltestelle des Sessellifts gelangt man auf einem guten Weg bald in den Sattel *Snilovské sedlo* (1520 m). Hier links abbiegen und auf dem breiten Rücken des *Chleb* aufwärts. Nach etwa 30 Minuten erreicht man seinen Gipfel (1647 m) mit schönen Ausblicken. Einer Stangenmarkierung mit Rot folgend gegen Osten, diesmal auf einem scharfen Rücken, der links steil abfällt. Das weitere Ziel der Wanderung ist der Berg *Hromové* (1636 m), den man rechts umgeht, und man gelangt so in

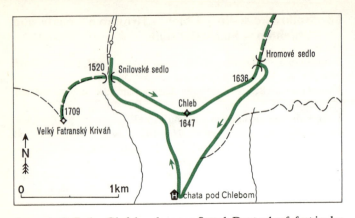

den unterhalb des Gipfels gelegenen Sattel. Dort scharf, fast in der Gegenrichtung, rechts abbiegen. Zuerst auf einem schmalen, steil abwärts führenden Steig (Vorsicht, im Winter nicht passierbar), der jedoch bald in einen breiteren bequemen Weg übergeht. Auf ihm zur *Berghütte unter dem Chleb* (1400 m), bei ihr scharf rechts ab auf Grün. Auf einem breiten Gebirgsweg aufwärts zurück zum Sattel Snilovské sedlo und zum Sessellift, der uns ins Tal bringt. (Varianten: a. Vom Sattel Snilovské sedlo steigt man – zu Beginn oder gegen Ende der Wanderung – in westlicher und dann südlicher Richtung auf Rot auf den Velký Fatranský Kriváň, 1709 m, etwa ¾ Std., + 190 m. Dort schöner Rundblick. Auf demselben Weg zurück. b. Bei beständigem Wetter kann man die Kammwanderung in Richtung Hromové – Steny – Poludňový Grúň und zurück verlängern. Geringfügige Höhenunterschiede, insgesamt zwei Stunden zu absolvieren.)

69 Štefanová – sedlo Medzirozsutce – Velký Rozsutec – Medziholie – Štefanová

Verkehrsmöglichkeiten Bahn Žilina (oder Varín); Bus Terchová oder Vrátna.
Parkmöglichkeiten Štefanová, in der Nová dolina am Rand der Ortschaft oder in der Ortschaft selbst.
Unterkunftsmöglichkeiten Žilina, Hotels Polom B*, Metropol B, Grand B/C, Slovan B; Vrátna, Hotel Boboty B*, Berghütte Pod Sokolím C, Berghütte Vrátna C; Terchová, Hotel Jánošík C; Autocamps: Vrátna B, 1. 5.–30. 9.; Turany B, 1. 6.–15. 9.

Wegemarkierungen Štefanová – Podžiar gelb; Podžiar – Sattel Medzirozsutce blau; Medzirozsutce – Medziholie rot; Medziholie – Štefanová grün.
Tourenlänge 5¼ Std. – Štefanová: ½ Std. (+ 120 m); Podžiar: 1¾ Std. (+ 450 m); Medzirozsutce: 1¼ Std. (+ 410 m); Velký Rozsutec: ½ Std. (–420 m); Medziholie: 1¼ Std. (–560 m); Štefanová.
Höhenunterschiede + 980 Meter, –980 Meter.
Wanderkarte Malá Fatra 1:100 000.

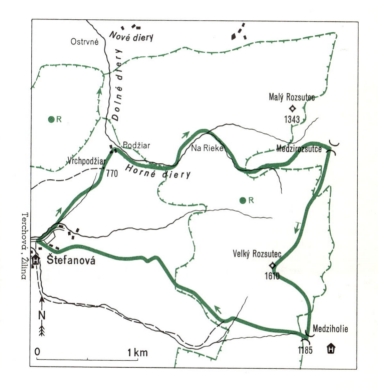

Anmerkung Anstrengende Wanderung zum Gipfel des schönsten Bergs der Malá Fatra (Kleinen Fatra). Im Winter nicht besteigbar.
Wissenswertes Velký Rozsutec (1610 m), charakteristischer Berg der Malá Fatra, einer der schönsten Gipfel der Slowakei mit Dolomitenrelief. Reiche Kalksteinflora. Vom Gipfel schöner Rundblick.

Tourenbeschreibung Von *Štefanová* in fast nördlicher Richtung bachauwärts. Die gelbe Markierung führt uns durch ein verhältnismäßig breites Tal, durch das man in den Sattel *Vrchpodžiar* (770 m) aufsteigt. Dort schöne Aussicht, dann Abstieg nach *Podžiar*. Beim Wegweiser in *Podžiar* rechts ab auf Blau und ständig bachaufwärts. Das Tal verliert seinen offenen Charakter und geht nach und nach in einen Engpaß über, der nur auf Stegen und Leitern begehbar ist. Die felsige Schlucht heißt *Horné diery*. Am oberen Ende erreicht man ein breiteres Terrain (die Wiese Na rieke), von wo bereits der Berg Malý Rozsutec zu sehen ist. Am Waldrand rechts ab über den Bach und wieder bachaufwärts, stellenweise wieder über Stege und Leitern. Das Tal verbreitet sich, vor uns liegen ausgedehnte Wiesen unterhalb des Sattels *Medzirozsutce*. Von recht mündet eine gelbe Markierung in unsere Trasse ein und gemeinsam mit ihr auf einem guten Weg in den breiten, grasigen Sattel (links der Malý Rozsutec). Hier biegt man rechts ab und folgt der roten Markierung mäßig aufwärts zuerst über Wiesen, dann durch Wald bis auf eine kleine Bergwiese. Dann steil aufwärts über einen Bergrücken zu einem der niedrigeren Gipfel des *Velký Rozsutec*, von dort leicht abwärts in einen kleinen Sattel unterhalb der Gipfelpartie. Hier zweigen wir rechts ab und besteigen über einen kleinen felsigen Rücken den Gipfel des Bergs. Der Abstieg beginnt mit der Rückkehr in den erwähnten Sattel, von dort auf einem gesicherten Gehweg auf den Vorgipfel des Bergs und dann vorsichtig durch eine breite felsige Schlucht und über einen steilen Schutthang abwärts. Der weitere Abschnitt führt bereits auf sicheren Wegen, zuerst durch Knieholz, dann über eine Bergwiese und schließlich auf einem breiten Weg schräg den bewaldeten Hang hinab. Gegen Ende des Hangs im Bogen nach rechts, aus dem Wald hinaus und über Wiesen in den Sattel *Medziholie*. Hier auf Grün nach rechts, erst mäßig abwärts über eine Wiese, dann auf einem immer steiler werdenden Waldweg. Nach längerdauernden Regenfällen ist dieser Wegabschnitt sehr schlammig. Schließlich am Rand sumpfiger Wiesen, mit Wald auf der linken Seite unseres Wegs, zurück nach *Štefanová*.

70 Vrátna – sedlo Príslop – Sokolie – Vrátna

Verkehrsmöglichkeiten Bahn Žilina (oder Varín); Bus Terchová oder Vrátna – Starý Dvor.
Parkmöglichkeiten Bei der Berghütte Pod Sokolím.
Unterkunftsmöglichkeiten Žilina, Hotels Polom B*, Metropol B, Grand B/C, Slovan B; Vrátna, Hotel Boboty B*, Berghütte Pod Sokolím C, Berghütte Vrátna C; Terchová, Hotel Jánošík C; Autocamps: Vrátna B, 1. 5.–30. 9.; Turany B, 1. 6.–15. 9.
Wegemarkierungen Starý Dvor – Sattel Príslop blau; Sattel Príslop – Sokolie – Kreuzung mit der grünen Markierung gelb; von da nach Starý Dvor grün.

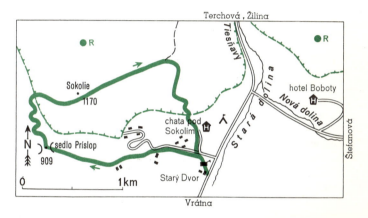

Tourenlänge 3 Std. – Starý Dvor:1 Std. (+ 320 m); Sattel Príslop: ¾ Std. (+ 250 m); Sokolie:½ Std. (–120 m); Markierungskreuzung Grün-Gelb: ¾ Std. (–450 m); Starý Dvor.
Höhenunterschiede + 570 Meter, –570 Meter.
Wanderkarte Malá Fatra 1 : 100 000.
Anmerkung Mäßig anstrengender Halbtagsausflug. Kann auch vom Autocamp Vrátna oder von der Berghütte Pod Sokolím angetreten werden.
Wissenswertes Der Raum Sokolie ist u.a. auch ein Naturschutzgebiet. Nähere Angaben über das Terrain und die Natur – siehe vorhergehende Wanderungen.
Tourenbeschreibung Ausgangspunkt der Wanderung: Bushaltestelle *Vrátna-Starý Dvor*. Zuerst in westlicher Richtung auf Blau. An einem Buffet vorbei auf eine Wiese, über eine kleine Brücke, auf eine Straße (beim Parkplatz der Berghütte *Pod Sokolím*) und auf ihr am linken Ufer eines Gebirgbaches bachaufwärts. Dann ans

rechte Bachufer, wo wir die Straße verlassen und auf einem Gehweg langsam in den Sattel *Príslop* hinaufsteigen. Vom Wegweiser rechts in etwa nördlicher Richtung, zuerst über eine Wiese, dann durch Buchenwald, in Serpentinen schräg den Hang hinauf bis auf einen Bergrücken. Dort zweigen wir scharf rechts ab und steigen auf den Gipfel *Sokolie* hinauf, von wo ein schöner Ausblick ist. In gleicher Richtung weiter, mäßig abwärts durch vorwiegend bewaldete Gegend. Dann verläßt man den Kamm, zweigt rechts ab, ein kurzer steilerer Abstieg. Auf einem wiederum ebenen Wegabschnitt kommt man zu einem weiteren Wegweiser, wo eine grüne Markierung einmündet, der man nun folgt. Der Weg führt nun fast gegen Süden, fällt steiler ab und bringt uns zu zwei Aussichtspunkten mit einem schönen Ausblick in die Täler Stará dolina und Nová dolina. In Serpentinen zur Hütte *Pod Sokolím*, von dort auf Asphaltstraße zur Bushaltestelle am Ausgangspunkt.

71 Slanická Osada – Magurka – Námestovo

Verkehrsmöglichkeiten Bahn Tvrdošín; Bus Slanická Osada-Jednota und Námestovo-most.
Parkmöglichkeiten Slanická Osada.
Unterkunftsmöglichkeiten Stratená, Hotels Oravica B, Tatra C, Roháč C; Námestovo, Hotel Magura C; Tvrdošín, Hotel Limba B; Dolný Kubín, Hotel Severan B; chata v Oraviciach C; Autocamps: Zuberec-Zverovka B, 15. 6.–15. 9.; Námestovo B, 15. 6.–15. 9.; Dolný Kubín B, 15. 6.–15. 9.; Liesek, Oravice B, 1. 7–30. 8.
Wegemarkierungen Slanická Osada – Magurka rot; Magurka – Námestovo blau, letzter Abschnitt ohne Markierung.
Tourenlänge 4 Std. – Slanická Osada: 1¼ Std. (+ 340 m); Stará hora: ¾ Std. (+ 160 m); Magurka: 2 Std. (–500 m); Slanická Osada.
Höhenunterschiede + 500 Meter, – 500 Meter.
Wanderkarte Orava 1 : 100 000.
Anmerkung Nicht übermäßig anspruchsvolle Wanderung in das Magura-Gebirge mit schönen Ausblicken. Wälder reich an Waldbeeren.
Wissenswertes Oravská přehrada, ein 33 qkm großer Stausee in einer Höhe von 600 Metern über Normal Null. Größte Tiefe 38 Meter. Im Sommer Motorschiffrundfahrten. Zwei Naturschutzgebiete: Slanický ostrov umenia (Insel der Kunst – Sammlung slowakischer Volksplastiken) und Vtačí ostrov (Vogelinsel). –. Orava, einer der schönsten Flüsse der Slowakei, dessen Unterlauf

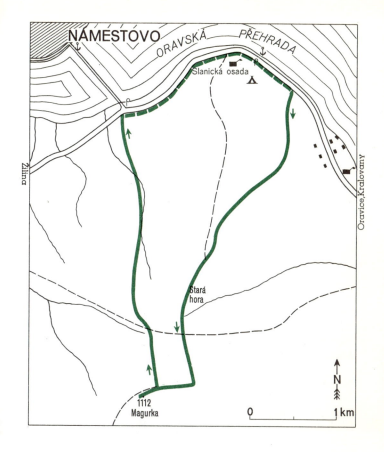

kurz vor der Mündung in den Fluß Váh für Wassersportler und Bootfahrer interessant ist. – Orava, eine typische Region der Slowakei, die sich bis zur Mitte des 20. Jahrhunderts ihren besonderen Charakter bewahrt hat.

Tourenbeschreibung Von der Bushaltestelle in *Slanická Osada* gegen Süden in die Wälder. Der Weg steigt regelmäßig an, geht nach und nach in einen Pfad über und führt uns über Lichtungen und durch Jungwald auf den Gipfel der *Stará hora* (948 m). Der Wechsel von Bergwiesen, Lichtungen und Waldabschnitten ist auch für den weiteren, auf den Berg Magurka führenden Teil der Wanderung charakteristisch. Der Weg ist zuerst eben mit einem kurzen Abstieg. Zwei aufsteigende Abschnitte münden in Wiesen, über Wiesen gelangt man auch zu einem Fernsehturm und auf eine abgeholzte Lichtung und schließlich auf den Gipfel des Bergs *Magurka* (1112 m). Von hier, und auch von unterwegs, schöne Ausblicke. Auf dem Rückweg folgt man der blauen Markierung, die praktisch in einem Winkel von 180° zurückführt. Erst ein steiler Abstieg durch Wald, dann traversiert man den Lauf eines Bachs. Ein ständig wechselndes Terrain mit Lichtungen und Bergwiesen ermöglicht eine Reihe von schönen Aussichten. Schließlich steil abwärts in ein Tal mit Bach, an ihm entlang auf einem Feldweg zur Straße, die am Südostufer des Stausees *Orava* verläuft. Man erreicht die Straße eben bei der Bushaltestelle *Námestovo-most* und kehrt mit Bus zum Ausgangspunkt der Wanderung zurück. Dieser Teil läßt sich auch zu Fuß absolvieren (Fußweg entlang der Straße – nach Abstieg nach rechts).

72 Slaná Voda – Babia hora

Verkehrsmöglichkeiten Bahn und Bus Tvrdošín; Bus Oravská Polhora.
Parkmöglichkeiten Oravská Polhora, Berghütte Slaná Voda; Forsthaus Rovne.
Unterkunftsmöglichkeiten Stratená, Hotels Oravica B, Tatra C, Roháč C; Námestovo, Hotel Magura C; Tvrdošín, Hotel Limba B; Dolný Kubín, Hotel Severan B; chata v Oraviciach C; Autocamps: Zuberec-Zverovka B, 15. 6.–15. 9.; Námestovo B, 15. 6.–15. 9.; Dolný Kubín B, 15. 6.–15. 9.; Liesek, Oravice B, 1. 7.–30. 8.
Wegemarkierungen Forsthaus Rovne – Babia hora gelb.
Tourenlänge 5 Std. – Forsthaus Rovne: 2³/₄ Std. (+ 850 m); Babia hora: 2¹/₄ Std. (–850 m); Forsthaus Rovne.
Höhenunterschiede + 850 Meter, –850 Meter.
Wanderkarte Orava 1 : 100 000.
Anmerkung Mittelmäßig anspruchsvolle Wanderung auf einen Grenzberg mit einzigartigen Ausblicken auf die Ostslowakei und nach Polen. Reiche Flora, Naturschutzgebiet.
Wissenswertes Oravská Polhora, Dorf im Bergland Slovenské Beskydy, Volksarchitektur. – Slaná Voda, Ortschaft mit Jod- und Bromheilquellen. – Rovne, Forsthaus, das Beziehungen zum Schaffen des slowakischen Dichters P. O. Hviezdoslav († 1921) hat. – Babia hora (1725 m), höchster Berg des Berglands Slovenské Beskydy, Naturschutzgebiet.
Tourenbeschreibung (Variante: Als Ausgangspunkt der Wanderung kann man auch die Bushaltestelle Oravská Polhora-Jednota wählen. Eine rote Markierung führt auf der Straße zur Berghütte

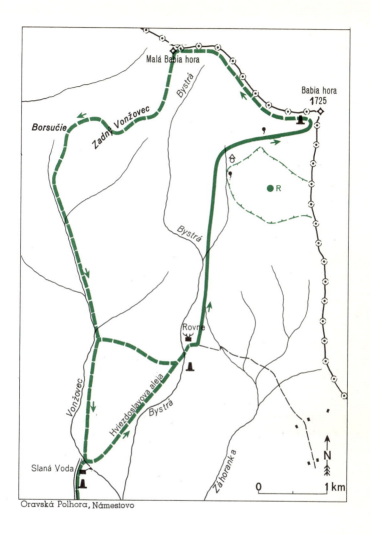

Oravská Polhora, Námestovo

Slaná Voda, ½ Stunde, und von dort auf Gelb durch die Hviezdoslavova alej – der ehemaligen Promenade des kleinen Vorgebirgskurorts – zum Forsthaus Rovne, weitere ½ Stunde.)

Beim *Forsthaus* in scharfem Winkel links in den Hochwald. Regelmäßige Steigung gegen Norden unweit des linken Ufers eines Bergbachs. Den Bach überschreiten und weiter aufwärts zum Südwestsattel des Bergs *Babia hora*. Hier ist der Weg steiler, man erreicht die ersten Bergwiesen, rechts eine Quelle, weiter oben eine

Sennhütte. Vom oberen Rand des Waldes ständig schöne Ausblicke gegen Osten (die Gebirge Vysoké Tatry, Polské Tatry, Roháče) und gegen Süden auf den Stausee. Der nun durch Knieholz führende Weg biegt gegen Nordosten ab. Die Gipfelpartie besteht aus steinigen Wiesen, vom Grenzstein an felsiges Terrain. Vom Grenzstein nach links zum Gipfel. Einzigartige Aussicht. Zurück auf demselben Weg, unterwegs, insbesondere im ersten Abschnitt des Abstiegs, ständig wechselnde Aussicht. (Variante: Verlängerung des Rückwegs. Weiter gegen Nordwesten auf Blau auf den Berg Malá Babia hora, 1515 m. Unterwegs interessante Ausblicke, insbesondere gegen Westen. Zur Beachtung: Der Weg führt auf der tschechoslowakisch-polnischen Grenze! Vom Berg Malá Babia hora Abstieg auf Gelb links gegen Südwesten durch tiefe Wälder über Zadný Vonžovec zu einer Borsučie genannten Stelle. Von dort nach links, diesmal auf Rot, durch Wald und über Gebirgslichtungen zur Berghütte Slaná Voda. Verlängerung des Rückwegs: etwa 1 Stunde. – Wer in Rovne parkt, muß im letzten Wegabschnitt nach links auf die Asphaltstraße zum Forsthaus abzweigen.)

73 Prosiecka dolina und Kvačianska dolina (zwei Täler)

Verkehrsmöglichkeiten Bahn Parížovce; Bus Prosiek und Kvačany.
Parkmöglichkeiten Prosiek, beim Kulturhaus oder direkt beim Beginn der Prosiecka dolina (Prosiek-Tal) bei dem Vrata genannten Engpaß.
Unterkunftsmöglichkeiten Ružomberok, Hotels Hrabovo B*, Kultúrny dom B, Savoy C, Liptov C; Liptovský Mikuláš, Hotels Jánošík B*, Európa B*, Kriváň C; Autocamps: Liptovský Hrádok, Borová Sihoť A, 1. 6.–31. 8.
Wegemarkierungen Prosiek – Beginn des Tals Kvačianska dolina blau; Kvačianska dolina rot; Kvačany – Prosiek ohne Markierung.
Tourenlänge 6 Std. – Prosiek: 2½ Std. (+350 m, –100 m); Velké Borové: ½ Std. (–100 m); Beginn des Tals Kvačianska dolina: 1½ Std. (–100m); Kvačany: 1½ Std. (+100 m, –150 m); Prosiek.
Höhenunterschiede +450 Meter, –450 Meter.
Wanderkarte Chočské pohoří 1 : 100 000.
Anmerkung Mittelmäßig anspruchsvolle Wanderung durch zwei Täler, von denen insbesondere die Prosiecka dolina zu den schönsten der Slowakei gehört. – Zur Beachtung: südlich von unserem

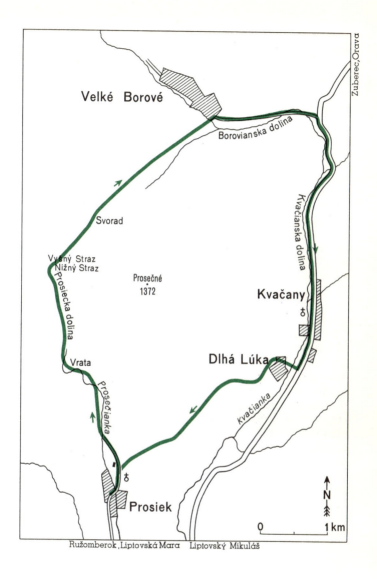

Wanderweg wurde in den letzten Jahren der Bau eines Staubeckens namens Liptovská Mara (22 qkm) durchgeführt. Neue Zufahrtstraßen: aus Ružomberok über Bešeňova und Bobrovník, aus Liptovský Mikuláš über Liptovský Trnovec und Liptovská Sielnica.

Wissenswertes Prosiecka dolina, ein trockenes, steiniges Tal, eines der schönsten in der Slowakei. Nur mit Hilfe von Leitern u.ä. zu bewältigen. Im unteren Teil entspringt ein Bach. Naturschutzgebiet. – Kvačianska dolina, ein etwa 5 Kilometer langer Cañon, romantische Landschaft. Am Osthang führt ein neuer, mit Kraftwagen befahrbarer Weg.

Tourenbeschreibung Aus der Ortschaft *Prosiek* auf Blau gegen Norden am Bach Prosečianka bachaufwärts. Nach etwa 20 Minuten passiert man ein Felsentor, das den Eingang zum Tal Prosiecka dolina bildet. Nach weiteren 5 Minuten entspringt rechts vom Weg ein Bach. Dann mehr als eine Stunde durch das trockene wasserlose Tal, das nach und nach einen immer wilderen Charakter annimmt. Manche der Wegabschnitte verlaufen im Talgrund, andere wiederum auf Wegen am Hang. Gegen Ende des Tals passiert man zwei Cañons, den Nižný Straz und den Vyšný Straz (Vorsicht! Leitern!) und gelangt auf ein *Svorad* genanntes Plateau (970 m) mit Viehweiden. Durch einen begrasten Kessel aufwärts auf einen ebenen, breiten Bergrücken, wo die grüne Markierung auf den Berg Prosečné (1372 m) abzweigt. Wir setzen jedoch unseren Weg in nordöstlicher Richtung auf einem Feldweg fort, an alten Heuschobern vorbei zum Südostrand der Ortschaft *Velké Borové* (850 m). Hier Abzweigung nach rechts, dem Bach Borovianka entlang gegen Osten. Ein breiter und bequemer Weg, der nur mäßig geneigt ist, bringt uns zu einer steil zu einer alten Mühle abfallenden Stelle und führt dann wieder aufwärts nach *Kvačany* durch das Tal *Kvačianska dolina* gegen Süden auf einer in den steilen linken Hang eingeschnittenen Fahrbahn. Aus Kvačany ohne Markierung in die Ortschaft *Dlhá Lúka* und von dort auf einem Feldweg in etwa südwestlicher Richtung bis nach *Prosiek*. Der Weg führt zuerst aufwärts, dann abwärts bis zu einem Bach und an ihm entlang bis in die Ortschaft. (Varianten: a: Abschnitt Kvačany – Prosiek mit Bus; b: Lediglich durch das Tal Prosiecka dolina bis an das Talende und zurück, wobei dann das weitere Tal Kvačianska dolina mit Pkw auf der Strecke Prosiek – Kvačany – Velké Borové befahren werden kann; c: gute Touristen können auf Grün auf den Berg Prosečné aufsteigen, von wo ein schöner Ausblick ist.)

74 Stankovany – Šíp – Kralovany, Bahnhaltestelle

Verkehrsmöglichkeiten Bahn Stankovany; Bahn und Bus Lubochňa und Kralovany.
Parkmöglichkeiten Stankovany, beim Bahnhof.
Unterkunftsmöglichkeiten Lubochňa, Hotel Fatra B; Ružomberok, Hotels Hrabovo B*, Kultúrny dom B, Savoy C u.a.; Autocamps: Dolný Kubín B, 15. 6.–15. 9.; Turany B, 1. 6.–15. 9.; Vrútky A, 15. 5.–15. 9.
Wegemarkierungen Die ganze Wanderung gelb.
Tourenlänge 5 Std. – Stankovany: 3 Std. (+720 m); Šíp: 2 Std. (–670 m); Kralovany, Bahnhaltestelle.

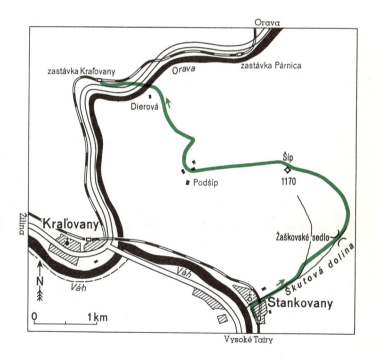

Höhenunterschiede +720 Meter, –670 Meter.
Wanderkarte Malá Fatra 1:100 000.
Anmerkung Wanderung mit herrlichen Aussichtspunkten, reiche Kalksteinflora. Abschließend Bademöglichkeit im Fluß Orava. – Rückweg Kralovany, Haltestelle – Stankovany mit Bahn (in Kralovany umsteigen).

Wissenswertes Lubochňa, staatlicher Kurort, Ausgangspunkt zum Tal Lubochnianska dolina. – Stankovany, Ortschaft, in der Umgebung sechs Mineralquellen und Torfmoor.

Tourenbeschreibung Vom Bahnhof *Stankovany* kurz gegen Norden, dann überquert man auf einer Brücke einen Bach und wandert bachaufwärts durch das Tal *Škutová dolina* gegen Nordosten. Nach etwa 3/4 Std. leichter Steigung in den Sattel *Žaškovské sedlo*, dort links in den Wald. Ein kurzer Aufstieg auf eine große Bergwiese, dann ein weiterer, steilerer Aufstieg durch zwei Streifen Wald und enge Hohlwege auf eine kleinere Bergwiese mit einem auffallenden Felsengebilde, der sog. *Škutová skála*. Dort Waldweg am Nordosthang des Berges Šíp am Felsen Okrúhlé skaly vorbei hinauf auf den Bergrücken. Der Pfad biegt links ab und führt zum Gipfel des *Šíp* (1170 m). Von dort in westlicher Richtung auf einem grasigen Bergrücken und dann zwischen kleineren Felsen in einen Wald bis zu einem, auf dem südwestlichen, niedrigeren Gipfel des Šíp stehenden Holzkreuz. Dann steiler Abstieg über Serpentinen im Wald, vorsichtig(!) traversieren wir ein kleines Tal, und weiter durch Wald hinunter zur ehemaligen Ortschaft *Podšíp*. Der Weg biegt gegen Nordosten ab über Weiden, wo die Markierung nur schwer zu finden ist. Deshalb muß man den richtigen Waldweg finden, der hinunter zur Wochenendsiedlung *Dierová* führt. Von dort links durch Wald, über eine Hängebrücke über den Fluß Orava und dann etwa fünf Minuten auf einer Asphaltstraße zur Bahnhaltestelle *Kralovany*.

75 Málinô – Šiprúň – Lubochňa

Verkehrsmöglichkeiten Bahn und Bus Ružomberok und Lubochňa; Bus Hrabovo.
Parkmöglichkeiten Talstation der Drahtseilbahn im Tal Hrabovo.
Unterkunftsmöglichkeiten Ružomberok, Hotels Kultúrný dom B, Savoy B, Liptov C; Hrabovo B*, Berghotel Malina B; Lubochňa, Hotel Fatra B; Autocamps: Vrútky A, 15. 5.–15. 9.; Turany B, 1. 6.–15. 9.
Wegemarkierungen Am Skilift vorbei – unterhalb Vtáčnik blau; Vtáčník – Westgipfel des Šiprúň grün; Šiprúň – Weggabelung Pod Chabzdovou rot; Chabzdová – Lubochňa blau.
Tourenlänge 6½ Std. – Hotel Malina: ¾ Std. (+ 230 m); Málinô: 1¾ Std. (+ 400 m, –150 m); Šiprúň: 1½ Std. (+ 100 m, –250 m); Salatínské Žiare: 1½ Std. (+ 100 m, –350 m); Kútnikov kopec: 1 Std. (–600 m); Lubochňa.

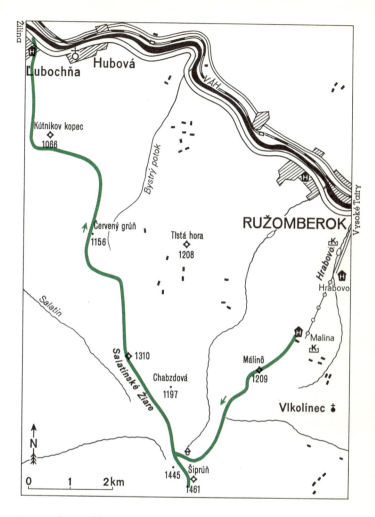

Höhenunterschiede +830 Meter, −1350 Meter.
Wanderkarte Velká Fatra 1:100 000.
Anmerkung Sehr anstrengede, aber gleichzeitig abwechslungreiche und dankbare Wanderung. Viele herrliche Aussichtspunkte. Rückkehr aus Lubochňa mit Bahn oder Bus.
Wissenswertes Ružomberok, wichtige Industriestadt, Kulturzentrum. Renaissancekirche der hl. Sophia. Im Stadtviertel Vlkolínec befindet sich ein Skansen. Ruine der Burg Likava. Ausgangspunkt vieler Wanderungen. – Lubochňa, Ortschaft im Tal des Flusses

Váh, Kurort, Ausgangspunkt für Wanderungen ins Gebirge Velká Fatra.

Tourenbeschreibung Zum Berghotel *Malina* gelangt man mit Drahtseilbahn aus dem Tal Hrabovo in zehn Minuten. Vom Hotel regelmäßig aufwärts den Masten des Skilifts entlang. Durch begrastes Terrain Aufstieg zum Gipfel des Bergs *Málinô* (1209 m), dann abwärts in südwestlicher Richtung, durch Wald und über Weiden, etwa einen Kilometer, bis man auf die grüne Markierung stößt. Auch auf Grün kurz abwärts in einen grasigen Sattel, von dort regelmäßig aufwärts auf einem begrasten Bergrücken und dann auf einem Waldweg in Serpentinen auf den Berg *Prednie*. Die grüne Markierung bringt uns unter den Westgipfel des Bergs Šiprúň. Hier Abzweigung auf Rot und über einen grasigen Sattel auf den niedrigeren Gipfel des Šiprúň (1461 m). Dieser Abschnitt dauert etwa ½ Stunde. Vom *Šiprúň* herrlicher Ausblick. Dann zurück auf Rot über Prednie auf den Sattel *Nižné Šiprúnské sedlo*. Hier zweigt man auf einen Nebenrücken des Hauptkamms ab und dann ein längerer Abstieg bis zur Kreuzung der Markierungen *Pod Chabzdovou*, wo die rote und gelbe Markierung rechts abzweigt. Wir folgen der blauen Markierung hinauf auf einen Bergrücken (*Salatínské Žiare* – 1310 m), von wo ein schöner Ausblick ist. Ein weiterer, längerer Wegabschnitt führt abwechselnd aufwärts und abwärts auf einem zum Großteil bewaldeten Bergrücken, der in etwa nordwestlicher Richtung zur Ortschaft Hubová führt. Unterwegs schöne Aussicht von einem reizvollen kleinen Bergrücken (*Kútnikov kopec* – 1066 m). Den Berg selbst umgeht man an seinem kahlen Süd- und Südwesthang, dann steiler Abstieg nach *Lubochňa*. (Variante: Falls wir auf dem Šiprúň feststellen sollten, daß wir unsere Kräfte überschätzt haben oder daß sich das Wetter verschlechtert hat, wählen wir lieber den gleichen Weg zurück zum Ausgangspunkt.)

76 Stredná Revúca – Čierny kameň – Ploská – Kýšky – Vyšná Revúca

Verkehrsmöglichkeiten Bahn Liptovská Osada; Bus Stredná Revúca und Vyšná Revúca.
Parkmöglichkeiten In Stredná Revúca.
Unterkunftsmöglichkeiten Ružomberok, Hotels Hrabovo B*, Kultúrny dom B, Savoy C, Liptov C; Donovaly, Sporthotel B*; Banská Bystrica, Hotels Lux B*, Urpín B*, Národný dom B; Autocamps: Banská Bystrica B, 1. 5.–30. 9.; Donovaly, Kamzík A, 15. 6.–15. 9.

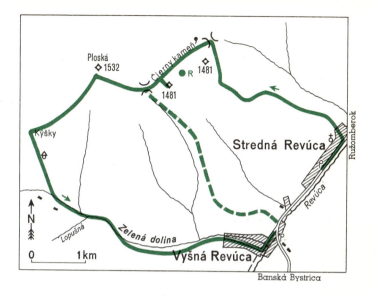

Wegemarkierungen Stredná Revúca – Sattel unter dem Čierny kameň rot; Sattel unter dem Čierny kameň – Sattel Ploská grün; Sattel Ploská – Ploská gelb; Ploská – Kýšky rot; Kýšky – Vyšná Revúca gelb.

Tourenlänge 5³/₄ Std. – Stredná Revúca: 2 Std. (+ 650 m); Sattel unter dem Čierny kameň: ³/₄ Std. (+ 180 m, −50 m); Sattel Ploská: 1¹/₄ Std. (+ 150 m, −230 m); Kýšky: 1³/₄ Std. (−650 m); Vyšná Revúca.

Höhenunterschiede + 980 Meter, −930 Meter.

Wanderkarte Velká Fatra 1:100 000.

Anmerkung Eine der schönsten Wanderungen in der Velká Fatra. Sie führt auf den dolomitischen Čierny kameň, aber auch auf breite, grasbewachsene Hänge mit Alpencharakter. Die anspruchsvolle Wanderung ist nur bei beständiger Witterung zu empfehlen. Bei der Gipfelpartie Ploská erschwerte Orientierung! Varianten: Bei Wetterverschlechterung Rückkehr vom Sattel unter dem Čierny kameň auf dem Aufstiegsweg, oder vom Sattel Ploská auf Gelb direkt nach Vyšná Revúca.

Wissenswertes Revúcká dolina, ein 25 km langes Tal, Ausgangspunkt für Wanderungen in die Velká Fatra und die Nízké Tatry. Im Tal liegt der Kurort Korytnica sowie Ortschaften mit erhaltener Volksarchitektur: Liptovská Revúca, Liptovská Lužná und Liptovská Osada. Die schönsten Objekte der Volksarchitektur findet man jedoch in der ehemaligen Ortschaft Vlkolínec. – Čierny kameň, Berg und Naturschutzgebiet, das vom dendrologischen und botanischen Gesichtspunkt interessant ist.

Tourenbeschreibung In *Stredná Revúca* verlassen wir den Bus und kehren zur Kirche zurück. Bei der Kirche durch ein Gäßchen links bachaufwärts. Hinter den letzten Häusern der Ortschaft Weggabelung, dort rechts aufwärts auf einen nahen Kamm. Auf ihm gegen links, meist durch offene Landschaft mit lokalen Ausblicken. Über ehemalige Viehweiden in lichte Waldpartien. Im Bogen nach rechts, gegen Nordwesten, und sobald der Wald zu Ende ist, steil aufwärts. Der Aufstieg, der in seinem letzten Abschnitt schon mäßiger ist, führt in den Sattel unter dem nordöstlichen Gipfel des *Čierny kameň* (1481 m). Kurz nachher, auf einem sich nach links windenden Pfad, erreicht man eine Kreuzung markierter Wege (Trinkwasser). Weiter auf Grün in südwestlicher Richtung, zuerst durch Wald, dann durch unbewaldete Landschaft am Nordwesthang des Čierny kameň, dann hinauf auf seinen Südwestgipfel (1481 m – schöne Aussicht). Abstieg in den Bergsattel Ploská, von links mündet die gelbe Markierung, auf der man dann, ein Stück Wegs hinter dem Sattel zwischen den Bergen Ploská und Čierny kameň, links abzweigt und zum Gipfel des *Ploská* aufsteigt. Die Markierung ist in diesem Abschnitt nur in größeren Abständen zu finden. Vom Gipfel (1532 m) schöne Ausblicke. Abstieg in etwa südwestlicher Richtung auf Rot gegen *Kýšky*. Von rechts kommt eine blaue Markierung. Vom Markierungskreuz beginnt der Abstieg links nach Vyšná Revúca, zuerst in südöstlicher, dann östlicher Richtung auf Gelb, an einer Sennhütte vorbei, die links liegenbleibt, dann etwa 45 Minuten durch bewaldetes Terrain zu einer Radovo genannten Stelle. Von dort durch das enge Tal *Zelená dolina,* am Bach Lopušná entlang. In etwa $1/2$ Stunde erreicht man die ersten Häuser von *Vyšná Revúca*. Der letzte Wegabschnitt führt durch schmale Gäßchen der Ortschaft zur Bushaltestelle.

77 Ludrová – Salatín

Verkehrsmöglichkeiten Bahn Ružomberok; Bus Ludrová.
Parkmöglichkeiten in Ludrová.
Unterkunftsmöglichkeiten Siehe Wanderung 73.
Wegemarkierungen Ludrová – Salatín rot; Salatín – Ludrová grün.
Tourenlänge 7 Std. – Ludrová: 1½ Std. (+250 m); Hučiaky: 2½ Std. (+830 m); Salatín: ¾ Std. (–190 m); Úplazy: 2¼ Std. (–890 m); Ludrová.
Höhenunterschiede +1080 Meter, –1080 Meter.
Wanderkarte Nízke Tatry 1:100 000, Velká Fatra 1:100 000.
Anmerkung Anstrengende, insbesondere im letzten Wegabschnitt außerordentlich steile Wanderung. Kalksteinflora. Herrlicher Rundblick fast auf alle Gebirge der Slowakei.
Wissenswertes Hučiaky, Karstcañon, in dem sich noch einige Bären aufhalten. – Salatín (1630 m), selbständige Berggruppe südöstlich von Ružomberok.

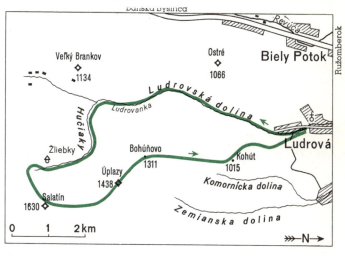

Tourenbeschreibung Von der Busstation am Südrand der Ortschaft *Ludrová* zuerst durch unbewaldete Landschaft auf der gegen Süden führenden Straße. Nach etwa 15 Minuten beginnt ein bewaldeter Abschnitt, man betritt das Tal Ludrovská dolina. Leicht ansteigender Weg flußaufwärts am Flüßchen Ludrovanka entlang, dann Abzweigung nach links gegen Osten. Auf Waldweg zu einem felsigen, *Hučiaky* genannten Engpaß. Nach etwa einer halben Stunde Richtungsänderung gegen Süden und Aufstieg auf einen

Bergkamm. Rechts liegt die Sennhütte Žliebky. Der Weg wird weniger steil und wendet sich wieder gegen Osten. Am Waldende außerordentlich steiler Aufstieg in nordöstlicher Richtung auf den Gipfel des *Salatín*. Der Pfad ist steinig, später felsig und führt schließlich durch Knieholz. Nach Bewältigung des steilsten Abschnitts mündet von rechts eine grüne Markierung ein, dies dicht unter dem Gipfel, den ein größeres Plateau bildet. Rückweg auf Grün (gegen Norden) praktisch ständig auf einem Gebirgskamm, der zuerst mit Knieholz, später mit Wald bestanden ist. Nach etwa einer Stunde wendet sich der Weg gegen Nordwesten. Das Knieholz endet und nun aufwärts über ein grasiges Terrain auf den Gipfel *Úplazy* (1438 m) mit Aussicht. Weiter durch Wald zum Gipfel des Bergs Bohúňovo (1311 m) und des Kohút (1015 m). Steiler Abstieg in nordwestlicher Richtung ins Dorf *Ludrová*.

78 Donovaly – Zvolen – Nižná Revúca

Verkehrsmöglichkeiten Bahn Ružomberok und Banská Bystrica; Bus Donovaly und Nižná Revúca.
Parkmöglichkeiten Donovaly, beim Športhotel u. a.
Unterkunftsmöglichkeiten Donovaly, Športhotel B*; Ružomberok, siehe Wanderung 73; Banská Bystrica, siehe Wanderung 76.

Wegemarkierungen Donovaly – Zvolen rot; Zvolen – Nižná Revúca gelb.
Tourenlänge 3 Std. – Donovaly: 1¼ Std. (+450 m); Zvolen: 1¾ Std. (–750 m); Nižná Revúca.
Höhenunterschiede +450 Meter, –750 Meter.
Wanderkarte Nízke Tatry 1:100000.
Anmerkung Nicht sehr anspruchsvolle Wanderung mit schönen Ausblicken auf die Nízke Tatry und Velká Fatra.
Wissenswertes Donovaly, etwa 1000 m, Zentrum des Sommer- und Wintertourismus im westlichsten Teil der Nízké Tatry.
Tourenbeschreibung Vom Športhotel *Donovaly* zuerst mäßig aufwärts gegen Nordwesten. Durch den Zipfel eines Waldes zum südlichen Muldental des Bergs *Zvolen* zu einem Skilift. Nun steil aufwärts in nordöstlicher Richtung, von der Bergstation des Skilifts hinauf in den Sattel im Südostkamm des Bergs. Von dort schon mühelos zum unbewaldeten Gipfel (1403 m), mit schönem Rundblick. Die rote Markierung führt weiter gegen Westen, wir biegen jedoch in nordöstlicher Richtung auf Gelb ab und erreichen auf einem breiten Bergrücken ohne nennenswerte Höhenunterschiede den schmäleren Abschnitt des Rückens und den Berg *Malý Zvolen* (1372 m). Auch der weitere Weg bietet schöne Ausblicke vom Bergrücken und von Lichtungen. Über den Berg *Končitá* nun regelmäßiger, in der zweiten Hälfte ziemlich steiler Abstieg (Richtung Nord-Nordwest) nach *Nižná Revúca*. Rückkehr nach Donovaly mit Bus möglich (in Liptovská Osada umsteigen).

79 Magurka – Chabenec

Verkehrsmöglichkeiten Bus Železnô und Magurka (über Partizánská Lupča).
Parkmöglichkeiten In der Ortschaft bei der Berghütte Magurka; Pkw-Auffahrt auf der Trasse der Buslinie. Im letzten Abschnitt starke Steigung, im Winter oft unbefahrbar.
Unterkunftsmöglichkeiten Ružomberok, Hotels Hrabovo B*, Kultúrny dom B, Savoy C, Liptov C; Donovaly, Športhotel B; Magurka, Berghütte Magurka B und Blockhütten; Autocamp: Liptovský Hrádok A, 1. 6.–31. 8.
Wegemarkierungen Magurka – zum Hauptkamm gelb; Kammweg hin und zurück rot; Sattel Ďurková – Magurka grün.
Tourenlänge 5½ Std. – Magurka: 1½ Std. (+500 m); Hauptkamm: 1 Std. (+250 m, –50 m); Sattel Ďurková: 1 Std. (+200 m); Chabenec: ¾ Std. (–200 m); Sattel Ďurková: 1¼ Std.

(−700 m); Magurka.
Höhenunterschiede + 950 Meter, −950 Meter.
Wanderkarte Nízke Tatry 1 : 100 000.
Anmerkung Wanderung über den Westteil des Kamms der Nízke Tatry. Bei Nebel ist der Kammweg nicht zu empfehlen, dann eventuell lediglich Besichtigung der alten Stollen oberhalb von Magurka oder Ausflug ins Tal Ďurková (Spuren einer großen Lawine).
Wissenswertes Magurka (1036 m), Bergmannssiedlung aus dem 13. Jahrhundert (Gold, Silber). Einige Stollen (der längste ist 3 Kilometer lang, trocken) und Wege, die die Bergleute benützten, sind erhalten geblieben. – Železnô, kleine Sommerfrische mit Kindererholungsheim. – Chabenec (1955 m), einer der mit dem Slowakischen Nationalaufstand verbundenen Berge. Herrliche Aussicht gegen Osten auf den ganzen Bergzug Nízké Tatry.

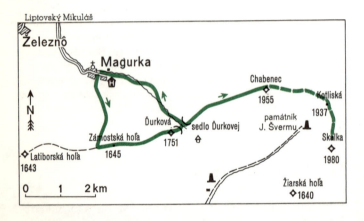

Tourenbeschreibung Aus der Ortschaft *Magurka* steil aufwärts auf Abkürzungen zur sogenannten »bašovna«, der ehemaligen Erzwäscherei. Hier stoßen wir auf einen alten Bergmannssteig. Unsere gelbe Markierung zweigt nach links ab, auf einem Waldpfad steil nach oben bis auf eine Bergwiese (Striebornica). Von ihrem oberen Rand durch Knieholz, dann traversiert man einen steilen Hang und erreicht den Hauptkamm im Bereich des Bergs *Zámostská hoľa*. Dann regelmäßig am Hauptkamm aufwärts gegen Osten. Etwas steiler ist der Aufstieg auf den Berg *Ďurková*, von dort abwärts in den gleichnamigen Sattel, wo die grüne Markierung kreuzt. Rechts unter dem Kamm ist eine Sennhütte. Vom Sattel beginnt wieder eine mäßige Steigung, dann biegt der Weg nach links und wir besteigen zuerst den westlichen und nach einer Weile den östlichen Gipfel des *Chabenec*. – Vom Gipfel denselben Weg zurück bis in den Sattel Ďurková, dort rechts ab auf Grün. Abstieg durch eine steile Mulde, wo im Jahr 1970 eine riesige Lawine niedergegängen ist, deren vernichtende Spuren noch heute zu sehen sind. Auch unser Pfad ist in diesem Abschnitt beschädigt. Am Ende der Mulde führt bereits ein gut erhaltener Waldweg zu einer Hüttenkolonie und zum Skilift und dann im Bogen zurück nach *Magurka*. (Varianten: a: bei besonders gutem Wetter können gute Touristen die Wanderung verlängern, vom Chabenec weiter zu den Kotliská, etwa 45 Minuten, und von dort auf Gelb vom Hauptkamm gegen Süden auf den Berg Skalka (1980 m) mit einzigartigem Ausblick. Diese Variante erfordert weitere drei Stunden. – b: Bei Nebel oder drohender Witterungsverschlechterung ist zu empfehlen, die Kammwanderung auszulassen und schon vom Sattel Ďurková nach Magurka abzusteigen.)

80 Chopok – Pol'ana – Bory – Siná – Demänovské jaskyně

Verkehrsmöglichkeiten Siehe Wanderung 81, nördliche Variante.
Parkmöglichkeiten Siehe Wanderung 81, nördliche Variante.
Unterkunftsmöglichkeiten Siehe Wanderung 81, nördliche Variante.
Wegemarkierungen Chopok – Pol'ana rot; Pol'ana – Demänovské jaskyně gelb.
Tourenlänge 6 Std. – Chopok: ½ Std.; Dereše: 1 Std. (–200 m, + 100 m); Pol'ana: 1 Std.; Bory: 2 Std. (–500 m, + 50 m); Markierungskreuz unterhalb Siná: 1½ Std. (–550 m); Demänovské jaskyně.
Höhenunterschiede –1250 Meter, + 150 Meter.
Wanderkarte Nízke Tatry 1:100000.
Anmerkung Ziemlich anspruchsvolle Wanderung mit herrlichen Ausblicken. Nur bei beständiger Witterung zu empfehlen. Der Rücken des Bergs Bory ist ziemlich scharf und schmal. Schwindelgefahr!
Wissenswertes Chopok (2024 m), zweithöchster Berg der Nízke Tatry, sehr stark besuchter Aussichtspunkt. Ausgezeichnetes Skiterrain, insbesondere an den Nordhängen. Eine Reihe von Skilifts. Demänovská jaskyňa Slobody (870 m), eine Reihe von Tropfsteingrotten, die schönsten ihrer Art in der ČSSR, mit reichem und

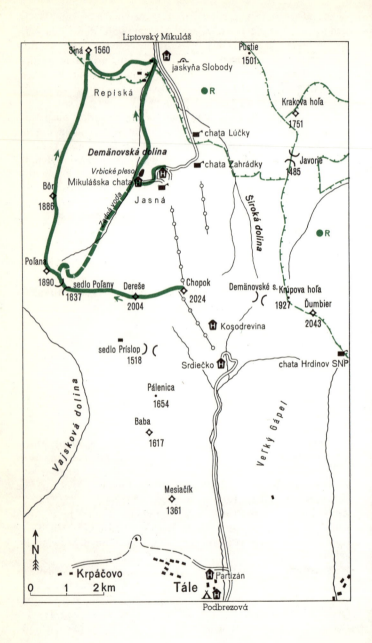

buntem Tropfsteinschmuck. Die Besichtigung der fünf Stockwerke der Grotten dauert 1½ Stunden.

Tourenbeschreibung Von der Hütte Kamenná chata in *Chopok* an den Südhängen des Hauptkamms in westlicher Richtung bis zum Sattel unter dem Berg *Pol'ana* (Markierungskreuz mit Gelb), Der Pfad ist in seinem ersten Abschnitt verhältnismäßig stark frequentiert und führt vorwiegend abwärts. Ein kleiner Anstieg am Südhang vor dem Berg *Dereše* und dann kurz hinauf auf den Gipfel. Dort schöner Blick insbesondere gegen Westen. Dann wieder abwärts, erst aus dem Sattel des Bergs Pol'ana etwa 15 Minuten aufwärts zum Gipfel. Dort rechtwinklig gegen Norden und in gleicher Richtung bis zum Markierungskreuz unter dem Berg Siná. Der Weg vom Gipfel des Pol'ana steigt mäßig auf die einzelnen Gipfel der Berggruppe *Bory* (es sind drei, der erste ist der höchste von ihnen) und führt dann abwärts. Der Kamm ist verhältnismäßig schmal und fällt steil ab. Der letzte, lang und regelmäßig abwärts führende Abschnitt durch Knieholz in den Sattel unter dem Berg *Siná*, der bereits bewaldet ist. Von dort steil hoch bis zum Markierungskreuz, dann rechts durch Wald, meist steil hinunter, bis man malerische Gebirgswiesen erreicht. Weiter steil abwärts nach links, an einem Bach entlang ins Tal *Demänovská dolina* und zur Hauptstraße, auf die man einige Hundert Meter von der Bushaltestelle stößt. (Verkürzte Variante: vom Sattel Pol'ana rechts auf Gelb zum See Vrbické pleso, 1½ Std., –730 m. Zuerst in Serpentinen auf einem neuen Weg abwärts bis zu einem Grasplatz am Ende des Tals. Weiter am Bach Zadná voda entlang bis zum See Vrbické pleso. – Verlängerte Variante: von der Kreuzung der Markierungen unterhalb des Siná steil aufwärts – lokale Markierung, gelbes Dreieck – bis zu seinem Gipfel mit herrlicher Aussicht.)

81 Chopok – Ďumbier

Verkehrsmöglichkeiten *Vom Norden:* Bahn Liptovský Mikuláš; Bus Demänová – Jasná. *Vom Süden:* Bahn Brezno und Podbrezová; Bus Tále – Srdiečko.

Parkmöglichkeiten *Vom Norden:* Grotte Jaskyňa Slobody; Lúčky; Zahrádky; Jasná (MNV). *Vom Süden:* Autocamp Tále oder Hotel Srdiečko.

Unterkunftsmöglichkeiten *Vom Norden:* Liptovský Mikuláš, Hotels Jánošík B, Európa C, Kriváň C; Motel Hybe A; Jasná, Hotel Družba B, Horský hotel bei den Grotten Demänovské jaskyně, Mikulášská chata C; Autocamp: Demänová B, 1. 5.–30. 9. *Vom*

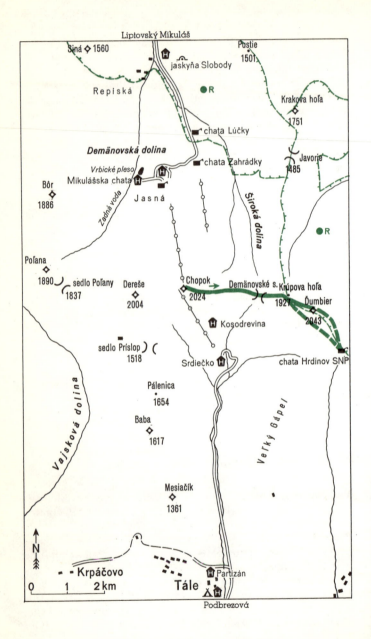

Süden: Podbrezová, Hotel Podbrezovan C; Brezno, Hotels Hron C, Ďumbier C; Mýto pod Ďumbierom (Bystrá dolina), Motel Tále A, Hotel Partizán B*, Srdiečko B, Kosodrevina B; Autocamp: Tále B, 1. 6.–30. 9.

Wegemarkierungen Chopok – Ďumbier rot.

Tourenlänge 4 Std. – Chopok, Bergstation des Sessellifts: ³/₄ Std. (−240 m); Demänovské (Široké) sedlo – Sattel: ³/₄ Std. (+150 m); Krúpova hoľa: ¹/₂ Std. (+100 m); Ďumbier – und zurück.

Höhenunterschiede +500 Meter, −500 Meter.

Wanderkarte Nízke Tatry 1:100 000.

Anmerkung Mittelmäßig anspruchsvolle Wanderung auf dem Hauptkamm des Gebirges Nízke Tatry, den man mit Sessellift in 15 Minuten (Höhenunterschied 760 m) vom Norden aus Jasná, oder vom Süden (Höhenunterschied 780 m) vom Hotel Srdiečko erreicht. Unterwegs ständig schöne Ausblicke. Bei der Bergstation des Sessellift Orientierung an einer Aussichtsrosette. Jähe Wetterumschläge möglich! Der Wanderweg ist verhältnismäßig stark begangen.

Wissenswertes Chopok (2024 m), zweithöchster Berg der Nízke Tatry, sehr stark besuchter Aussichtspunkt. Ausgezeichnetes Skiterrain, insbesondere an den Nordhängen. Eine Reihe von Skilifts. – Ďumbier (2043 m), höchster Berg der Nízke Tatry. Fällt gegen Norden steil ab, 500 Meter hohe Wand mit Gletscherkaren. Südöstlich vom Gipfel die Chata hrdinů SNP (Berghütte der Helden des Slowakischen Nationalaufstands – 1740 m).

Tourenbeschreibung Zuerst besteigen wir auf einem steinigen Weg in östlicher Richtung (ohne Markierung) den Gipfel des *Chopok* (10 Minuten). Dann zurück zur Berghütte und auf Rot gegen Osten bis Südosten auf dem zum Teil hergerichteten Kammweg. Zuerst zusammenhängend absteigend bis zum Sattel *Demänovské* (auch *Široké*) *sedlo*, dem niedrigsten Punkt der Wanderung. Von dort traversiert man regelmäßig aufwärts bis auf den Berg *Krúpova hoľa*. Dicht unter dem Gipfel ist eine Wegekreuzung (nach links grüne und gelbe Markierung, nach rechts nur Grün), wir folgen jedoch weiter der roten Markierung auf einem gepflegten breiten Pfad aufwärts zum Gipfel des *Ďumbier*. Zurück auf demselben Weg. (Variante: vom Ďumbier Abstieg auf Rot in südöstlicher Richtung zur chata Hrdinů SNP, ³/₄ Std., −300 m. Von dort auf Grün an den Südwesthängen des Ďumbier zurück zur Krúpova hoľa, 1¹/₄ Std., +190 m, und zum Chopok.)

82 Jaskyňa Slobody – Krakova hol'a – sedlo (Sattel) Javorie – Lúčky

Verkehrsmöglichkeiten Bahn Liptovský Mikuláš; Bus Demänová – Jasná.
Parkmöglichkeiten Bei der Grotte jaskyňa Slobody.
Unterkunftsmöglichkeiten Liptovský Mikuláš, Hotels Jánošík B, Európa C, Kriváň C; Motel Hybe A; Jasná, Hotel Družba B, Horský hotel bei den Grotten Demänovské jaskyně, Mikulášská chata C; Autocamp: Demänová B, 1. 5.–30. 9.
Wegemarkierungen Jaskyňa Slobody – Krakova hol'a blau; Krakova hol'a – Sattel Javorie gelb; Sattel Javorie – Lúčky rot und gegen Ende grün.
Tourenlänge 5 Std. – Jaskyňa Slobody: 2 Std. (+ 600 m); Pustie: 1¼ Std. (+ 260 m); Krakova hol'a: ½ Std. (–280 m); Sattel Javorie: 1¼ Std. (–500 m); Lúčky, Bushaltestelle.
Höhenunterschiede + 860 Meter, –780 Meter.
Wanderkarte Nízke Tatry 1:100000.
Anmerkung Anstrengende Wanderung durch Kalksteinterrain. Besonders im Juni zu empfehlen. Wenig frequentiert, außerordentlich schöne Ausblicke.
Wissenswertes Grotte Demänovská jaskyně, siehe Wanderung 83.
Tourenbeschreibung Von der Grotte *jaskyňa Slobody* steiler Anstieg auf zahlreichen Serpentinen. Verhältnismäßig lichter Wald, lokale Ausblicke. Über einen kleinen Bergkamm erreicht man bald das untere Hochplateau des Berg *Pustie*. Aufwärts über dieses Plateau, zum Teil noch auf Serpentinen, in etwa östlicher Richtung. Vom zweiten, dem oberen Hochplateau traversiert man auf einem Pfad einen langen steilen Hang und gelangt bis dicht unter den Gipfel des Pustie (1501 m), auf den eine kurze Abzweigung hinaufführt. Dort herrliche Aussicht. Mäßig abwärts in den Sattel *Machnaté sedlo*, wo man auf einen Fußweg stößt, der in nordwestlicher Richtung über Demänovská Poludnica (1304 m) zu einem Autocamp führt. Wir folgen jedoch der blauen Markierung, die allmählich gegen Südosten abbiegt, und über einige Bergwiesen ziemlich steil aufwärts erst durch Wald und dann Knieholz bis zum Markierungskreuz unterhalb des Bergs *Krakova hol'a*. Dort auf Gelb links etwa 300 Meter zum Gipfel (1751). Abwärts auf Gelb über den Südkamm des Bergs durch Knieholz und später über Bergwiesen. Im letzten Wegabschnitt steiler Abstieg in den Sattel *Javorie* (1485 m). Von dort auf Rot nach rechts, in etwa westlicher Richtung, zum Teil steil abwärts ins Tal Široká dolina, und auf Grün an einem Bach entlang bis *Lúčky* zur Bushaltestelle.

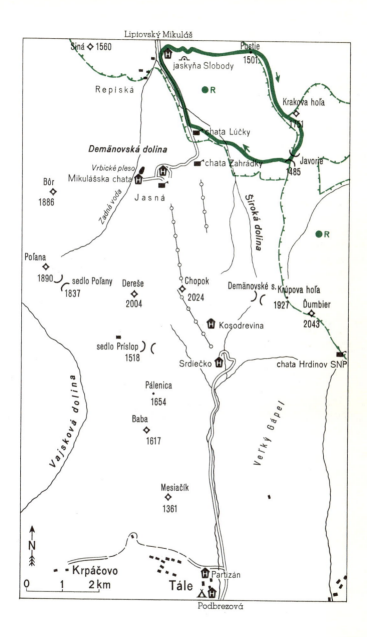

83 Vrbické pleso – jaskyňa Slobody

Verkehrsmöglichkeiten Bahn Liptovský Mikuláš; Bus Demänová – Jasná.
Parkmöglichkeiten Bei der Grotte jaskyňa Slobody.
Unterkunftsmöglichkeiten Liptovský Mikuláš, Hotels Jánošík B, Európa C, Kriváň C; Motel Hybe A; Jasná, Hotel Družba B, Horský hotel bei den Grotten Demänovské jaskyně, Mikulášská chata C; Autocamp: Demänová B, 1. 5.–30. 9.
Wegemarkierungen Vrbické pleso – jaskyňa Slobody blau.
Tourenlänge Vrbické pleso: 1¼ Std. (–200 m); jaskyňa Slobody.
Höhenunterschiede –200 Meter.
Wanderkarte Nízke Tatry 1:100 000.
Anmerkung Kurze, mit einer Besichtigung der Grotte jaskyňa Slobody beendete Wanderung.
Wissenswertes Vrbické pleso, 25 ha, größter Bergsee der Nízke Tatry, ein Relikt ehemaliger Vereisung. – Demänovská jaskyňa Slobody (870 m), eine Reihe von Tropfsteingrotten, die schönsten ihrer Art in der ČSSR, mit reichem und buntem Tropfsteinschmuck. Die Besichtigung der fünf Stockwerke der Grotten dauert 1½ Stunden.
Tourenbeschreibung Die Wanderung beginnt bei der Endstation des Busses in *Jasná*. Etwa 1 Kilometer auf Gelb, zum Teil auf einer Straße, erst gegen Südwesten, dann kurz gegen Westen, zur Berghütte *Mikulášska chata*. Vor ihr Abzweigung nach rechts zum See Vrbické pleso. Vom See abwärts auf Blau über einen Moränenwall in etwa nördlicher Richtung in das Tal *Demänovská dolina*. Rechts vom Bach Zadná voda führt ein Waldweg auf die Bergwiesen (Hochplateaus) Šulkovo und Repiská bis an das Ufer des Bachs. Dann wendet sich der Weg gegen Nordosten. Im letzten Wegabschnitt entlang einer Asphaltstraße. Wanderungsabschluß: Besichtigung der Grotten *Demänovská jaskyňa Slobody*.

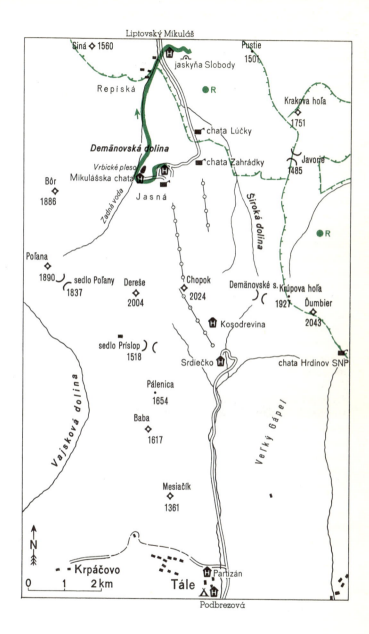

84 Vyšná Boca – Sattel Bocké sedlo – Rovná hoľa – Nižná Boca

Verkehrsmöglichkeiten Bahn Liptovský Hrádok und Brezno; Bus Vyšná Boca und Nižná Boca.
Parkmöglichkeiten In Vyšná Boca oder Nižná Boca.
Unterkunftsmöglichkeiten Liptovský Mikuláš, Hotels Jánošík B*, Európa B, Kriváň C; Liptovský Hrádok, Hotel Smrek C; Nižná Boca, chata Kamenica B; Vyšná Boca, Hradocká chata A/B, chata Baník B; Čertovica, chata Čertovica C, Športhotel C; Autocamp: Liptovský Hrádok, Borová Sihoť A, 1. 6.–31. 8.
Wegemarkierungen Vyšná Boca – Sattel Bocké sedlo gelb; Sattel Bocké sedlo – Rovná hoľa grün; Rovná hoľa – Nižná Boca gelb.
Tourenlänge 4½ Std. – Vyšná Boca: 1¾ Std. (+ 500 m); Bocké sedlo: 1 Std. (+ 220 m); Rovná hoľa: 1¾ Std. (–870 m); Nižná Boca.
Höhenunterschiede + 720 Meter, –870 Meter.
Wanderkarte Nízke Tatry 1:100000.
Anmerkung Mittelmäßig anstrengende Wanderung auf einen nördlichen, wenig frequentierten Ausläufer der Nízke Tatry. Schöne Ausblicke, viel Knieholz, stellenweise beschwerlicher Durchgang. Orientierung in den Gipfelpartien nicht leicht. Bei Nebel und ungünstiger Witterung nur bis zum Sattel Bocké sedlo und zurück.
Wissenswertes Nižná Boca (850 m) und Vyšná Boca (1000 m), ursprünglich Bergmannssiedlungen, Volksarchitektur. Heute Zentren des Sommer- und Wintertourismus. Hier führt eine Asphaltstraße, die über den Sattel Čertovica (1238 m) den Kamm der Nízké Tatry überschreitet. – Rovná hoľa (1723 m), Berg, an seinen Hängen Spuren ehemaliger Fördertätigkeit.
Tourenbeschreibung Von der Bushaltestelle in *Vyšná Boca* auf der Hauptstraße hinauf in den Sattel Čertovica (etwa 15 Minuten). (Variante: Aufstieg auch auf einem unter der Straße führenden Weg möglich). In einer großen Serpentine zweigt unsere gelbe Markierung nach rechts ab und führt uns in das malerische Tal Stará Boca. Allmählicher Anstieg über Wiesen am Bach *Bocianka* aufwärts. Der Aufstieg wird steiler, das Tal verengt sich, die Wiesen weichen dem Wald. Im letzten Viertel dieses Abschnitts gabelt sich das Tal, wir halten die bisherige Richtung ein (der zweite Talzweig bleibt links), und steigen durch einen Waldzipfel auf der Trasse eines ehemaligen Bergarbeiterwegs und über einen begrasten Hang hinauf in den Sattel *Bocké sedlo*. Die gelbe Markierung führt weiter zur chata hrdinů SNP (Berghütte der Helden des Slowakischen Nationalaufstands). Wir zweigen jedoch im rechten

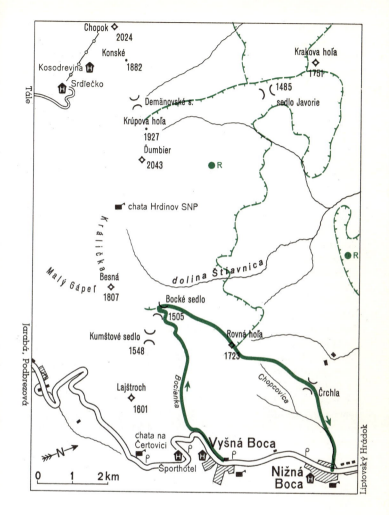

Winkel auf Grün nach rechts, gegen Norden, ab. Ein Pfad führt uns über Bergwiesen bis hinauf auf den Kamm. Dann traversiert man den Hang des Bergs *Rovná hol'a,* der stark mit Knieholz bewachsen ist. Der letzte Abschnitt führt über einen begrasten Streifen. Beim Abstieg kehren wir zuerst kurz auf Gelb zurück und umgehen dann den Gipfel scharf links bis zu einem größeren Hochplateau. Von dort auf dem gut erkenntlichen Kamm über Viehweiden und dann steil abwärts, teilweise im Wald, in den Sattel *Črchla* und dort nach rechts in das grasige Tal Chopkovica und nach *Nižná Boca.*

85 Kosodrevina – Príslop – Pálenica – Tále

Verkehrsmöglichkeiten Bahn Brezno und Podbrezová; Bus Tále oder Srdiečko.
Parkmöglichkeiten Tále, beim Motel oder im Autocamp; Srdiečko, bei der Drahtseilbahnstation.
Unterkunftsmöglichkeiten Brezno-Bystrá dolina, Tále, Motel A, Hotels Partizán B*, Srdiečko B, Kosodrevina B; Brezno-mesto (Stadt), Hotels Hron C, Ďumbier C; Podbrezová, Hotel Podbrezovan C; Autocamp: Tále B, 1.6.–30. 9.
Wegemarkierungen Hotel Kosodrevina – Príslop blau; Príslop – Tále gelb.
Tourenlänge 4 Std. – Kosodrevina: 3/4 Std. (–100 m); Príslop: 3/4 Std. (+150 m); Pálenica: 1/2 Std. (–100 m); Baba: 3/4 Std. (–300 m); Mesiačik: 1 1/4 Std. (–550 m); Tále.
Höhenunterschiede +150 Meter, –1050 Meter.
Wanderkarte Nízke Tatry 1:100 000.
Anmerkung Ziemlich leichter Abstieg über einen der südlichen Zweige der Nízke Tatry.
Wissenswertes Vajskova dolina, das romantischste Tal in den südlichen Nízke Tatry. Wasserfälle.
Tourenbeschreibung Vom Hotel Srdiečko zum Hotel *Kosodrevina* mit Sessellift. Von dort breiter Weg auf Blau gegen Westen in den Sattel *Príslop*. Beim Markierungskreuz links auf Gelb abzweigen, kurz abwärts. Abseits vom Hauptkamm auf einen der westlichen Zweige des Gebirges, auf den Berg *Pálenica* (1654 m), mit schönen Ausblicken in das wilde Tal *Vajskova dolina*. Vom Gipfel führt uns (schönster Abschnitt der Wanderung) unsere Markierung auf einem scharfen Kamm östlich vom Gipfel des Bergs *Baba* (1617 m), den man auf einer Abzweigung nach rechts nach etwa 10 Minuten erreicht. Der dritte Gipfel unserer Wanderung ist der *Mesiačik* (1361 m). Wir umgehen ihn jedoch von rechts und steigen auf einem steilen Südhang hinab zum Hotel Partizán in *Tále* (Schwimmbad).

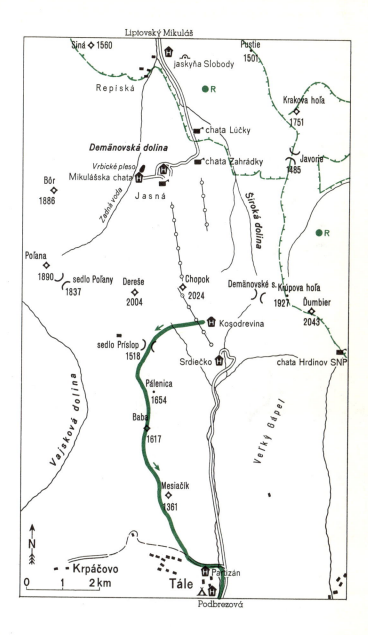

86 Kosodrevina – Králička – Lajštroch – Čertovica

Verkehrsmöglichkeiten Bahn Brezno und Podbrezová; Bus Tále oder Srdiečko, Bus Čertovica und Bystrá.
Parkmöglichkeiten Tále, beim Motel oder im Autocamp; Srdiečko, bei der Drahtseilbahnstation.
Unterkunftsmöglichkeiten Brezno-Bystrá dolina, Tále, Motel A, Hotels Partizán B*, Srdiečko B, Kosodrevina B; Brezno-mesto (Stadt), Hotels Hron C, Ďumbier C; Podbrezová, Hotel Podbrezovan C; Autocamp: Tále B, 1. 6.–30. 9.

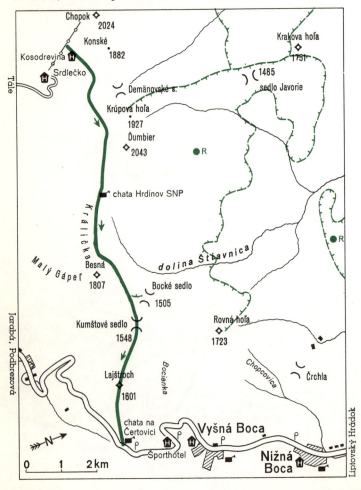

Wegemarkierungen Hotel Kosodrevina – chata hrdinov SNP blau; chata hrdinov SNP – Čertovica rot.
Tourenlänge 4 Std. – Kosodrevina: 1¼ Std. (+240 m); chata hrdinov SNP: 2¾ Std. (+80 m, –580 m); Čertovica.
Höhenunterschiede +320 Meter, –580 Meter.
Wanderkarte Nízke Tatry 1:100 000.
Anmerkung Nicht anstrengende Wanderung, vorwiegend auf dem Kamm der Nízke Tatry. Schöne Ausblicke.
Wissenswertes Chopok (2024 m), zweithöchster Berg der Nízke Tatry, sehr stark besuchter Aussichtspunkt. Ausgezeichnetes Skiterrain, insbesondere an den Nordhängen. Eine Reihe von Skilifts. – Ďumbier (2043 m), höchster Berg der Nízke Tatry. Fällt gegen Norden steil ab, 500 Meter hohe Wand mit Gletscherkaren. Südöstlich vom Gipfel die Chata hrdinů SNP (Berghütte der Helden des Slowakischen Nationalaufstands – 1740 m).
Tourenbeschreibung Vom Hotel *Kosodrevina* auf Blau in etwa östlicher Richtung. Auf einem gut gepflegten Weg mit kurzem Anstieg im zweiten Drittel bis zur *chata hrdinov SNP* (Berghütte der Helden des Slowakischen Nationalaufstands), von dort gegen Südosten zuerst auf Rot und Gelb, später nur auf Rot. Aufwärts auf einen langgezogenen, grasigen Rücken namens *Králička*, über den Berg *Besná* (1807 m) und dann steil hinab durch Knieholz in den Sattel *Kumštové sedlo* (1548 m). Von dort wieder aufwärts auf den kahlen Berg *Lajštroch* (1601 m). Dann sehr steiler Abstieg in die Waldzone, der auf grasigem, aber nichtsdestoweniger steilem Terrain bei der Berghütte *Čertovica* endet. Von dort mit Bus nach *Bystrá*. (Variante: falls bis zur Busabfahrt eine Stunde oder mehr übrig ist – in Richtung Tály-Srdiečko – besichtigen wir die Grotte Bystrianská jaskyňa. Von dort zum Parkplatz.)

87 Oravice – Juráňova dolina und Bobrovecká dolina (Täler) – Oravice

Verkehrsmöglichkeiten Bahn Trstená; Bus Oravice – chata.
Parkmöglichkeiten Oravice, chata.
Unterkunftsmöglichkeiten Stratená, Hotels Oravica B, Tatra C, Roháč C; Námestovo, Hotel Magura C; Tvrdošín, Hotel Limba B; Dolný Kubín, Hotel Severan B; chata v Oraviciach C; Zuberec-Zverovka, chata Zverovka C, chata Primula C; Autocamps: Zuberec-Zverovka B, 15. 6.–15. 9.; Námestovo B, 15. 6.–15. 9.; Dolný Kubín B, 15. 6.–15. 9.; Liesek, Oravice B, 1. 7.–30. 8.

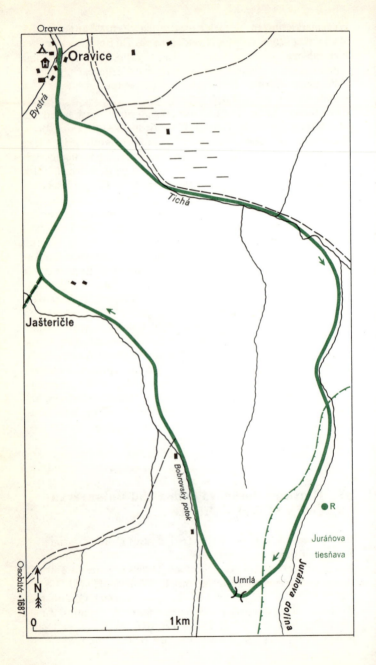

Wegemarkierungen Oravice – Sattel Umrlá rot; Sattel Umrlá – Markierungskreuz mit Blau grün; durch das Tal Bobrovecká dolina zurück blau.

Tourenlänge 2½ Std. – chata Oravice: 1¼ Std. (+200 m); Sattel Umrlá: 10 Minuten (–50 m); Markierungskreuz mit Blau: 1 Std. (–150 m); chata Oravice.

Höhenunterschiede +200 Meter, –200 Meter.

Wanderkarte Západne Tatry-Roháče 1:50 000.

Anmerkung Halbtagswanderung in einen der schönsten Cañons der Slowakei. Die Wanderung durch den Engpaß erfordert ein gewisses Maß von Gewandtheit.

Wissenswertes Oravice, malerisch gelegene Gegend südöstlich vom Staudamm Orava, beliebtes Zentrum des Tourismus und Erholungsgebiet. – Juráňova dolina, eines der schönsten Täler der Slowakei, 2,5 Kilometer lang, Naturschutzgebiet, Kalksteincañon, Hochgebirgsflora.

Tourenbeschreibung Vom Autocamp an der Berghütte *Oravice* vorbei, über eine Brücke über den kleinen Fluß *Bystrá* zu einem Markierungskreuz. Dort links bachaufwärts in das Tal *Tichá* am gleichnamigen Bach. Nach etwa 30 Minuten zweigt unsere Markierung nach rechts – auf das Hochplateau Šatanova – ab. Weiter über Bergwiesen, schöne Aussicht, vor allem auf den scharfgeschnittenen Kalksteinberg Osobitá (1687 m) mit schönem Pflanzenwuchs. Bevor man den Wald und die ersten Engpässe betritt, mündet von rechts eine gelbe Markierung ein. Durch die Engpässe der *Juráňova dolina* führt stellenweise ein in den Felsen gehauener Pfad mit einem Geländer. An anderen Stellen muß man über Holzleitern. Der Bach bleibt dabei links. Im Cañon kann man faulende Holzblöcke sehen, die von einer 900 Meter langen Holzbrücke stammen, über die bereits vor etwa hundert Jahren Holz und Erze transportiert wurden, die auf der anderen Seite des Tals gefördert wurden. Hinter den Engpässen lichtet sich der Wald und der Weg führt wieder über Bergwiesen. Hier biegt man rechts durch Hochwald aufwärts zum Sattel *Umrlá* und aus ihm kurz steil hinunter ins Tal *Bobrovská dolina*, wo man bald auf die blaue Markierung stößt. Dort nach rechts am Bach Bobrovecký potok abwärts. Nach etwa 15 Minuten kommt man zum Talabschluß und verläßt den Wald (Variante: An dieser Stelle ist links eine schwefelhaltige Quelle. Wann man links einen nicht markierten Feldweg einschlägt, kommt man nach etwa 15 Minuten zu einer Kohlensäurequelle Jašteričie. Von dort rechts und nach weiteren 15 Minuten erreicht man wieder die blaue Markierung.) Vom Waldrand zum Forsthaus Bobrovka und dann über Wiesen und einen Bach zum bekannten Markierungskreuz oberhalb Oravice.

88 Ehemalige Berghütte Tatliakova chata – Rákon – Volovec – Ostrý Roháč – Plačlivo – Smutná dolina

Verkehrsmöglichkeiten Bahn Podbiel; Bus Zuberec-Zverovka; in der Saison Endstation Pod Predným Zeleným; Zur Beachtung! In der Saison außerdem Pendelbusverkehr Oravská přehrada (Staudamm Orava) – Roháče.
Parkmöglichkeiten Zuberec-Zverovka, Adamcula, Pod Predným Zeleným.
Unterkunftsmöglichkeiten Stratená, Hotels Oravica B, Tatra C, Roháč C; Námestovo, Hotel Magura C; Tvrdošín, Hotel Limba B; Dolný Kubín, Hotel Severan B; chata v Oraviciach C; Zuberec-Zverovka, chata Zvearovka C, chata Primula C; Autocamps: Zuberec-Zverovka B, 15. 6.–15. 9.; Námestovo B, 15. 6.–15. 9.; Dolný Kubín B, 15. 6.–15. 9.; Liesek, Oravice B, 1. 7.–30. 8.
Wegemarkierungen Ehemal. Berghütte Tatliakova chata – Rákon grün; Rákon – Volovec blau; Volovec – Sattel Smutné sedlo rot; Sattel Smutné sedlo – ehemal. Berghütte Tatliakova chata blau.
Tourenlänge 6³/₄ Std. – Tatliak-Gedenkstätte: ³/₄ Std. (+280 m); Sattel sedlo Zábratu: ¹/₂ Std. (+200 m); Rákon: ¹/₂ Std. (+190 m); Volovec: ¹/₂ Std. (–160 m); Sattel Jamnícke sedlo: 1¹/₄ Std. (+180 m); Ostrý Roháč: 1¹/₄ Std. (+100 m, –60 m); Plačlivo: ¹/₂ Std. (–170 m); Sattel Smutné sedlo: 1¹/₂ Std. (–560 m); Tatliak-Gedenkstätte.
Höhenunterschiede +950 Meter, –950 Meter.
Wanderkarte Západne Tatry-Roháče 1:50 000.
Anmerkung Die beschwerlichste aller hier beschriebenen Wanderungen. Oberste Grenze des Hochgebirgstourismus! Eine Reihe exponierter Stellen, wenn sie auch in der Regel mit Ketten gesichert sind. Nur für erfahrene und körperlich tüchtige Touristen. Erstklassiges Touristen-Schuhwerk Voraussetzung. Nur bei beständigem Wetter zu empfehlen. Ständiger Bergrettungsdienst: Dom Horskej služby, Zverovka.
Wissenswertes Die Roháče sind die schönste Berggruppe der Západne Tatry (West-Tatra). Im Abschluß des Tals Roháčská dolina Glazialformationen, sechs Bergseen. Die ganze Gegend einschließlich Volovec, Ostrý Roháč und Plačlivo ist ein Naturschutzgebiet. Außerordentlich günstige Schneebedingungen für Frühjahrs-Skisport. – Oravský skansen, zwischen Zuberec und Zverovka, eventuell bei Wetterverschlechterung zu besichtigen.
Tourenbeschreibung Der erste Abschnitt des Aufstiegs führt von der *Tatliak-Gedenkstätte* auf Grün durch Hochwald, den man nach

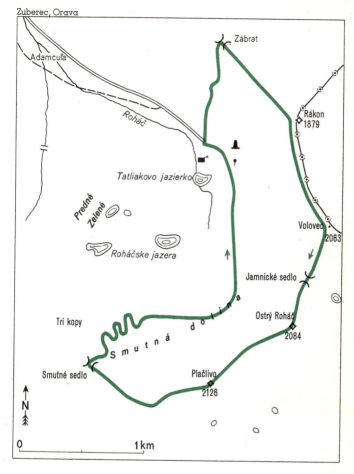

etwa 15 Minuten verläßt. Während des ganzen weiteren Aufstiegs außerordentlich schöne Ausblicke auf den zentralen Teil der Roháče. Weiter durch die Zone des Knieholzes, später über Bergweiden, dann auf Serpentinen in den Sattel *sedlo Zábratu.* Im Sattel kommt von links eine gelbe Markierung. Auf ihr mäßig aufwärts auf einem breiten Bergrücken, zwischen Felsblöcken und Knieholz, auf den Berg *Rákon* (1879 m) an der tschechoslowakisch-polnischen Grenze. Hier mündet von links eine blaue Markierung, ihr nach rechts folgend erreicht man nach etwa 30 Minuten einen weiteren Grenzberg, den *Volovec* (2063 m). Der letzte Aufstieg ist schon schwieriger, der Rücken ist hier schmal und im letzten Weg-

abschnitt auch steil. Um so schöner ist der Ausblick auf das Tatra-Gebirge, die Roháče-Berggruppe und den ganzen nördlichen Horizont. Vom Volovec einfacher Abstieg in den Sattel Jamnické sedlo. Der Aufstieg auf den *Ostrý Roháč* beginnt auf grasigem Terrain nach links. Man erreicht einen Bergrücken. Unter einer sehr steilen Stelle nach rechts (Ketten) und aufs neue auf den Rücken. Eine weitere Steilwand umgeht man von links (Ketten) und erreicht dann den ersten, nordöstlichen Gipfel des *Ostrý Roháč*. Von dort links über Gras zu einer steilen Mulde, durch die man den zweiten, südwestlichen Gipfel (Aussicht!) besteigt. Hinter dem Gipfel kommt man auf glatte Plattformen, über die man zum Teil absteigt; andere umgeht man von links. In diesem Abschnitt muß auch ein kurzer Kamin bewältigt werden (Ketten). Hier bewegen wir uns meist links vom Bergrücken. Den Aufstieg auf den Berg *Plačlivo* (2126 m) absolviert man ohne Schwierigkeiten auf einem guten Weg, die letzte Strecke auf Gras. Noch vor dem Gipfel mündet von links eine gelbe Markierung. Vom Plačlivo steigt man verhältnismäßig leicht in den Sattel *Smutné sedlo* ab, vorwiegend wiederum links vom Kamm, zum Teil auf Gras, zum Teil auf felsigem Grund. Nur der letzte Abschnitt ist steil und schmal. Aus dem Sattel auf Blau rechts abwärts. Dann traversiert man den Talabschluß nach links und gelangt über einige Serpentinen, durch Knieholz und über einige steile steinige Abschnitte zum Fuß eines Pfeilers. Dann durch das Tal *Smutná dolina* nach rechts, quer über den Hang des Ostrý Roháč und des Volovec. Links endet bei unserer blauen Markierung eine grüne. Wir betreten ein Moränenplateau bei den Bergseen und gelangen dann am Fuß der Berge Volovec und Rákon zum Ausgangspunkt, der Tatliak-Gedenkstätte.

89 Tri studničky – Kriváň und zurück

Verkehrsmöglichkeiten Bahn Štrbské Pleso und Liptovský Hrádok; Bus Tri studničky (zwischen Podbanské und Štrbské Pleso).
Parkmöglichkeiten Berghütte chata kpt. Rašu; Tri studničky.
Unterkunftsmöglichkeiten Štrbské Pleso, Hotels Patria A*, Panorama B*, FIS B*; Podbanské, Hotel Kriváň B*; Autocamps: Tatranská Lomnica, Eurocamp A, ganzjährig; Tatranec B, 1. 6.–15. 9.; Tatranská Štrba A, 1. 6.–31. 8.
Wegemarkierungen Tri studničky – Kriváň grün, letzter Abschnitt auf Blau.
Tourenlänge 6 Std. – Tri studničky: $3^{1}/_{4}$ Std. (+ 1300 m); Kriváň: $2^{3}/_{4}$ Std. (– 1300 m); Tri studničky.

Höhenunterschiede +1300 Meter, −1300 Meter.
Wanderkarte Vysoké Tatry 1:50000.
Anmerkung Anstrengender Aufstieg auf einen legendären Gipfel im Westteil der Vysoké Tatry (Hohen Tatra). Keine Klettertour, ohne Hilfe der Hände zu bewältigen.
Wissenswertes Kriváň (2494 m), ein malerischer Berg in der Tatra. Zur Zeit der nationalen und sozialen Unterdrückung der Slowaken Symbol der nationalen Existenz und des Glaubens an die Zukunft. Seit 1841 nationale Wallfahrten.

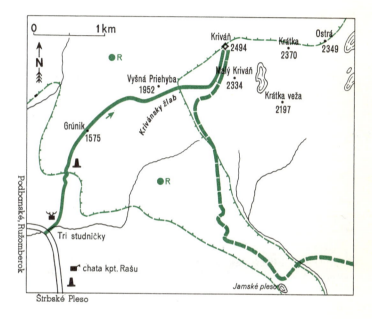

Tourenbeschreibung Vom Forsthaus *Tri studničky* (Station des Bergrettungsdienstes) aufwärts gegen Norden auf Grün durch Wald auf den Berg Grúnik (1575 m). Bald darauf erreicht man die Knieholzzone und steigt am Südwestkamm des Kriváň hoch, unterhalb der Berge *Nižná Priehyba* und *Vyšná Priehyba* (1952 m), wobei sich der Weg ständig langsam nach rechts gegen Osten krümmt. Schließlich steigt man auf den Südostkamm in einen breiten grasigen Sattel. Von dort wiederum schräg über den Hang, dann traversiert man eine Krivánsky žlab genannte Mulde und stößt unterhalb des *Malý Kriváň* (2334 m) auf die blaue Markierung. Bis zum Gipfel ist von hier noch etwa 45 Minuten Weg. Hinauf auf den Südkamm des *Kriváň* im Sattel Daxnerovo sedlo und dann absolviert man den letzten Abschnitt des Aufstiegs auf der linken Seite des Kamms. (Variante: Für den Abstieg kann man die blaue Markierung wählen, die uns nach etwa zwei Stunden zum See Jamské pleso führt. Von da auf Rot auf der sogenannten tatranská magistrála, Tatra-Magistrale, die in einer Höhe von 1200 bis 1500 Metern den ganzen Südhang der Hohen Tatra entlangführt, nach links. In etwa einer Stunde erreicht man Štrbské Pleso.)

90 Štrbské Pleso – Popradské pleso

Verkehrsmöglichkeiten Bahn und Bus Štrbské Pleso.
Parkmöglichkeiten Štrbské Pleso.
Unterkunftsmöglichkeiten Štrbské Pleso, Hotels Patria A*, Panorama B*, FIS B*; Podbanské, Hotel Kriváň B*; Autocamps: Tatranská Lomnica, Eurocamp A, ganzjährig; Tatranec B, 1. 6.–15. 9.; Tatranská Štrba A, 1. 6.–31. 8.
Wegemarkierungen Die ganze Wanderung rot.
Tourenlänge 2½ Std. – Štrbské Pleso: 1¼ Std. (+150 m); Popradské pleso: 1¼ Std. (–150 m); Štrbské Pleso.
Höhenunterschiede +150 Meter, –150 Meter.
Wanderkarte Vysoké Tatray 1:50000.
Anmerkung Halbtagswanderung auf gepflegtem, bequemen Weg, in der Saison stark frequentiert.
Wissenswertes Štrbské Pleso (1355 m), die höchstgelegene Ortschaft der ČSSR, wichtiges Zentrum des Tourismus in den Vysoké Tatry (Hohe Tatra), klimatischer Kurort, Gebirgssee. Gut ausgestattetes Skisportareal, im Sommer Bademöglichkeiten. Gebirgsbahn verbindet Štrbské Pleso mit Starý Smokovec, Tatranská Lomnica und Poprad, eine Zahnradbahn mit Štrba. – Popradské pleso (1495 m), Gebirgssee, seit 1873 auch Gebirgsbaude, Ausgangspunkt von Wanderungen, liegt auf der sogenannten Tatra-Magistrale (tatranská magistrála – siehe Wanderung 89). Unweit des Sees (Abzweigung auf Gelb) symbolische Grabstätte der Opfer der Tatra-Berge. – Mengusovská dolina, eines der größten und besuchtesten Gebirgstäler in den Vysoké Tatry, 8 Kilometer lang, durch einen seiner Zweige führt Wanderung 91.
Tourenbeschreibung Vom Parkplatz (oberhalb des Bahnhofs) in etwa 5 Minuten aufwärts zur Post und einer weiteren Gebäudegruppe, dann auf Gehwerk der Straße entlang in der Richtung zur Sprungschanze und dem Hotel FIS. Wir folgen der roten und gelben Markierung, etwa 200 Meter vor dem Wintersportareal zweigt unsere rote nach rechts ab. Über die Straße und mäßig aufwärts,

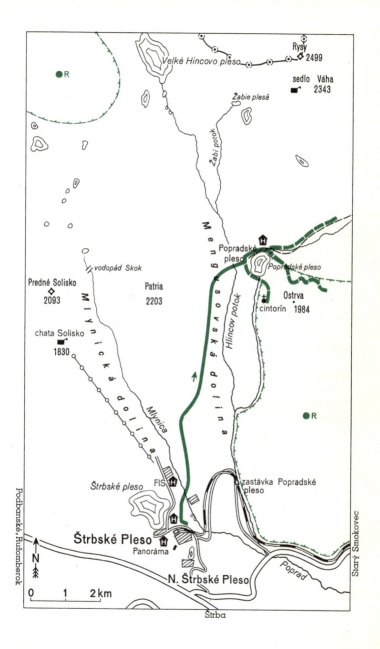

nach etwa 30 Minuten ebener Abschnitt auf der Schichtenlinie in die Knieholzzone. Im Bogen nach links, mäßig abwärts, über den Bach Hincov potok, dann bald Markierungskreuz, bereits beim Ziel unserer Wanderung, *Popradské pleso*. (Varianten: Die Wanderung kann wie folgt verlängert werden a: auf Blau in der Richtung der Wanderung 91; b: gegen Nordosten auf Rot, d.h. auf der erwähnten Tatra-Magistrale über einige Serpentinen hinauf in den Sattel unter dem Berg Ostrva, 1984 m; c: vom See Popradské pleso zuerst auf Rot und hinter einer Brücke über den Bach Ladový potok bachaufwärts in das Tal Zlomisková dolina; d: auf Gelb den symbolischen Gebirgsfriedhof besuchen). Rückweg nach *Štrbské pleso* wiederum auf Rot.

91 Popradské pleso – Rysy

Verkehrsmöglichkeiten Bahn und Bus Štrbské Pleso.
Parkmöglichkeiten Štrbské Pleso.
Unterkunftsmöglichkeiten Štrbské Pleso, Hotels Patria A*, Panorama B*, FIS B*; Podbanské, Hotel Kriváň B*; Autocamps: Tatranská Lomnica, Eurocamp A, ganzjährig; Tatranec B, 1. 6.–15. 9.; Tatranská Štrba A, 1. 6.–31. 8.; Berghotel beim See Popradské pleso (Hotelgäste fahren mit Wagen bis direkt zum Hotel).
Wegemarkierungen Popradské pleso – Markierungskreuz oberhalb des Sees blau; Markierungskreuz oberhalb des Sees – Rysy rot.
Tourenlänge 6¼ Std. – Popradské pleso: ¼ Std. (+ 100 m); Markierungskreuz Rot-Blau: 2½ Std. (+ 740 m); Sattel Váha: ½ Std. (+ 160 m); Rysy: 3 Std. (–1000 m); Popradské pleso.
Höhenunterschiede + 1000 Meter, –1000 Meter.
Wanderkarte Vysoké Tatry 1 : 50 000.
Anmerkung Wanderung auf den besuchtesten Gipfel der Vysoké Tatry. Wanderung, kein Bergsteigen mit Hilfe der Hände.
Wissenswertes Štrbské Pleso (1355 m), die höchstgelegene Ortschaft der ČSSR, wichtiges Zentrum des Tourismus in den Vysoké Tatry (Hohe Tatra), klimatischer Kurort, Gebirgssee. Gut ausgestattetes Skisportareal, im Sommer Bademöglichkeiten. Gebirgsbahn verbindet Štrbské Pleso mit Starý Smokovec, Tatranská Lomnica und Poprad, eine Zahnradbahn mit Štrba. – Popradské pleso (1495 m), Gebirgssee, seit 1873 auch Gebirgsbaude, Ausgangspunkt von Wanderungen, liegt auf der sogenannten Tatra-Magistrale (tatranská magistrála – siehe Wanderung 89). Unweit

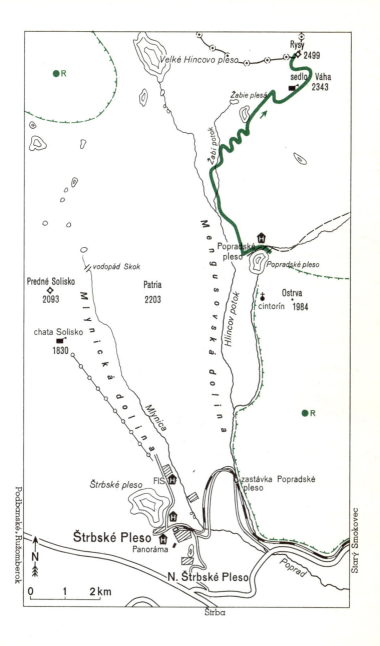

des Sees (Abzweigung auf Gelb) symbolische Grabstätte der Opfer der Tatra-Berge. – Rysy (2499 m), Berg mit der schönsten Aussicht in den Vysoké Tatry, liegt an der Grenze der ČSSR und Polens. Die Gebirgsbaude unter dem Sattel Váha (2250 m) ist vom Mai bis September geöffnet.

Tourenbeschreibung Von der Berghütte beim See *Popradské pleso* zum unweiten Markierungskreuz, dort auf Blau in das Tal *Mengusovská dolina*, auf einem nur mäßig steigenden, zuerst durch Wald und dann Knieholz führenden Weg. Über eine Holzbrücke, über den Bach *Žabí potok* zu einer Wegegabelung, hier rechts aufwärts auf Rot, an einem großen Felsblock vorbei und aufs neue über den Bach. Dort beginnt eine steile Steigung auf Serpentinen in nordöstlicher Richtung, dann über grasiges Terrain bis auf ein kleines Plateau oberhalb des Bergsees Velké Žabie pleso. An einem Wasserfall, der aus einem Kessel unterhalb des Sattels *Váha* herabfällt, vorbei, dann wieder auf Serpentinen, die nach rechts zwischen Geröll und Felsen hochführen. Den Hang nach rechts traversieren, bis man wieder den erwähnten Kessel mit Wasserfall erreicht. Auf der linken Seite des Kessels ziemlich anstrengender Aufstieg zur Berghütte und von ihr weiter aufwärts in den unweiten Sattel. Dort links auf dem Südwesthang eines Bergs, über weitere Serpentinen mäßig aufwärts. Nach Überschreitung eines kleinen Bergrückens traversiert man auf der Schichtenlinie bis unter die Gipfel der *Rysy* und steil aufwärts auf den besuchtesten, den nordwestlichen Gipfel. (Der Berg Rysy hat drei Gipfel: außer dem erwähnten noch den mittleren oder Hauptgipfel und einen niedrigeren Südostgipfel.) Auf demselben Weg wieder zurück zum Ausgangspunkt.

92 Hrebienok – Zbojnícka chata

Verkehrsmöglichkeiten Bahn oder Bus Starý Smokovec, von dort mit Standseilbahn nach Hrebienok.
Parkmöglichkeiten Bei der Talstation der Seilbahn (hinter dem Hotel Grand); auf dem Hrebienok (besondere Gebühr für die Benützung der Bergstraße).
Unterkunftsmöglichkeiten Štrbské Pleso, Hotels Patria A*, Panorama B*, FIS B*; Podbanské, Hotel Kriváň B*; Autocamps: Tatranská Lomnica, Eurocamp A, ganzjährig; Tatranec B, 1. 6.–15. 9.; Tatranská Štrba A, 1. 6.–31. 8.; Berghotel beim See Popradské pleso (Hotelgäste fahren mit Wagen bis direkt zum Hotel); außerdem Starý Smokovec, Hotels Grand A*, Úderník B;

Nový Smokovec, Hotels Park B*, Tokajík B*, MS B, Bystrina B; Horný Smokovec, Hotels Bellevue A* und B*, Šport B; Gebirgshotels und Bauden: Bilíkova chata (1238 m), 5 Minuten vom Hrebienok; chata Kamzík (1295 m), 20 Minuten vom Hrebienok.

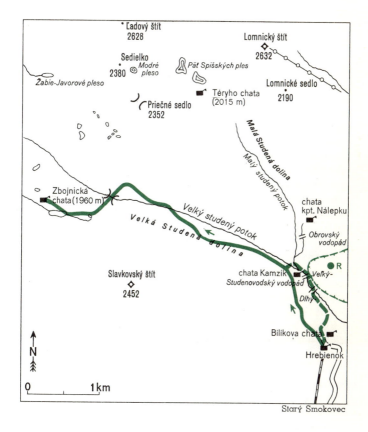

Wegemarkierungen Hrebienok – chata Kamzík rot; chata Kamzík – Zbojnická chata blau.
Tourenlänge 5½ Std. – Hrebienok: 3 Std. (+ 700 m); Zbojnícka chata: 2½ Std. (–700 m); Hrebienok.
Höhenunterschiede + 700 Meter, –700 Meter.
Wanderkarte Vysoké Tatry 1:50 000.
Anmerkung Mittelmäßig anstrengende Wanderung durch eines der schönsten Täler der Tatra-Berge. Fußwanderung, kein Klettern mit Hilfe der Hände.

Wissenswertes Starý Smokovec (1000 m), Hochgebirgsortschaft am Fuß des Berges Slavkovský štít. Gemeinsam mit den Ortschaften Nový Smokovec, Dolný Smokovec und Horný Smokovec ist sie das wichtigste und besuchteste Erholungszentrum in der Tatra. Den Charakter einer Sommerfrische hat dieser Ort bereits seit dem 18. Jahrhundert. – Velká Studená dolina, ein 7 Kilometer langes, für Touristen sehr interessantes, vielbesuchtes Tal, eine Reihe von Stromschnellen, 22 Gebirgsseenken. Das Zentrum des Tourismus in diesem Tal ist die Gebirgsbaude Zbojnícka chata (1960 m).

Tourenbeschreibung Direkt über der Bergstation der Seilbahn auf den *Hrebienok* ist ein Gewerkschaftserholungsheim, das man rechts umgeht. Auf einem guten, abwechselnd mäßig ansteigenden und abfallenden Waldweg erreicht man nach etwa 20 Minuten eine Stelle oberhalb der Berghütte *Kamzík*. (Variante: Da dieser Abschnitt im Winter an mehreren Stellen mit Lawinengefahr verbunden und im Sommer von Steinschlag bedroht ist, ist zu empfehlen, vom Hrebienok auf Grün zur Hütte Bilíkova chata abzusteigen und von dort auf Blau an der Hütte Kamzík vorbei den im weiteren beschriebenen Weg zu erreichen. Diese Variante bedeutet eine Verlängerung um lediglich etwa 15 Minuten.) Hier zweigt man links auf Blau ab. Etwa 30 Minuten Aufstieg auf einem nicht sehr steilen bewaldeten Hang, der zum Bach Velký Studený potok abfällt. Dann beginnt die Zone des Knieholzes, in der man etwa weitere 30 Minuten hochsteigt, auf einem Holzsteg einen Bach überquert, dann auf Serpentinen einen ziemlich großen Höhenunterschied bewältigt und schließlich in einen felsigen Engpaß gelangt. Hinter dem Engpaß öffnet sich vor uns ein breiter, regelmäßiger Kessel, das Quellgebiet des Baches Velký Studený potok. Hier biegt man scharf nach links ab und steigt steil aufwärts bis auf den linken Rand des Kessels. Dort steht auch die Gebirgsbaude *Zbojnícka chata*. Herrlicher Ausblick, in der Umgebung der Baude eine Reihe von Gebirgsseen. In den nahen Felswänden kann man oft Bergsteiger beim Aufstieg beobachten, nicht weit von der Baude findet man Murmeltiere usw. Zurück auf demselben Weg zum Ausgangspunkt der Wanderung.

93 Hrebienok – Skalnaté pleso

Verkehrsmöglichkeiten Bahn oder Bus Starý Smokovec, von dort mit Standseilbahn nach Hrebienok.
Parkmöglichkeiten Bei der Talstation der Seilbahn (hinter dem Hotel Grand); auf dem Hrebienok (besondere Gebühr für die Benützung der Bergstraße).
Unterkunftsmöglichkeiten Siehe auch Wanderungen 89–91; außerdem Starý Smokovec, Hotels Grand A*, Úderník B; Nový Smokovec, Hotels Park B*, Tokajík B*, MS B, Bystrina B; Horný Smokovec, Hotels Bellevue A* und B*, Šport B; Gebirgshotels und Bauden: Bilíkova chata (1238 m), 5 Minuten vom Hrebienok; chata Kamzík (1295 m), 20 Minuten vom Hrebienok.
Wegemarkierungen Hrebienok – Skalnaté pleso rot.
Tourenlänge 2 Std. – Hrebienok: 2 Std. (+500 m); Skalnaté pleso.
Höhenunterschiede +500 Meter.
Wanderkarte Vysoké Tatry 1:50 000.
Anmerkung Nicht anstrengende Wanderung auf der Tatra-Magistrale (tatranská magistrála – siehe auch Anmerkung bei Wanderungen 89 und 90), an Wasserfällen und zum See Skalnaté pleso. Von dort nach Tatranská Lomnica mit Schwebebahn. Stark frequentierter Weg.

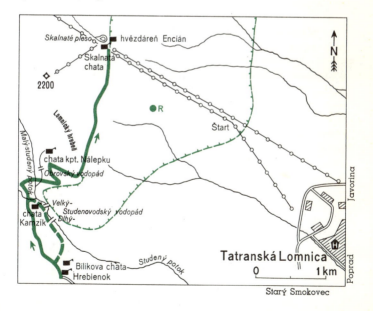

Wissenswertes Obrovský vodopád, der größte Wasserfall der Tatra-Berge, der aus der Malá Studená dolina in eine Felsenschlucht hinabstürzt. – Skalnaté pleso (1751 m), ein meist nur im Frühling angefüllter Gebirgssee (sein Grund hat Risse). Observatorium, in der Umgebung das beste Skiabfahrtsgelände der Vysoké Tatry. – Tatranská Lomnica (850 m), Ortschaft und wichtiges Erholungs- und Touristenzentrum, mit einem modernen und interessanten Museum des Tatra-Nationalparks.

Tourenbeschreibung Abschnitt *Hrebienok* – *Kamzík* wie bei der Wanderung 92. Von der Hütte Kamzík auf Rot über den Bach Velký Studený potok, dann bald Abzweigung nach rechts, über den Bach Malý Studený potok zum Wasserfall *Obrovský vodopád*. Hier beginnt ein mittelmäßig anstrengender, regelmäßiger Aufstieg zur Hütte chata kpt. Nálepku, bei ihr rechts, ständig auf Rot. Auf einem gepflegten, breiten Pfad am Südzweig des Bergrücken *Lomnický hrebeň* vorbei, der vom Berg *Lomnický štít* (2632 m) ausläuft. Nach etwa 15 Minuten weiteren Aufstiegs von der Berghütte erreicht man die Knieholzzone, und in ihr weiter bis zum Gebirgssee *Skalnaté pleso*. Dort schöner Ausblick, dann mit Seilbahn hinunter nach *Tatranská Lomnica*, Besichtigung der Ortschaft, mit Bahn zurück nach Starý Smokovec. (Variante: zu Fuß auf demselben Weg zurück zum Ausgangspunkt der Wanderung.)

94 Hrebienok – Téryho chata – Javorová dolina – Javorina

Verkehrsmöglichkeiten Bahn oder Bus Starý Smokovec, von dort mit Standseilbahn nach Hrebienok.

Parkmöglichkeiten Bei der Talstation der Seilbahn (hinter dem Hotel Grand); auf dem Hrebienok (besondere Gebühr für die Benützung der Bergstraße).

Unterkunftsmöglichkeiten Štrbské Pleso, Hotels Patria A*, Panorama B*, FIS B*; Podbanské, Hotel Kriváň B*; Autocamps: Tatranská Lomnica, Eurocamp A, ganzjährig; Tatranec B, 1. 6.–15. 9.; Tatranská Štrba A, 1. 6.–31. 8.; Berghotel beim See Popradské pleso (Hotelgäste fahren mit Wagen bis direkt zum Hotel); außerdem Tatranská Lomnica, Hotels Grandhotel Praha B*, Slovan B*, Lomnica B, Mier C; Ždiar, Touristenherbergen Protežka und Ždiaranka, weiters mehr als 1000 Betten in Privatwohnungen (Informationen erteilt das Reisebüro Slovakotour, die Stadtverwaltung Ždiar) je nach Ausstattung der Zimmer in 3 Qualitätskategorien; Autocamp: Javorina A, 1. 6.–30. 8.

Wegemarkierungen Hrebienok – chata kpt. Nálepku rot; chata kpt. Nálepku – Javorina grün.
Tourenlänge 9 Std. – Hrebienok: 1 Std. (+210 m); Hütte chata kpt. Nálepku: 2 Std. (+540 m); Téryho chata:1½ Std. (–100 m, +470 m); Sedielko: 4½ Std. (–1380 m); Javorina.
Höhenunterschiede +1220 Meter, –1480 Meter.
Wanderkarte Vysoké Tatry 1:50000.
Anmerkung Längste hier beschriebene Wanderung. Klassischer Übergang über den Hauptkamm der Vysoké Tatry. Bestimmt nur für erfahrene und leistungsfähige Touristen. Keine Abkürzung der Wanderung möglich! Unbedingte Voraussetzung: gutes Touristen-Schuhwerk! Fußwanderung, kein Klettern, nur beim Übergang im Sattel Sedielko Hilfe der Hände notwendig. Nur bei beständigem Wetter zu empfehlen. Erfrischungsmöglichkeit besteht in der Berghütte Téryho chata.
Wissenswertes Malá Studená dolina, malerisches 4,5 Kilometer langes, terrassenartig gestuftes Tal, das in die Velká Studená dolina über eine hohe Schwelle mündet (siehe Wanderung 93). Noch im vorigen Jahrhundert wurde hier Kupfer und Gold gefördert. – Téryho chata (2015 m), nach einem Arzt benannte Berghütte, der der Initiator ihres Baus war und in der Umgebung als Erster eine Reihe von Aufstiegen absolvierte. – Javorová dolina, eines der schönsten und wildesten Täler der Tatra. Insbesondere der Abschluß des Tals ist imposant. – Javorina (1000 m), ein Teil der Ortschaft Ždiar. Heute vorwiegend von Mitarbeitern das Nationalparks der Tatra bewohnt. Unweit, in Lysá Polana, Grenzübergang zur Volksrepublik Polen.
Tourenbeschreibung Abschnitt *Hrebienok – chata kpt. Nálepku* siehe Wanderung 93. Vom Markierungskreuz bei der Berghütte links auf Grün in die *Malá Studená dolina*. Etwa 20 Minuten durch Wald über dem linken Ufer des Bachs Malý Studený potok. In der Knieholzzone nähern wir uns dem Lauf des Baches. Ständig bachaufwärts, bis sich das Tal öffnet, das Knieholz endet und eine Stelle unter einer 200 Meter hohen Seewand erreicht ist. Immer schärfere Serpentinen bringen uns steil aufwärts zum oberen Rand einer hohen Bodenschwelle, wo die *Téryho chata* (2015 m) steht. Hinter der Baude sind fünf Bergseen, die Päť spišských plies heißen. Von der Baude auf Grün (etwa 30 Minuten begleitet uns auch die gelbe Markierung) gegen Westen bis zu einer Stelle unterhalb der sogenannten Pfinnova kopa und dann in ein kleines Tal unter dem Sedielko. Dort ist eine Markierungsgabelung. Die gelbe, links abzweigende Markierung führt über den Sattel Priečné sedlo zur Berghütte Zbrojnícka chata, unsere grüne führt hingegen geradeaus hinauf zum See Modré pleso (2157 m), dem höchstgelegenen

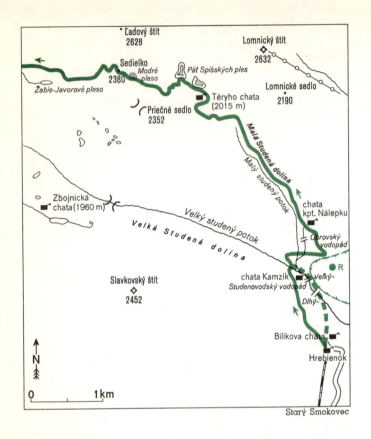

Bergsee der Tatra, und dann über einen steinbesäten Hang in kurzen Serpentinen steil aufwärts zum *Sedielko*, von wo eine schöne Aussicht ist (2380 m). Auch der erste Teil des Abstiegs ist sehr steil und beschwerlich. Dann aber kommen, bereits im Bereich der *Zadná Javorová dolina*, Serpentinen. Unter den nächsten Bergen sei hier vor allem rechts der Ladový štít (2628 m) erwähnt, dessen Nordwestwand 550 Meter hoch ist. Die Schwellen einiger links einmündender Täler halten das Wasser von Bergseen zurück. Einer dieser Seen, Žabie Javorové pleso, wurde im Jahr 1940 fast völlig von einer Steinlawine verschüttet. Der weitere Abstieg ist nicht zu verfehlen, man folgt der grünen Markierung, ständig am Lauf des Bachs Javorinka talabwärts. Nach etwa 30 Minuten Abstieg durch die Hochwaldzone biegt rechts ein Pfad ins Tal *Čierná Javorová dolina*, das wohl wildeste und interessanteste Tal der Tatra,

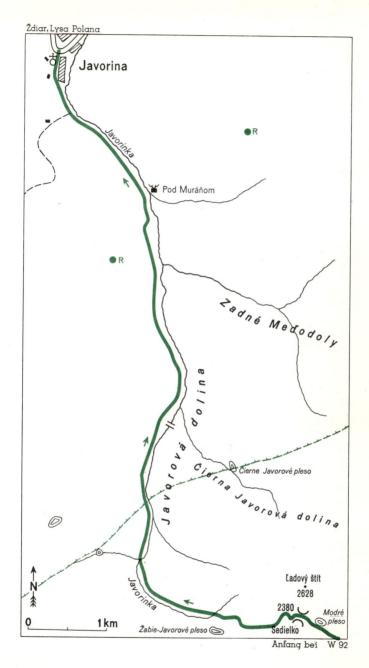

das jedoch nur für Bergsteiger passierbar ist. Weiter durch Hochwald abwärts bis zu einer Stelle im Bereich des Forsthauses Pod Muráňom, wo von rechts eine blaue Markierung einmündet, die aus dem Tal *Zadné Meďodoly* führt. Beide Markierungen gemeinsam bringen uns bis nach Javorina, wo wir den Rückweg mit Bus antreten.

95 Skalnaté pleso – Velká Svišťovka – Zelené pleso – Biela Voda, Bushaltestelle

Verkehrsmöglichkeiten Bahn und Bus Tatranská Lomnica; Seilbahn zum See Skalnaté pleso.
Parkmöglichkeiten Tatranská Lomnica, unter den Talstationen beider Seilbahnen; weiters bei den Hotels Lomnica, Grandhotel Praha usw.
Unterkunftsmöglichkeiten Siehe Wanderungen 92 und 94.
Wegemarkierungen Skalnaté pleso – Brnčalova chata pri Zelenom plese rot (Tatra-Magistrale); Zelené pleso – Biela Voda, Busstation, gelb.
Tourenlänge 5 Std. – Skalnaté pleso: 1½ Std. (+290 m); Sattel unter dem Berg Velká Svišťovka: 1 Std. (–470 m); Brnčalova chata pri Zelenom plese: 2½ Std. (–650 m); Biela Voda, Busstation.
Höhenunterschiede +290 Meter, –1120 Meter.
Wanderkarte Vysoké Tatry 1:50000.
Anmerkung Mittelmäßig anstrengende Wanderung auf dem letzten Teil der Tatra-Magistrale (tatranská magistrála) in den romantischen Kessel des Bergsees Zelené pleso. Bei der Berghütte Brnčalova chata ein großes Erlebnis: die 900 Meter hohe Nordwand des Bergs Malý Kežmarský štít! Kein Klettern, nur Wanderterrain. Abstieg vom Berg Velká Svišťovka sehr steil. Unbedingt gutes Touristen-Schuhwerk! – Wichtige Bemerkung zum Betrieb der Schwebebahnen von Tatranská Lomnica nach Skalnaté pleso: entweder die gewöhnliche Schwebeseilbahn oder die neue Kabinenseilbahn mit Kabinen für 4 Personen benützen. Da immer großes Interesse der Öffentlichkeit für die Fahrt vorliegt, ist zu empfehlen, die Fahrkarten im voraus zu lösen. Informationen erteilen im gesamten Tatra-Gebiet die Filialen des Reisebüros Čedok, die Rezeptionen der Hotels, oder direkt die Fahrkartenschalter der Talstationen. Fahrkartenkauf mindestens einen Tag vor der beabsichtigten Fahrt!

Wissenswertes Skalnaté pleso, siehe Wanderung 93. – Brnčalova chata pri Zelenom plese, Ausgangspunkt für Klettertouren der Tatra-Bergsteiger. – Das Tal Dolina Kežmarské Bielé vody und das Tal Dolina Zeleného plesa besuchten in der Vergangenheit nicht nur Schatzsucher und Bergleute, sondern auch Liebhaber der Natur. Über den ersten Ausflug existieren Aufzeichnungen aus dem Jahr 1566, über den ersten Gebirgsunglücksfall aus dem Jahr 1771.

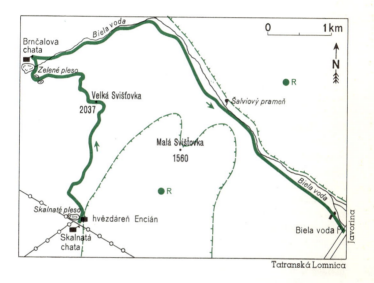

Tourenbeschreibung Vom Bergsee auf der gepflegten Magistrale (rote Markierung) über eine Brücke und an einer Sternwarte vorbei. Dann beginnt der Weg anzusteigen und biegt nach links, gegen Nordwesten, ab. Nach etwa 20 Minuten Aufstieg auf dem südlichen Ausläufer des Huncovský štít führt der Weg nach rechts und verläuft auf der Schichtenlinie am Osthang des Berges. Noch ein kurzer, mäßiger Aufstieg, dann abwärts in den Kessel Huncovská kotlina und von dort wiederum aufwärts in einen Sattel (2020 m) dicht unter dem Berg *Velká Svišťovka* (2037 m). Steil abwärts zur Hütte Brnčalova chata auf einem felsigen, später in Geröll führenden Serpentinenpfad. Der letzte Abschnitt des Abstiegs verläuft bereits in der Knieholzzone und der nun bereits weniger steile Pfad biegt gegen Westen ab, kurz darauf wieder gegen Norden, bis man am Ausfluß eines Baches aus dem See vorbei die Berghütte erreicht. Rechts von ihr auf Gelb mäßig abwärts am Bach entlang und durch lichtes Knieholz. Nach etwa 30 Minuten erreicht man die Hochwaldzone. Weiterer Abstieg oberhalb des rechten Ufers des Baches Zelený potok, am Fuß des Bergs Velká Svišťovka auf einem regelmäßig abwärts führenden und bequemen Fußweg. Nach etwa 90 Minuten stößt man auf einer kleinen Lichtung auf eine rechts abzweigende Markierung und kurz darauf steigt man zum Bach hinab, der hier bereits Biela voda heißt. Auf einer Holzbrücke über den Bach, dort mündet von links eine blaue Markierung. Ein wenig tiefer stößt man auf eine gepflegte Trinkwasserquelle *(Šalviový prameň)*. Nach weiteren 10 Minuten wieder über den Bach auf sein rechtes Ufer. Den letzten Teil der Wanderung absolviert man auf Gelb (die blaue Markierung zweigt rechts ab) bis zur Hauptstraße, dort Bushaltestelle zur Rückfahrt nach *Tatranská Lomnica* (manche Buslinien fahren bis Štrbské Pleso).

96 Ždiar – Magurka

Verkehrsmöglichkeiten Bahn und Bus Tatranská Lomnica; Bus Ždiar.
Parkmöglichkeiten Ždiar.
Unterkunftsmöglichkeiten Siehe Wanderungen 92 und 94; Ždiar, Touristenherbergen Protežka und Ždiaranka, weiters mehr als 1000 Betten in Privatwohnungen (Informationen erteilt das Reisebüro Slovakotour, die Stadtverwaltung Ždiar) je nach Ausstattung der Zimmer in 3 Qualitätskategorien; Autocamp: Javorina A, 1. 6.–30. 8.
Wegemarkierungen Die ganze Wanderung rot.
Tourenlänge 2 Std. – Ždiar: 1 Std. (+ 200 m); Magurka und zurück.
Höhenunterschiede + 200 Meter, – 200 Meter.
Wanderkarte Vysoké Tatry 1 : 50 000.
Anmerkung Kurzwanderung für einen Ruhetag oder bei Wetterverschlechterung. Die Besichtigung der Ortschaft selbst ist angenehmes Halbtagsprogramm, das insbesondere für Liebhaber von Volkskultur und Folklore interessant ist.
Wissenswertes Ždiar (895 m), typische malerische Ortschaft des Tatravorlands. Sie liegt in einer Länge von 6 Kilometern in einem Tal zwischen den Bergzügen Beliansé Tatry und Spišská Magura. Bemerkenswerte Volksarchitektur der Holzhäuser, Folklore. Die im 15. Jahrhundert gegründete Ortschaft zieht sich mit ihren einzelnen Teilen und Einzelsiedlungen bis in die Täler und auf die Hänge der erwähnten Gebirgszüge. Alte Haustypen sind insbe-

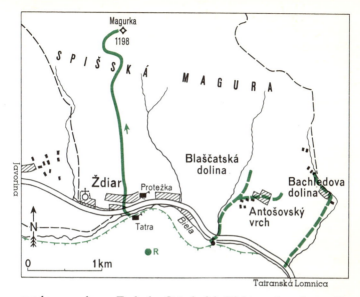

sondere am oberen Ende der Ortschaft in Richtung Javorina und in den Einzelgehöften im entgegengesetzten östlichen Teil der Ortschaft erhalten geblieben (in den Tälern Blaščatská dolina und Bachledova dolina, auf dem Hügel Antošovský vrch). Die Ortschaft ist ein Zentrum des Volkskunstschaffens. Museum Ždiarský dom.

Tourenbeschreibung Ausgangspunkt ist die Bushaltestelle beim Erholungsheim Tatra. Von dort mäßig ansteigend auf Rot gegen Norden, zuerst auf Wiesen, später auch durch Wäldchen. Der letzte Abschnitt, teils durch Wald, teils über Lichtungen, ist steiler. Von der Gipfelpartie schöne Ausblicke. (Varianten: im Sinne der Informationen des Abschnittes »Wissenswertes«. Weitere Varianten für Erholungstage der Besucher der Vysoké Tatry: Besichtigung der bemerkenswerten Grotte Belianská jaskyňa mit reichem Tropfsteinschmuck. Ausgangspunkt ist die Bushaltestelle Tatranská Kotlina zwischen Ždiar und Tatranská Lomnica. Von der Haltestelle etwa 1 Kilometer, + 130 m, auf Gelb, Besichtigung der Grotte etwa 1 weiterer Kilometer, Temperatur in der Grotte nur 15 °C. – Wanderung in die Täler Bielovodská dolina oder Javorová dolina. Ausgangspunkt dieser Wanderungen ist die Ortschaft Javorina. Diese Täler der nördlichen Vysoké Tatry sind verhältnismäßig wenig frequentiert, keine großen Höhenunterschiede, schöne Aussicht auf die Gipfel des Tatragebirges, rechts die polnische Tatra. Voraussetzung: Rückkehr nach Javorina auf demselben Weg.)

97   Pieninská cesta (Durchbruchstal)

Verkehrsmöglichkeiten   Bahn Spišská Belá und Stará Lubovňa; Bus Červený Kláštor.

Parkmöglichkeiten   Červený Kláštor, gegenüber dem Kloster; Lesnica, beim Camp.

Unterkunftsmöglichkeiten   Štrbské Pleso, Hotels Patria A*, Panorama B*, FIS B*; Podbanské, Hotel Kriváň B*; Autocamps: Tatranská Lomnica, Eurocamp A, ganzjährig; Tatranec B, 1. 6.–15. 9.; Tatranská Štrba A, 1. 6.–31. 8.; Berghotel beim See Popradské pleso (Hotelgäste fahren mit Wagen bis direkt zum Hotel); außerdem Tatranská Lomnica, Hotels Grandhotel Praha B*, Slovan B*, Lomnica B, Mier C; Ždiar, Touristenherbergen Protežka und Ždiaranka, weiters mehr als 1000 Betten in Privatwohnungen (Informationen erteilt das Reisebüro Slovakotour, die Stadtverwaltung Ždiar) je nach Ausstattung der Zimmer in 3 Qualitätskategorien; Autocamp: Javorina A, 1. 6.–30. 8.; Vyšné Ružbachy, Hotel Magura C; Spišská Belá, Hotel Belianské kúpele C; Kežmarok, Hotels Štart B, Šport C, Tatran C; Autocamps: Červený Kláštor B, 1. 6.–31. 8.; Vyšné Ružbachy B, 1. 6.–31. 8.

Wegemarkierungen   Červený Kláštor – Mündung des Baches Lesnický potok rot; Mündung Lesnický potok – Lesnica blau.

Tourenlänge   2½ Std. – Červený Kláštor: 2 Std. (–70 m); Mündung des Baches Lesnický potok: ½ Std. (+70 m); Lesnica.

Höhenunterschiede   +70 Meter, –70 Meter.

Wanderkarte   Pieniny – Vyšné Ružbachy 1:100 000.

Anmerkung   Die Pieniny sind ein Naturschutzgebiet. Der Weg führt durch das einzigartige, romantische Durchbruchstal des Flusses Dunajec. Flußabwärts kann man auf Flößen fahren. Informationen und Bestellungen bei der Ortsverwaltung (MNV) in Lesnica. Bademöglichkeit im Fluß. Nicht das gegenüberliegende Ufer betreten, da dort bereits polnisches Hoheitsgebiet!

Wissenswertes   Das Gebiet Pieniny ist als Naturschutzgebiet einzigartig in Europa. Viele geologische Formationen und Besonderheiten, seltene Flora. Der Fluß Dunajec hat hier ein romantisches Tal, das stellenweise nur 100 Meter breit ist, durchbrochen. Seine Wände und Felstürme sind bis 300 Meter hoch. Der Weg durch das Tal wurde vor etwa hundert Jahren angelegt. – Červený Kláštor, ein im 14. Jahrhundert von Kartäusern angelegtes, gegen Ende des 18. Jahrhunderts aufgelassenes Kloster, das nach dem zweiten Weltkrieg restauriert wurde. – Lesnica, Ortschaft mit hölzerner Volksarchitektur.

Tourenbeschreibung   Den am rechten Ufer des Flusses *Dunajec* führenden Weg mit roter Markierung kann man praktisch nicht verlassen. Nur beim Plateau (polana) Huta zweigt rechts eine blaue Markierung nach Lesnica ab. Diesen Weg kann man bei eventueller Wetterverschlechterung als Abkürzung benützen. Unter den einzelnen Naturformationen sind erwähnenswert (eingeklammert die Entfernung vom Beginn unserer Wanderung): der Anfang des Durchbruchstals, den links die Ostrá skala, ein 150 Meter hoher Felsen abschließt (0,8 km); Grabčichy, zwei 100 Meter hohe, markante Felsgebilde, ebenfalls auf der polnischen Seite des Flusses (1,0 km und 1,2 km); Zbojnícky skok, eine Verengung des Flußbettes, Wassertiefe 8 Meter, (1,7 km); links die Svinia skala, ein

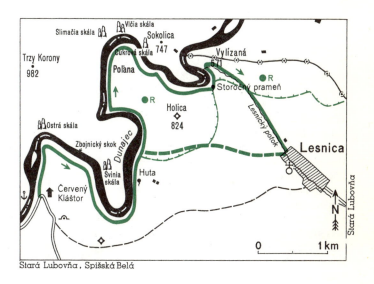

100 Meter hoher Felsturm (1,9 km); das Plateau *Huta* mit Quelle, Bademöglichkeit, Abzweigung nach Lesnica (3,1 km); Facimiech, ein 150 Meter hoher Steilhang am polnischen Flußufer (4,7 km); Polana, Wiese, Ziel der Floßfahrer auf der slowakischen Seite des Flusses (5,5 km); auf der polnischen Seite der Felsen Slimačia skala bei der Mündung des Baches *Pieninský potok* (5,8 km); Vlčia skala und Cukrová skala, zwei 100 Meter hohe Felswände (6,2 km); Storočný prameň, eine Karstquelle, die nie zufriert (7,6 km); – Der Beginn des Weges nach Lesnica führt durch einen Durchbruch des Baches Lesnícky potok zwischen den Bergen Osobitá skala (am linken Bachufer) und Vylízaná (am rechten Bachufer). Dann ständig bachaufwärts bis in die Ortschaft *Lesnica*

und von dort mit Bus zum Ausgangspunkt der Wanderung (Variante: Falls man den wesentlichen Teil des Tals auf Flößen absolviert, kann man entweder den ersten Teil der Wanderung in entgegengesetzter Richtung zurückwandern, oder die zweite Hälfte der geschilderten Wanderung flußabwärts benützen.)

98 Dedinky – Geravy – Zajfy – Havrania skala – Stratená – Dedinky

Verkehrsmöglichkeiten Bahn und Bus Dedinky; zum Plateau Geravy mit Sessellift.
Parkmöglichkeiten Dedinky
Unterkunftsmöglichkeiten Dedinky, Hüttensiedlung B, Geravy B; Spišská Nová Ves, Hotel Metropol B; Dobšiná, Hotel Baník C; Autocamp: Čingov B, ganzjährig; Dedinky.
Wegemarkierungen Geravy – Tal Stratenská dolina gelb; Stratenská dolina – Dedinky rot.
Tourenlänge 5½ Std. – Geravy: 2 Std. (–250 m); Wegekreuz im Tal des Baches Zaif: 1¼ Std. (+300 m); Havrania skala: 1 Std. (–340 m); Tal Stratenská dolina: 1¼ Std. (–30 m); Dedinky.
Höhenunterschiede +300 Meter, –620 Meter.
Wanderkarte Slovenský raj 1:100 000.
Anmerkung Mittelmäßig anstrengende Wanderung zu typischen Stellen des sogenannten Slowakischen Paradieses (Slovenský raj). Sie führt, mit kleinen Abweichungen, entlang der Trasse eines Naturlehrpfads, der mit dem weißen Quadrat mit grüner Diagonale der Naturlehrpfade markiert ist.
Wissenswertes Dedinky (790 m), eine im 14. Jahrhundert gegründete Ortschaft unterhalb der Steilwände der Gačovská skala, die seit der Anlegung eines Staubeckens am Fluß Hnilec (1956) an Bedeutung für den Tourismus gewonnen hat. – Geravy, Kalksteinplateau mit einer Reihe von Karstformationen. – Občasný prameň (920 m), eine unregelmäßig (zeitlich nicht bestimmbar) hervorbrechende Quelle unterhalb des Südoststeilhangs des Bergs Havrania skala. – Havrania skala (1157 m), einer der bedeutendsten Aussichtsberge des Slowakischen Paradieses. – Stratenská dolina, ein sehenswerter Cañon.
Tourenbeschreibung Ausgangspunkt der Wanderung ist die Bergstation des Sessellifts auf dem Plateau *Geravy*. Von dort links über das Hochplateau mit Erdfällen gegen Nordwesten. Am Ende des Plateaus steil abwärts ins Tal des Baches *Malý Zajf*. Hier mündet in unseren Weg eine blaue Markierung ein. Weiter im Tal in

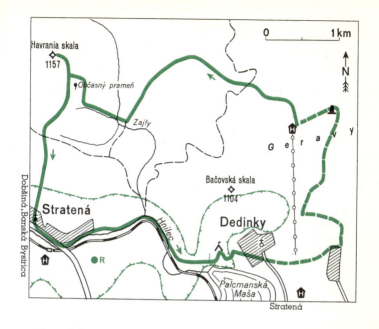

südwestlicher Richtung, dann über den Bach ans andere Ufer und unmittelbar nachher zur Mündung des Baches in den Bach *Velký Zajf*. Dort auf Gelb nach rechts im Engtal des Velký Zajf. An einer Talgabelung folgt man dem linken Zweig, stets am Bach entlang. Beim Talabschluß steil rechts hoch und später fast genau der Schichtenlinie nach zur Quelle Občasný prameň. Kurz nachher mündet von links eine grüne Markierung, dann aufwärts. Schließlich nach links steil hoch in eine direkt unter dem Gebirgskamm gelegene Mulde, von wo eine symbolische Markierung zum Aussichtspunkt *Havrania skala* führt. Aus der Mulde weiter unter dem Gipfel durch Wald und an den Rand einer Wiese mit Orientierungstafel, wo die grüne Markierung rechts abzweigt. Wir steigen gegen Süden über Wiesen und später durch Wald bis ins Tal *Stratenská dolina* ab, wo wir auf eine rote Markierung stoßen, die uns dann nach links am Fluß Hnilec entlang talabwärts durch einen romantischen Abschnitt auf einer ehemaligen Straße führt, bis man eine frequentierte Straße erreicht, die uns in die Ortschaft *Stratená* bringt. Hinter der Ortschaft links auf einer staubigen Straße, stets am Hnilec entlang, bis zu einer Kreuzung, wo die blaue Markierung in scharfem Winkel nach rechts abbiegt, und weiter bis zum Staudamm und oberhalb des Stausees in mäßig gewelltem Terrain bis in die Ortschaft *Dedinky*.

99 Čingov – Hornád-Durchbruch – Kláštorisko – Čingov

Verkehrsmöglichkeiten Bahn Spišské Tomášovce oder Spišská Nová Ves; Bus Čingov.
Parkmöglichkeiten Čingov.
Unterkunftsmöglichkeiten Siehe Wanderung 98; Čingov, Hotel Flóra B
Wegemarkierungen Čingov – Letanovský Mlýn gelb; Letanovský Mlýn – Hornád-Durchbruch blau; Tal Zelená roklina – Kláštorisko gelb und später rot; Kláštorisko – Čingov blau.
Tourenlänge 4¼ Std. – Čingov: ¾ Std. (+ 190 m); Tomášovský výhlad: ¾ Std. (–170 m); Letanovský Mlýn: 1½ Std. (+ 280 m); Kláštorisko: 1¼ Std. (+ 30 m, –330 m); Čingov.
Höhenunterschiede + 500 Meter, –500 Meter.
Wanderkarte Slovenský raj 1:100 000.
Anmerkung Ziemlich anspruchsvolle, für die Region Slovenský raj typische Wanderstrecke. Die exponierten Stellen sind mit technischen Behelfen gesichert.
Wissenswertes Der Hornád-Durchbruch (an ihm Bergretterpfad) ist ein äußerst attraktives, cañonartiges Flußbett. Der Hornád und das Tal Zelená roklina mit Wasserfällen sind Naturschutzgebiet. – Kláštorisko (790 m), Zentrum des Tourismus im Herz des Slowakischen Paradieses (Slovenský raj), nur zu Fuß zugänglich.
Tourenbeschreibung Von der Orientierungstafel in *Čingov* auf Gelb rechts aufwärts, dann links auf dem Kamm. Auf einer kleinen Wiese wieder links quer über einen Hang bis zu den links vom Weg stehenden Felsformationen Ihla (Nadel) und Kazatelnica (Kanzel). Durch mäßig ansteigenden Jungwald zur Felsenterrasse des Aussichtspunkts *Tomášovský výhlad*, von dort am Rand der Felsenterrasse bis zu einer Markierungsgabelung mit Grün. Rechts durch Wald zum Rand einer Bergwiese, von dort schöner Ausblick. Vom Rand der Wiese nach links, über gewelltes Gelände unterhalb des Bergs *Majerská* (645 m) zu einem weiteren Aussichtspunkt, dann auf Serpentinen hinab ins Tal des Baches Trstený potok und zur kleinen Siedlung *Letanovský Mlýn*. Von dort westwärts auf Blau zu einer Brücke über den Fluß Hornád, an dessen anderem Ufer man sich im Mittelabschnitt des Bergretterpfads befindet. An der Stelle, wo sich das Tal öffnet, zweigt man nach links ab und steigt im Bachbett aufwärts bis zum Wasserfall Skok (Sprung). Hinauf über den Wasserfall mit Hilfe einer Leiter, die im Steilhang endet. Von dort Symbolmarkierung zu einem Aussichtspunkt. Denselben Weg zurück, dann an den Wasserfällen Vyšné Kaskády vorbei, überwiegend neben dem Bachbett bis zu einem breiten

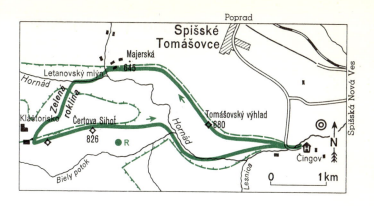

Waldweg mit roter Markierung und auf ihm nach rechts über gewelltes Gelände zur Berghütte *Kláštorisko*. Von der dortigen Orientierungstafel links auf Blau, ebenfalls in gewelltem Terrain, zum Aussichtspunkt *Čertova Sihoť* (826 m) und weiter, schon abwärts bis zur Mündung des Baches Biely potok in den *Hornád*. Auf einer kleinen Brücke über den Bach, dann auf einem breiten Weg im Tal des Hornád, unterhalb der Felsformationen Ihla (Nadel) und Kazatelnica (Kanzel) am gegenüberliegenden Ufer, bis zur Mündung des Baches Lesnica in den Hornád. Dann über den sogenannten Partisanensteg aufs andere Ufer und weiter nach *Čingov*.

100 Sásová – Panský diel – Špania Dolina

Verkehrsmöglichkeiten Bahn und Bus Banská Bystrica; städtischer Busverkehr Sásová.
Parkmöglichkeiten Banská Bystrica und Sásová.
Unterkunftsmöglichkeiten Banská Bystrica, Hotels Lux*, Národný dom B, Urpín B; Donovaly, Športhotel B*; Autocamps: Banská Bystrica B, 1. 5.–30. 9.; Donovaly, Kamzík A, 15. 6.–15. 9.
Wegemarkierungen Sásová – Špania Dolina blau.
Tourenlänge 3 Std. – Banská Bystrica-Sásová: 2 Std. (+ 650 m); Panský diel: 1 Std. (– 370 m); Špania Dolina.
Höhenunterschiede + 650 Meter, – 370 Meter.
Wanderkarte Nízke Tatry 1 : 100 000.
Anmerkung Mittelmäßig anspruchsvolle Wanderung in die Umgebung von Banská Bystrica, Ausblicke, bemerkenswerte Geschichte und Kulturgeschichte.

Wissenswertes Banská Bystrica (53 000 Einwohner), Bezirksstadt, nach dem Krieg neue Industriebetriebe und starker Wohnungsbau. Stadtrechte bereits seit 1255. Im 14.–16. Jahrhundert waren hier die größten Kupferbergwerke Europas (Špania Dolina). Stadtburg mit Uhrturm (Ende des 15. Jahrhunderts), die typische Dominante der Stadt. Eine Reihe von gotischen (Mischstil mit der Renaissance) und Renaissancehäusern, das wertvollste das Thurza-Haus (Thurzův dom). Im Herbst 1944 war Banská Bystrica das Zentrum des Slowakischen Nationalaufstands. – Sásová, vormals eine selbständige Ortschaft, wertvolle gotische Kirche. – Panský diel (1100 m), Berg, eine charakteristische Dominante über Banská Bystrica im Norden der Stadt. Rundblick. – Špania Dolina, Ortschaft mit Resten ehemaliger Fördertätigkeit, alten Bergmannshäusern, einer überdachten Holzbrücke u.a.m.

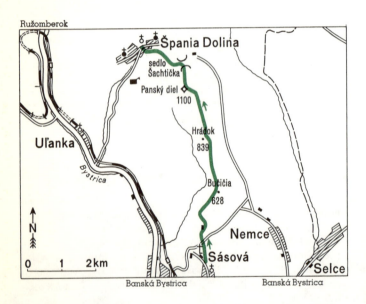

Tourenbeschreibung Von der Endstation des städtischen Busses in *Sásová* in etwa nördlicher Richtung leicht aufwärts. Nach etwa 15 Minuten kreuzt man die nicht sehr frequentierte Straße Kostiviarska – Šachtička. Dann nicht sehr anstrengender Aufstieg auf Wiesen auf den südlichen Ausläufer des Bergs *Panský diel*. Seinen niedrigsten Gipfel Bučičia (628 m) umgeht man links über einem kleinen Kalksteintal. Der breite Weg, dem man folgt, führt im Bogen nach rechts. Steil aufwärts, vorwiegend durch Wald, erreicht man den Kamm des Bergzugs und den bewaldeten Gipfel des Bergs *Hrádok* (839 m), wo eine frühere Burgstätte stand, deren Reste noch zu sehen sind. Hier entdeckte man auch zwei Grotten mit Funden aus der Zeit Roms (der Öffentlichkeit nicht zugänglich). Vom Hrádok mäßig aufwärts in einen nicht besonders ausgeprägten Sattel, hinter dem sich ein Fernsichtpunkt mit Blick ins Tal des Flusses Hron befindet. Der letzte Abschnitt des Aufstiegs führt gegen Nordwesten auf einem breiten, grasigen Bergrücken bis zum höchsten Punkt der ausgedehnten Gipfelpartie, auf den Panský diel. Abstieg vom Gipfel ebenfalls auf Blau, der erste Teil in grasigem Gelände. Bald erreicht man einen Wald und in ihm auf einem steilen, beschwerlich begehbaren Weg kommt man in den Bergsattel *Šachtička*. Dort scharf nach links auf einem breiten, aber ständig noch ziemlich steil hinabführenden Weg in die Ortschaft *Špania Dolina*. Von dort mit Bus zurück nach Banská Bystrica.

Anschriften-Verzeichnis

Deutsches Zentrale für Tourismus e.V. (DZT)
Beethovenstraße 69, D-6000 Frankfurt 1, Telefon (0611) 757221

Deutscher Fremdenverkehrsverband e.V. (DFV)
Untermainanlage 6, D-6000 Frankfurt 1, Telefon (0611) 236351

Europäische Wandervereinigung e.V.
Falkertstraße 70, D-7000 Stuttgart 1, Telefon (0711) 295336

Deutsche Wanderjugend
Falkertstraße 70, D-7000 Stuttgart 1, Telefon (0711) 295336

Deutscher Alpenverein
Praterinsel 5, D-8000 München 22, Telefon (089) 293086

Deutsches Jugendherbergswerk
Bülowstraße 26, D-4930 Detmold, Telefon (05231) 22772-1

Touristenverein »Die Naturfreunde«
Bundesgruppe Deutschland e.V.
Großglocknerstraße 28, D-7000 Stuttgart 60,
Telefon (0711) 337687/88

Botschaft der ČSSR in der Bundesrepublik Deutschland
Germanicusstraße 6, D-5000 Köln 51, Telefon (0221) 373263
und 373843
Anschrift für Visa-Anträge (siehe bitte auch praktische Hinweise)

ČEDOK
Tschechoslowakisches Verkehrsbüro
Kaiserstraße 54, D-6000 Frankfurt/Main 1, Telefon (0611) 232975
oder 232977
Zuständig für Zimmerreservierung (siehe bitte auch Praktische Hinweise)

ČSD
Generalvertretung der Tschechoslowakischen Staatsbahnen,
Kaiserstraße 63, D-6000 Frankfurt/Main 1, Telefon (0611) 234567

Die große Wanderbuch-Reihe für grenzenloses Wandern

Kompass-Wanderführer
Allgäu/Kleines Walsertal
Altmühltal/Frankenalb · Süd
Bayerischer Wald
Berchtesgadener Land
Bergisches Land
Bodensee und Umgebung
Eifel
Fichtelgebirge
Fränkische Schweiz/
   Frankenalb · Nord
Hohenlohe
Harz
Holsteinische Schweiz
Hunsrück
Lüneburger Heide
Mark Brandenburg
Münsterland
Neckarland
Nordfriesland
Niederrhein
Odenwald
Ostfriesland
Pfälzerwald
Rhön
Sauerland
Schwäbische Alb
Schwäbischer Wald
Schwarzwald Nord
Schwarzwald Süd
Spessart
Taunus
Teutoburger Wald
Weserbergland
Westerwald
Limes I: Vom Rhein zum Main
Limes II: Obergermanischer Limes:
Von Miltenberg bis Lorch/Remstal
Limes III: Von Lorch/Remstal
   bis zur Donau
Fernwanderwege Voralpenland

Kompass-Höhenwanderwege
Albrandweg
Main-Donauwege
Mainwanderweg
Rheinhöhenweg
Ruhrhöhenweg
Schwarzwaldhöhenweg
Sieghöhenweg

Wandern in Europa
Lexikon für die
   europäischen Fernwanderwege
Europ. Fernwanderweg 1:
Flensburg–Genua
Europ. Fernwanderweg 2:
Holland–Mittelmeer
Europ. Fernwanderweg 3:
Böhmerwald–Atlantik
Europ. Fernwanderweg 4:
Pyrenäen–Neusiedler See
Europ. Fernwanderweg 5:
Bodensee–Venedig
Europ. Fernwanderweg 6:
Ostsee–Adria
Ardennen
Dänemark
Dolomiten
Finnland
Luxemburg
Norwegen
Pyrenäen
Salzkammergut
Schweden
Tschechoslowakei
Vogesen

Kompass-Radwanderführer
Eifel
Raum Mainz – Wiesbaden –
   Heidelberg
Münsterland
Taunus
Westerwald

Kompass-Stadtwanderführer
Frankfurt
München
Münster
Stuttgart
Wien
Übersichtskarte Fernwander-
   und Höhenwege (Bundesrepublik
   Deutschland 1:550 000)